JN074736

大国間競争の
新常態

増田雅之 編著

MASUDA Masayuki

The Shifting
Dynamics
of Great Power
Competition

インターブックス

大国間競争の新常態

目次

序 章

大国間競争のダイナミズム

増田 雅之

米フロリダ州パームビーチで開催された米中首脳会談（2017年4月7日）
（ロイター＝共同）

I　戦略的競争——戦略論から関係論へ

　国際秩序の将来を左右する米国と中国との関係はますます競争的なものとなっている。この2国間関係は、しばしば戦略的競争（strategic competition）と表現される。しかし、戦略的競争を米中関係として論じる場合、そこに必ずしも明確な学術的定義があるわけではない。また、米中両国の議論で戦略的競争の内容や射程が当初から共有されてきたわけでもない。（米中の）戦略的競争が議論される文脈から広義に解釈すれば、それは「国家間関係において相手方から基本的な利益や価値が脅かされていると認識しあう競争状態」ということであろう[1]。

　まず、戦略的競争という概念は米国のナラティブとして（再）浮上したものである[2]。バラク・オバマ政権期（2009〜2017年）の後半からドナルド・トランプ政権期（2017〜2021年）にかけて、中国に対する認識、アプローチ、そして政策において、米国側で構造的ともいえる変化が生じた[3]。そのキーワードが戦略的競争であった。2017年12月、トランプ政権は『国家安全保障戦略』（NSS）を発表し、中国とロシアを既存の国際秩序に対する修正主義勢力と規定した[4]。そのうえで、2018年1月に要旨が公表された『国家防衛戦略』（NDS）は、中国やロシアがもたらす「長期的な戦略的競争の再現が米国の繁栄と安全保障の中核的な挑戦である」と位置付けた（傍点筆者）[5]。

　挑戦としての優先順位の第1は中国とされ[6]、2018年夏以降、トランプ政権は中国に対する追加関税の発動、先端技術をめぐる対中規制、中国の人権問題をめぐる制裁措置など圧力を通じた包括的な競争アプローチを実行に移した。2021年1月に成立したジョセフ・バイデン政権も、2022年10月に公表したNSSにおいて「戦略的競争の真っ只中にいる」との時代認識を示すとともに「中国と責任をもって競争する」と宣言した[7]。そのうえで技術、経済、政治、軍事、インテリジェンス、そしてグローバル・ガヴァナンスの領域で中国に競り勝つために米国自身への投資と同盟国やパートナー国との連携を強化する方針を打ち出した。このように戦略的競争のナラティブは、一義的

には米国の対外政策や対中政策にかかる戦略概念である。

　その一方で中国は、戦略的競争というワシントンのナラティブを受け入れてはいない[8]。2022 年 7 月、バイデン大統領との電話会談において、習近平国家主席は「中米関係を戦略的競争の観点からとらえて定義し、中国を最も主要な競争相手、そして最も厳しい長期的挑戦として扱うことは、中米関係に対する誤った判断かつ中国の発展に対する誤った認識である」と述べた[9]。中国国内の専門家たちも、米国の対中政策としての戦略的競争を盛んに論じる一方で、米中関係を戦略的競争と性格付けることには慎重であり続けてきたようにみえる[10]。なぜなら戦略的競争という米国のナラティブを受け入れることによって、国際秩序の在り方をめぐる米中間の地政学的競争が不可避になるからであり、それは中国にとって有利な競争とは限らない[11]。

　同時に、包括的な圧力を特徴とする戦略的競争という米国の対中政策は固定化されたとの認識を中国は強めている。2019 年頃から中国の戦略や政策は戦略的競争という米国の対中政策を所与とするようになった[12]。第 14 次五カ年計画（2021 〜 2025 年）は「国内大循環を主体として、国内と国際の双循環が互いに促進する新たな発展構造を構築する」ことを中国の新たな発展目標に設定した。当時の劉鶴副総理によれば、新たな発展目標は「錯綜する国際環境の変化への対応」としても設定された[13]。そこには中国との戦略的競争を進める米国におけるポピュリズムや貿易保護主義の台頭、そして新型コロナウイルスの影響が含まれる。

　その結果、中国側の米中関係への見通しも悲観的である。米国の対外政策で戦略的競争という対中アプローチが強まるなかで、中国の習近平政権は経済（貿易）や科学技術などの政策分野で「安全」（安全保障）という観点を強調するようになった。また軍事分野では、米中競争が軍事衝突にエスカレートすることを回避する危機管理の必要性が指摘されるだけではなく[14]、戦略的競争という「新たな国際情勢」への対応や台湾シナリオで「最悪の事態に備える」人民解放軍の動向が中国国内で語られるようになった[15]。

　2022 年 10 月に開かれた中国共産党第 20 回党大会における報告で、習近平は繰り返し「安全」に言及しつつ、危機感ともいうべき国際情勢認識を示

した[16]。中国に対する戦略的競争を進める米国の政策動向を念頭に、習近平は「外部からの圧力や抑制はいつでもエスカレートし得る」と指摘した。こうした外部環境のもとで「軍事力の常態化され多様化した運用を強化し、堅実かつ柔軟に軍事闘争を展開し、安全保障の態勢を整え、危機と紛争を抑止・コントロールし、局地戦争にも打ち勝つ」ことを習近平は人民解放軍に求めた。

中国共産党大会の報告における「安全」への言及

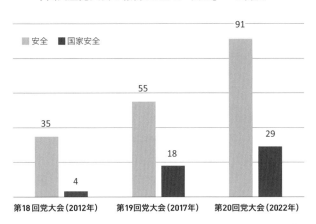

（出所）増田雅之「習近平『一強体制』の危機感──悪化する中国の外部環境」『東亜』第666号（2022年12月）55頁.

　このようにワシントンと北京それぞれで、自国の安全保障が脅かされているとの認識が強化されている。米中関係においても「相手方から基本的な利益や価値が脅かされていると認識しあう競争状態」すなわち戦略的競争が成立しているのである。米国の政策論あるいは戦略概念として（再）浮上した戦略的競争は米国の対中アプローチあるいは政策としてかなりの程度固定化され、それに伴って中国の認識や政策もますます対米競争的ひいては対抗的なものとなってきた。換言すれば、米国の戦略論としてだけではなく、米中間の相互作用すなわち関係論としても、戦略的競争を論じる必要があるということである。

II　大国間競争——分断への岐路

　チャールズ・グレイザーによれば、国家の戦略や政策が領土保全という伝統的な安全保障のみに動機付けられているのであれば、それにかかる現状が維持される限り、その国家は拡張的な対外行動を志向しない[17]。しかしながら軍事、貿易、先端技術、統治の在り方やそれが基づく価値観など幅広い分野で、強い危機感に基づく安全保障の論理が通底していることが米中戦略的競争の特徴である。

　ワシントンからみれば、それは米国がリードしてきた冷戦後のいわゆる「リベラルな国際秩序」が、中国（やロシア）によって脅かされていることを意味する。その一方で、中国にとって米国の戦略動向は、共産党統治それ自体や統治に正統性を付与する経済発展への挑戦となる。さらに、戦略的競争は台湾問題に触れるかたちで展開してきた。米国は「国際社会の安定と繁栄に不可欠な要素」として、換言すれば「リベラルな国際秩序」の維持を目的に台湾問題へのコミットメントを強めている[18]。しかしその結果、中国は主権にかかる現状とともに、領土保全や内政不干渉という「戦後の国際秩序」の原則が脅かされているとの認識を強めている[19]。

　これまで多くの国際政治学者は、米中は紛争を運命付けられているのか、それとも米中関係の平和的な管理は可能なのかについて議論してきた。しかし、危機感に基づく安全保障の論理が米中両国の戦略や政策を支配する状況は、後者の問い——協力の論理——を後退させている。競争の論理で米中関係が語られる傾向がますます強まり、それは国際秩序の在り方をめぐる米中間の対立をより鮮明にしている[20]。

　2022年2月のロシアによるウクライナ侵攻後の米中関係や大国関係は、競争の論理に加えて分断の磁気を帯びつつある。ロシアによる軍事侵攻は国際関係の原則を無視した国際秩序を破壊する行為にほかならない。米国は、軍事介入への制限はあるものの、国際社会、特に西側諸国との連携をもとにウクライナに対する強い支援を実施してきた[21]。その一方で、中国はロシアの

軍事行動を支持したわけではないが、モスクワとの戦略的な連携を維持し続けている。その結果、米国などの西側諸国では中露の連携を「専制の弧」として警戒する論調が強まり、分断の磁気を帯びた政策が展開されている。

　戦略的競争というワシントンのナラティブが強まることと並行して、2010年代半ば以降、中露は戦略的な連携を強化してきた[22]。その背景には、中国がいうところの「戦後の国際秩序」の原則、すなわち国連憲章に規定された領土保全や内政不干渉の原則が、米国などによって脅かされているとの認識があった[23]。中露両国は国際的な共同歩調に加えて、秩序観や価値観での相互支持に言及するようになり、この面での協力も進めてきた[24]。国際秩序構築の面での中露間の戦略的連携を印象付けたのは、ウクライナ侵攻前の2022年2月初め、北京冬季オリンピックにあわせて訪中したロシアのウラジーミル・プーチン大統領と習近平国家主席の首脳会談であった。首脳会談後、中露首脳は長大な「新時代の国際関係とグローバルな持続可能な発展に関する中露共同声明」を発表した[25]。この共同声明は「民主観、発展観、安全保障観、秩序観」に関する中国の「共通の立場」を示すものとされ、両国の政治体制・歴史・伝統・文化の正統性を強調したうえで、国際秩序の変革における中露の連携と協力を幅広く確認した[26]。

　しかし国際秩序を破壊したのはロシアであった。中国からみて、ロシアとの戦略的連携は自明ではないかもしれない。マルチン・カッツマルスキーは「国際秩序における西側の卓越性に対する中露の抵抗が協力の基盤を提供している」と述べるとともに、その違いも指摘する。それは中国が国際秩序の政治的・経済的な安定を基本的に求める一方で、ロシアは「大国」としての象徴的な承認を求めて時折国際秩序を破壊することを厭わないことである[27]。ウクライナへの軍事侵攻を継続するロシアとの戦略的連携の強化は、カッツマルスキーが指摘する政治的・経済的安定には寄与しない。却って中国と米国など西側諸国との間の分断を促す要因となる。中国が所与とするのは、競争であってなおも分断ではないのかもしれない。さらに、米国との戦略的競争を所与として中国はロシアとの戦略的連携を維持しているが、それは米国に対する中国の競争力を強めることにはつながらない[28]。ウクライナ戦争の長

期化に伴って議論されたことは、経済的にも軍事的にも苦境に陥るロシアを中国が支援するのか否かであって逆ではない。

　2022 年 6 月のプーチン大統領との電話会談において、習近平国家主席はロシアとの 2 国間協力とともに、国連、BRICS、上海協力機構（SCO）などの枠組みにおける協力、新興国や途上国との団結と協力の重要性に言及した[29]。しかしウクライナ問題については、中国は「独立自主で判断する」と習近平は強調し、中国の立場がロシアのそれに全面的に同調するものではないことを示唆した。9 月の SCO 首脳会議の際に開かれた中露首脳会談でも、プーチンは習近平に対して「中国の疑問と懸念を理解する」と述べ、ウクライナ問題に関して中露が一枚岩ではないことが匂わされた[30]。

　バイデン政権の NSS は、国際秩序を変革する意図と能力との文脈で中国を「唯一の競争相手」（the only competitor）と性格付けた。ロシアについては、自由で開かれた国際システムへの「即時的な脅威」（an immediate threat）とした。そのうえで、中露はみずからの専制政治の助けとなる世界を構築すべく国際秩序をつくり変えようとしているとの認識を NSS は示し、両国を戦略的競争の対象国とした。つまり米国は、長期的な挑戦として中国、短期的な脅威としてロシアをとらえているのである。

　しかし、米国からみても、中露を一体のものととらえる認識の継続性に疑問がないわけではない。長期的な挑戦に対応すると同時に短期的な脅威に対処することはそう簡単ではないからである。デイビッド・エデルスタインは「米国のような既存の大国は短期的な問題により集中する傾向がある」と指摘する[31]。これをウクライナ侵攻後の情勢に当てはめると、ロシアの「即時的な脅威」が継続し、欧州に米国の関心や資源の配分が向けられ続ければ、その結果中国による長期的な挑戦に対する米国の認識が相対化する可能性があるということかもしれない。米国内でも中露の一体性への評価と見通しは今なお 1 つに収斂してはいない。ロシア・ファクターが米中戦略的競争に如何に機能するのかもまた瞭然ではない。

III　地域秩序——異なる戦略環境

　大国間競争の論理とダイナミズムは地域秩序のゆくえを左右するだろう。米中戦略的競争が強まる状況は多くの国々や地域に困難な選択を迫る。「経済か安全保障か」、「米国か中国か」との選択である。世界の多くの国や地域にとって中国は最大の貿易相手国である。特に中国に地理的に近接している国々は、経済的な利益を維持・拡大すべく対中関係の安定と発展を求める[32]。同時に少なからぬ国、特に東アジア諸国は中国の対外的な振る舞いやその背後にある意図について疑いを抱き、中国の影響力へのバランスを図るため、米国との安全保障関係の強化も求める。

　しかし、米中関係における安全保障と競争の論理の強まりは、「経済か安全保障か」、「米国か中国か」との選択をめぐる各国の判断を今まで以上に困難にしている。安全保障の論理が米中両国の戦略や政策を支配する状況は経済と安全保障の峻別を許さない。中国への経済的な依存は、対外的な影響力行使の手段を北京に提供し各国の戦略的な脆弱性を高める。経済安全保障の観点が米国など西側諸国を中心に強まっている。その結果、利益やそれへの期待のみに基づいて中国との経済関係を発展させることは難しくなった。

　2022年5月に東京で開かれた日米豪印（QUAD）首脳会合は「各国がいかなる形態によっても軍事、経済、および政治的に威圧されることのない」秩序を求める4カ国の決意を確認し、インフラ、サイバーセキュリティ、重要・新興技術などの分野における協力を進めることとなった。また米国のバイデン大統領によれば、自身が提唱したインド太平洋経済枠組み（IPEF）は、「強靭な経済」や「公平な貿易」の実現を目指すものである[33]。いずれも中国との戦略的競争の一環と理解できる。そしてQUADの進展——QUAD2.0——は、米中戦略的競争のなかで地域の勢力均衡を維持する重要なツールとみなされた結果である[34]。

　ただ、すべての国が安全保障と競争の論理の強まりを受容しているわけではなく、米国の対外関与についても、トランプ政権期に高まった疑念を各国

は完全には払拭できていない。例えば、バイデン政権による東南アジアへの関与を地域諸国は総じて歓迎している一方で、米中戦略的競争が強まるなかでの多様な対立軸の浮上と錯綜したメッセージのため、東南アジア側の対米認識は混乱したという[35]。また南アジアではインドと中国との間の競争は米中戦略的競争を反映し得るが、そこで米国が担う直接的な役割は限定的で、ほかの域内諸国も米中印の競争関係から距離を置いている[36]。米国の対外関与は、地域諸国の十分な信頼を獲得するにはなお至っていない[37]。またすでに指摘したように、少なからぬ国は中国の対外行動やその意図について疑念を有している。地域諸国は、米国にせよ中国にせよ、両国を秩序提供者とすることに十分な同意を与えているわけではないようにみえる。

このように理解すれば、米中戦略的競争は各地域において自動的かつ直接的に派生するのではない。各国・地域が直面する戦略環境（や国内政治）のレンズを通して、それぞれの戦略や政策に翻訳される。これを明らかにしたのがロシアによるウクライナ侵攻後の世界である。ロシアによる軍事侵攻を目撃した日本や豪州などは、力による現状変更がアジアに波及するリスクに警戒感を強めウクライナへの強い支援を行うとともに、米国の中国に対する戦略的競争と歩調を合わせた。その一方で少なからぬ国が、ロシアとのエネルギーや軍事面での協力関係を維持して中立的な態度を示した。そして、これらの国々は価値の面で中国とも親和性を有することが多い。

ロシア脅威の顕在化は、欧州では北大西洋条約機構（NATO）を中心とする安全保障構造の持続性を示した。それは米国による拡大抑止への需要の増大である[38]。欧州と米国はロシアを「即時的な脅威」とする認識を共有している。こうした環境下でロシアの中国依存は強まるだろうし、欧州連合（EU）も中露への多面的な依存からの脱却を図ろうとしている[39]。このようにみれば、ロシアによるウクライナ侵攻後の米欧協調は中国との戦略的競争の主要な舞台であるインド太平洋においても、米国やその同盟国にとって対中政策上の有効なツールの1つとなるだろう。ただしそれは、それぞれの戦略環境において如何なる脅威認識が高まるのかによる。すでに指摘したように、欧州の戦略環境の不確実性が継続し、そこに米国の関心や資源が集中すれば、中国

による長期的な挑戦に対する米国の認識が相対化する可能性もある。逆に、中国の長期的な挑戦が台湾海峡情勢などをめぐって「即時的な脅威」として顕在化すれば、欧州に対する米国の関心や資源配分も相対的には低下するだろう。

　大国間競争のダイナミズムが世界をどこに導いてゆくのかはまだ分からない。米国や中国それぞれの戦略的競争の論理、米中関係の展開、ロシア・ファクターのベクトル、そして各地域の戦略環境という要因が複雑に絡みあうなかで、競争の行きつく先が見えてくるのだろう。

第1部

米中戦略的競争と
ロシア・ファクター

第1章

中国の国際秩序構想と
大国間競争
——自信と不満が交錯する「大国外交」——

増田 雅之

カンボジアで開かれた米中国防相会談（2022年11月22日）
（Chad McNeeley, DoD）

はじめに

　中国の台頭は既存の国際秩序に如何なる影響を与えるのかとの問いは、こんにちの国際政治における最重要のテーマである。改革開放以降の中国の持続的かつ高い経済成長によって、中国は国力や国際的な影響力を向上させてきた。特に、2000年代末のグローバルな金融危機以降、国際社会における米国の経済的な優位性が相対的に低下するなかで、多くの論者が米中間のパワーバランスの変化を中心に、アジア太平洋の秩序変動の可能性を盛んに議論するようになった。パワー・シフト論やパワー・トランジッション論の広がりがそれであり、台頭する中国が米国の覇権やそれによって支えられてきた国際秩序に挑戦するのか否か、また如何に挑戦するのかについて談論風発の状況が国際社会で生じた[1]。

　中国自身も国際秩序に対するビジョンや自国の台頭プロセスを提示しようとしてきた。例えば、胡錦濤政権（2002〜2012年）は、2005年9月に国際的なビジョンとして「和諧世界（調和のとれた世界）」論を提示するとともに、同年末には『平和的発展の道』と題する白書を発表して対外協調のプロセスを公式化した。つまり、既存の国際秩序に対して中国が現状維持勢力であることを主張したのであった。

　2012年秋に成立した習近平政権も平和的発展との外交方針を継承した。しかし、その内実は胡錦濤政権時とは異なっていた。まず、平和的発展を堅持することは「中国の正当な権益を放棄したり、国家の核心的利益を犠牲にしたりすることを意味しない」と習近平は宣言し、より自己主張を強めた外交を展開するようになった[2]。また、歴代の中国指導部は大国意識を対外的に表明することに慎重であったが、2014年11月に習近平は「中国は自己の特色ある大国外交を有さねばならない」と述べた。爾来、習近平政権は「大国外交を全面的に推進し」、その結果中国の「国際的な影響力・感化力・形成力は顕著に高まった」と、政権はパワーの観点から大国外交の成果を自賛する[3]。こうした「大国外交」が目指すのが「人類運命共同体」の構築であり、これは国際秩序の変革に向けた中国のガイドラインとされる[4]。習近平政権の国際秩

序への態度は、自己主張や自信を強めたもののようにみえる。

　同時に、国際秩序の変革や構築における中国のイニシアティブは、既存の国際秩序への不満や不安に基づく対外行動でもある。習近平政権成立後の中国では、西側が主導してきた国際秩序への不満が明確に表明されるようになった。中国外交や国際関係の専門家は、既存の「国際秩序の規則と制度は西側の価値体系を国際法の原則のうえに置いたもの」であり、「この秩序のもとで、米国は依然として強権政治を推し進め、覇権主義の政策を実行している」と厳しく批判する[5]。習近平自身も西側主導の国際秩序が基づく理念、価値、そして制度に対置させた中国独自のディスコースを打ち出すことを強く求めている。

　このようにみれば、「中国の特色ある大国外交」は、習近平政権の自信と不満が織りなす外交路線ということができるだろう[6]。この理解に基づき本章は、国際秩序の変革や構築に向けた習近平政権の取り組みを胡錦濤政権との比較から特徴付ける。そのうえで、習近平政権による国際秩序構築の取り組みが、大国間競争とりわけ米中間の戦略的競争の構図を強めるように機能していることを明らかにする。

I　パワー・シフト環境下の胡錦濤路線

「堅持韜光養晦、積極有所作為」

　国際関係におけるパワーバランスの変化に注目する中国国内の議論は、2008年後半に顕在化したグローバルな金融危機を契機として高まった。当時の中国では、2つのパワーバランスをめぐって議論が展開された。1つは、新興国・途上国と先進国との間のパワー・シフトであった。例えば、人民解放軍国際関係学院の年次報告書は、金融危機が「国際経済システムの再建に参画する非常に良いタイミング」となり、「新興国がこの機会をとらえて世界という舞台での主役あるいはそれに準ずる地位を確立することができる」と指摘した[7]。いま1つの議論は、米中間のパワー・シフトやパワー・トランジッションの可能性についてであった。2009年初め、『解放軍報』が主催した座談会で

は、米中間のパワーが均衡しつつあると議論された。しかし、米国の国際的な地位が低下し、世界の多極構造が実現するのかについて、国内で見解は分かれていた[8]。一部の専門家は、米国覇権の衰退がすでに始まっており、将来的に米国にかわって中国が世界をリードすると主張した。その一方で、別の専門家は米国の経済力を低く評価すべきではなく、中国の発展についても多くの困難とボトルネックがあり、中国が米国の水準に追いつくことは簡単ではないと主張した。

　胡錦濤政権は、新興国・途上国と先進国との間のパワー・シフトについては肯定的にとらえた。2009年9月に開催された党第17期中央委員会第4回全体会議（四中全会）において、「世界経済の枠組みには新たな変化が生じ、世界のパワーバランスには新たな態勢がみられる」との情勢認識が確認された[9]。同年7月に開催された第11回駐外使節会議でも胡錦濤は「世界の多極化の見通しは一層明瞭になった」と指摘していた[10]。こうした情勢認識を基礎に、胡錦濤政権は「グローバルな経済ガヴァナンスへの積極的な参画」との方針を打ち出し、新興国・途上国の台頭を既存の国際経済システムの改革につなげていくことを目指した[11]。

　しかし胡錦濤政権の基本的な方針は、慎重な対外姿勢を堅持することであった。胡錦濤は、先述した駐外使節会議で「韜光養晦」（低姿勢を保つ）との方針を「揺らぐことなく堅持する」と述べた[12]。何故なら、「中国が今後長期にわたって社会主義の初級段階にある」という基本的な国情は変わっていないからであった。「発展をしっかりとつかむことが、党による執政と興国の第1の任務であり、一層自覚して変わらず経済建設を中心としなければならない」。そのため、「われわれは現在において韜光養晦を堅持するだけでなく、将来において国家の実力が強くなったとしてもこの方針は揺らぐことなく堅持しなければならない」。

　課題は「韜光養晦」と「有所作為」（できることをなす）のバランス、すなわち中国の外交方針において慎重さと積極性の統一を如何に図るのかということであった。胡錦濤は「韜光養晦と有所作為は対立するものではない」とした。つまり、「韜光養晦」を堅持しつつも、同時に中国が国際社会において

建設的な役割を果たすことを求めたのである。ただし、胡錦濤は「韜光養晦を堅持する」ことに明らかな重点を置き、「有所作為」は中国の国力と地位に応じた選択的・限定的なものと理解した。そのうえで胡錦濤は、国際ルールの制定、国際経済金融システムの改革、中国の核心的利益や重要な利益に関係する問題での積極性の向上を追求するとした。

　胡錦濤政権（後期）の外交方針は、「堅持韜光養晦、積極有所作為」という折衷的なものであり、それは選択的に積極外交を展開することであった。そもそも胡錦濤は、中国の台頭に伴う国際世論の動向に懐疑的な眼差しを向けていた。例えば、いわゆる米中 G2 論に代表される中国がより大きな国際的な責任を果たすべきとの論調について、「能力を超える義務を中国に担わせ」たうえで、中国の政策方針に影響を与え、中国の発展を牽制するものとの理解を示した。

　「堅持韜光養晦、積極有所作為」との外交方針は、国内政治的な文脈でいえば、不安定なものであった。韜光養晦と有所作為の関係をめぐる国内議論は結局のところ収斂しなかった。外交や対外関係において実現されるべき中国の利益とは何か、その優先順位をどのように付すのかについて、意見は分かれたままであった。

　韜光養晦を重視する論者からみれば、中国の最大の利益は依然として経済発展をめぐるものであり、利益の優先順位に根本的な変化は発生していなかった。中国は世界第 2 位の経済規模を有するようになったものの、1 人当たりの国内総生産（GDP）は依然として低く[13]、国内には各種格差のほか、社会問題も顕在化していた。これを前提とすれば、有所作為は「適度に高める」べきものであった[14]。当時、中国で議論が高まった「核心的利益」論についても、冷静な対応の必要性が強調された。中国現代国際関係研究院の王在邦副院長は、核心的利益の追求にあたって中国は「実現可能性を十分に考慮しなくてはならない」と指摘したうえで、「段階を追って徐々に推進する」必要性を強調した。急いで「核心的利益」の実現を求めれば、それは「最終的に冒険主義に陥る」。中国には「十分な戦略的忍耐を保持する」ことが求められていると主張した[15]。

他方で、「積極有所作為」に重きを置く論者は、主権や安全保障をめぐる利益の擁護を中心課題として論じる傾向にあった。党対外聯絡部の傘下にある中国現代世界研究センターの肖楓研究員は、国家主権や核心的利益にかかる問題については、有所作為の重要性を次のように強調した。「『韜光養晦』は目的ではなく、『有所作為』のために堅持するものである」との理解を肖研究員は示したうえで、「国家主権、国家の核心的利益に関係する問題では、軟弱で譲歩することは許されない」と主張したのであった[16]。また胡錦濤の外交方針は当時、体制内エリートからも「受動的外交」や「守勢外交」などと批判されたという[17]。

これらの議論を収斂させることはほとんど不可能であった。韜光養晦にせよ、有所作為にせよ、いずれの議論も鄧小平の言説や胡錦濤をはじめとする党指導部の発言に依拠しており、ともに国内政治の文脈では正統性を有していた。

限定的なイニシアティブ

胡錦濤政権が「積極有所作為」の中心的な課題の1つとしたのは国際経済金融システムの改革を進めることであった。新興国・途上国と先進国との間のパワーバランスの変化を反映する外交舞台である主要20カ国・地域（G20）の首脳会合において、中国は国際金融秩序の再構築に向けた国際金融システムの改革を強く求めた。当初、改革は順調に進むかにみえた。2009年4月の第2回G20首脳会合で合意された貿易金融支援を主な内容とする支援プログラムを受けて、同年7月の国際通貨基金（IMF）理事会は、ドルやユーロなどと交換可能な約2,500億ドル相当の特別引き出し権（SDR）を加盟186カ国に新たに配分することを決定し、グローバルな金融危機の影響で対外債務の返済に不安のある発展途上国や新興国を支援することとなった[18]。

2010年12月には、パワー・シフトを反映するIMF改革の一環として、新興国や発展途上国のクォータ（割当額）と議決権のシェアについて調整する改革案が採択された[19]。クォータ・シェアについては、新興国や発展途上国の発言権を拡大する観点から、最貧国のシェアを維持しつつ、先進国・産油国から新興国・途上国に6%以上移行する見直しが行われ、中国のクォータは第

2位の日本（6.46%）に次ぐ第3位（6.39%）となった。ガヴァナンス面での改革としては、新興国や途上国の代表権を拡大する観点から、欧州先進国の理事会での総議席数を2議席削減することが合意された。

こうした状況を受けて、中国国内の専門家の多くは、既存の国際経済金融システムの改革への楽観的な認識を示すようになった。米中間のパワー・トランジッションについて慎重な見方を示してきた専門家も、国際金融システムの改革議論が進むなかで、米国覇権の衰退に言及するようになった。例えば、2000年代半ばには慎重論を展開していた呉建民・元駐仏大使は「米国の金融覇権国としての地位は揺らいでおり、国際金融システムを一国が主導することはすでに困難になっている」と断じた[20]。また外交学院の研究グループは、グローバルな課題が増加しており、問題解決のためにはより幅広いステークホルダーの関与が必要であり、「国際システムの調整と変革は中国に未曽有のチャンスを提供している」と主張した[21]。

国内における楽観論の高まりの一方で、胡錦濤自身は既存の国際経済金融システムの改革に慎重な見通しを維持した。2010年末の中央経済工作会議において、胡錦濤は「新興国に有利な変化が生じている」との認識を示す一方で、「先進国が依然として国際ルールの制定において主導的な地位にある」として、「このことをわれわれは冷静に認識しなければならない」と強調した。その結果「相当長期にわたって先進国全体の実力が優勢的な地位を保つであろう」とも指摘したのであった[22]。

IMF協定の改正の前提となる米国における議会承認は大幅に遅れた[23]。中国の指導者や当局者はIMF改革案の早期発効の重要性を繰り返し強調した一方で[24]、金融を含むグローバルな経済ガヴァナンスにおけるG20メカニズムの強化を求めた[25]。しかし胡錦濤政権は、事態の打開を図る新たなイニシアティブを打ち出したわけではなかった。胡錦濤政権は、そもそも既存の国際経済金融システムの漸進的な体制内改革を志向していた。この時期の中国のグローバル経済ガヴァナンスへの参画に関する指導者や当局者の発言に、新たな制度構築の意向は明確には表明されておらず、胡錦濤が指摘していた国際ルールの制定についても、対外的にはほとんど具体化しなかった。国際制度にせ

よ国際ルールにせよ、中国国内における議論は既存の枠組みへの態度の在り方を提示するにとどまっていた[26]。胡錦濤も「あらゆるステークホルダーによる十分な協議を基礎に、公平で公正、包容性があり秩序のある国際金融新秩序の方向性を打ち出していかなければならない。全面性・均衡性・漸進性・実効性という原則を堅持して、国際金融システムに必要な改革を進め、グローバル経済の健全な発展に有利な制度環境を作り出さなければならない」（傍点筆者）と述べるにとどまっていた[27]。

II　習近平政権の国際秩序構築

影響力の源泉としての経済力

　パワー・シフト環境下で、慎重さのなかに積極性の発揮を求める「堅持韜光養晦、積極有所作為」という胡錦濤政権の外交方針の行き詰まりに対して、習近平政権は「積極有所作為」に明確な重点を置くことを新たな言葉で説明した。2013年10月の周辺外交工作座談会で習近平が提示した「奮発有為」（発奮して大いに役割を果たす）である。習近平は、大方針の「継続性と安定性」を基礎にしつつも、「外交の全局を積極的に統一的に計画する」と述べ、その重点を「周辺」との関係に置いた[28]。加えてこの習近平講話は、新たな外交路線が中国を何処に導くのかを明らかにした。「韜光養晦」を基礎とする外交方針——胡錦濤路線——は、国際的なビジョンとして「和諧世界」の構築を展望していたものの、中国にとっての到達点は必ずしも明らかではなかった。「奮発有為」との新たな外交方針は「中華民族の偉大な復興という中国の夢を実現する」ことが目標とされた。習近平によれば、「中国の夢」は「国家の富強、民族の振興、人民の幸福」を実現することであった[29]。

　「中国の夢」の実現のために、中国にとって「周辺」は「重要な戦略的意義」を有するとされた。この座談会までに習近平は、後に「一帯一路」としてまとめられる2つのシルクロード構想を提示していた。同年9月にカザフスタンで「シルクロード経済ベルト」構想、10月にインドネシアで「21世紀海上シルクロード」構想をそれぞれ示して、周辺諸国・地域とのコネクティビティ

の強化を図ることを宣言した。さらに、2つのシルクロード構想を資金的に下支えすべく、同月のアジア太平洋経済協力（APEC）首脳会議で習近平国家主席はアジアインフラ投資銀行（AIIB）の設立を提唱した[30]。

北京で開かれたアジアインフラ投資銀行の開業式典（2016年1月16日）（共同）

2014年以降、中国指導部は「一帯一路」構想の推進に向けた外交的な取り組みを強化した。同年11月、北京で開かれたAPEC首脳会議の開催前、中国は東南アジアおよび中央アジア諸国の首脳と「コネクティビティを強化するパートナーシップ対話会」を行った。この会合で習近平国家主席は、アジアにおけるコネクティビティを強化することの重要性を強調したうえで、「一帯一路」建設を進めるための提案を示した[31]。コネクティビティ強化の方針はAPEC首脳会議でも強調され、習近平はアジア太平洋における強化の必要性を指摘した[32]。APEC関連会合や各国首脳との会談において、習近平はコネクティビティ強化の必要性やその取り組みとしての「一帯一路」構想に繰り返し言及した。

コネクティビティの強化を図る「一帯一路」構想は、中国による国際秩序構築の取り組みとして位置付けられた。2014年以降、習近平は「一帯一路」構想に言及しつつ、国際社会に対して「公共財」を提供する中国の意思と能力を繰り返し強調した。また「一帯一路」構想は「経済、貿易、科学技術、金融など資源を統一的に計画し、（そうした中国の）比較優位を上手く利用する」（括弧内筆者）ものであった。つまり習近平政権は、「周辺」を中心的な舞台に中国が優位性を有する経済力を活用して新たな秩序構築に取り組み始めたのであった。胡錦濤政権期の2009〜2013年に外交部副部長を務め、習近平政権の発足後は全国人民代表大会（全人代）外事委員会主任委員を務めた傅瑩は、2014年の中国外交に経済力を梃子とする積極的かつ主導的な国際行為

としての側面を見出した[33]。また、中国は「世界経済と金融分野における秩序の改革と建設において、多くの国家との間でコンセンサスと一定程度の成果を得た」とも評価した。コンセンサスの1つは、中国を含む多くの新興国が「国際的な理念において西側の伝統的なやり方を認めていない」ことが明らかになったこと、と傅瑩は指摘した。

理念の提示にとどまる新安全保障観

　傅瑩は「中国が直面する挑戦も歴史的なものである」ことに注意を促した。つまり、「政治・安全保障分野で、世界の主要国との間で深いレベルで矛盾と分岐が依然として存在する」ことである。政治・安全保障分野を含めて「中国が未来の世界秩序に対してどのような青写真を描くのか。如何に重大な国際問題に主導的に参画するのか。そして秩序構築において国際社会の共通利益と符合した実行可能な中国の方策を提起できるのか」という課題を指摘した。

　一部の学者は、米国をはじめとする西側諸国が提供する国際秩序と中国による秩序構築は「共生」関係を目指すべきと主張する[34]。しかし、それが政治・安全保障分野でどのように実現されるのかについては明確ではない。中国は1990年代後半以降、新安全保障観を主張してきた。それは米国による同盟戦略の展開を批判しつつ、対話や協議による安全保障を求めるものであった。2014年5月、習近平もアジア信頼醸成措置会議（CICA）の首脳会合で「共同・総合・協力・持続可能な」アジア安全保障観を提示した。しかし、新安全保障観にせよアジア安全保障観にせよ、そこに米国を中心とする同盟関係との「共生」の論理を見出すことは難しい。

　2018年まで3期15年にわたって全国政治協商会議委員を務めた中国社会科学院の張蘊嶺は、安全保障分野で新たな秩序構築を進めることの難しさを率直に指摘した[35]。「安全保障分野の新たな関係・新たな秩序・新たなメカニズムが直面する困難と障害は多く、そして大きい。経済の開放とは異なり、安全保障分野には極めて強い防御性がある。伝統的な安全保障メカニズムは往々にしてハードパワーを基礎にして強国が主導する。新安全保障観に基づく協議や協調的安全保障メカニズムはソフトなアレンジメントと認識されている。

それは強制力を欠いており、安全保障脅威を上手く予防し阻止できない。ひとたび危機が生起すれば解決手段に乏しい」。重要なことは、米中間における戦略的競争、周辺諸国との間の領土や海域をめぐる紛争のため、「一部の国は中国に対して安心しておらず、中国の行為に備えることが安全保障戦略の内容となっている」ことである。その結果、安全保障分野での中国による国際秩序形成のプロセスは制約を受ける、と彼は結論付けた。このようにみれば、強化される中国の軍事力は周辺諸国に対して対抗的な性格を有し「公共財」とはなり得ないだろう。

　もちろん、習近平政権が安全保障分野における秩序構築の可能性を放棄しているわけではない。「共同・総合・協力・持続可能な」アジア安全保障観は、「習近平新時代における中国の特色ある社会主義思想」（習近平思想）を構成する「総体的国家安全保障観」の一部をなす[36]。また、CICAをプラットフォームとしてアジアにおける安全保障協力の新たな枠組みの構築を中国は依然として検討しているとの指摘もある[37]。しかし、中国が安全保障分野で国際秩序の構築を具体化する困難さを指導部は認識していると思われる。軍事科学院の釋清仁によれば、総体的国家安全保障観は「主に国内の安全という立場からの論述であり、国内における国家安全保障体制の整備と能力構築との文脈で用いられる」戦略思想である、という。そのため「習近平は『国際的な安全保障を促進すること拠り所とする』ことも提起したが、詳細な論述は展開されなかった」と彼は指摘している[38]。

制度化されたディスコース・パワーと「自信」

　国際秩序構築プロセスの困難さへの認識を踏まえ、習近平政権が強調するようになったのが、「制度化されたディスコース・パワー」（制度性話語権）という考え方である。2015年10月末の党第18期中央委員会第5回全体会議（五中全会）で採択されたコミュニケは「グローバル経済ガヴァナンスと公共財の提供に積極的に参画し、グローバル経済ガヴァナンスにおける我が国の制度化されたディスコース・パワーを高め、広範な利益共同体を構築する」との方針を確認した[39]。2000年代末以降、中国国内の専門家は国際社会におけ

る「話語権」について、盛んに議論してきた。それらから判断すれば、「話語権」は権利（rights）と権力（power）の2つの要素から成る[40]。権利についていえば、それは自国の主張や観点の発言権であり、国際機関における表決権や代表権がこれに相当する。胡錦濤政権が「積極有所作為」の対象としたものである。他方、権力との側面からみた国際的な「話語権」とは、自国の主張や理念の影響力であり、それらを国際的に受け入れさせるパワーのことである。習近平政権において確認されたのは、主にパワーの文脈での「話語権」である。

すでに指摘したように習近平政権の中国は、経済力を梃子に「一帯一路」構想の推進に着手した。これらを新たな秩序の構築につなげていくためには、関連する取り組みの制度化が不可欠と主張された。五中全会直前に習近平が主宰した中央政治局の集団学習では、グローバル・ガヴァナンスの変革に関する政権の考え方が示された[41]。習近平によれば、新興国や発展途上国の急速な発展により「近代以降の国際的なパワーバランスにおける革命的な変化」が起きており、「制度やルールによって作り出される協調関係や利益」の在り方によってガヴァナンス体系の変革は進む。このプロセスは国際秩序と国際システムの「ルールや方向性を定める」ものであり、各国の「国際秩序や国際システムにおける長期的な制度に基づく地位と役割」に関わる。具体的には、IMFや世界銀行という既存の国際金融機関における新興国や発展途上国の代表性と発言権の向上に加えて、国際経済・金融、新たな分野[42]、地域協力などで「新たなメカニズムと新たなルールの構築を推進する」ことの重要性を、習近平は強調した。ただし積極的なルール形成が目指される分野は、依然として経済分野にとどまった。安全保障分野での中国によるルール形成の試みは、国連、上海協力機構（SCO）、CICA、新興5カ国（BRICS）関連会合などの多国間枠組み、および中露関係における主張と政策協調が中心となっており[43]、それは西側諸国に対して競争的なものとなっている。

ルールの形成やメカニズムの構築に向けたプロセスで、中国が主導権を発揮するためには、まずは中国が提示するディスコースの影響力を高めなければならない。しかし、グローバルな舞台では依然として「西側がディスコースの覇権を有して」いる[44]。西側のディスコースによって「中国モデル」や「中

国の道」を解釈することは、「特殊なモデルを普遍化する」ことにほかならない。それは中国からみれば、単なる西側の誤解ではなく、国際世論の掌握に関連する動きである。したがって、中国は「自己のディスコース体系」を作り出していかねばならない[45]。ただし、これは中国のディスコース・パワーの増強後に新たなルールやメカニズムの形成に着手するということを意味しない。中央党校の左風栄教授は、戦後米国がIMFや世界銀行という国際機関を設立して、世界経済の調整メカニズムを用意したことが、米国のディスコース・パワーの優位性を生み出したと理解している[46]。つまり、国際制度それ自体がパワーを付与するとの理解であり、新たな制度構築は、中国のディスコース・パワーの増強につながると考えられている[47]。AIIBの設立やシルクロード基金の設置は、新たな制度構築を通じた中国のディスコース・パワーを強化する試みということであろう。

　その国内的な前提として、習近平政権は中国のディスコース・パワーを構成する要素への「自信」を強めることを求めた。2017年10月の第19回党大会において習近平は「中国の特色ある社会主義の道・理論・制度・文化が不断に発展し、発展途上国の現代化への道のりを切り開き、発展を加速させるだけではなく自らの独立性の維持を望む国家と民族に全く新しい選択肢を提供し、人類の問題解決に貢献するために中国の知恵と中国の案を提供してきた」と述べた。そのうえで「4つの自信」、すなわち「道への自信、理論への自信、制度への自信、文化への自信をさらに自覚して強めなければならない」と習近平は強調した[48]。

　2019年10月末に開催された党第19期中央委員会第4回全体会議（四中全会）は「中国の特色ある社会主義体制の堅持・整備および国家ガヴァナンス・システムとガヴァナンス能力の現代化推進にかかる若干の重大な問題に関する中共中央の決定」を採択した[49]。この決定は「自信」の根拠となる中国の国家体制やガヴァナンス・システムが有する「顕著な優位性」を示した。その第1が、「党の集中的で統一された指導を堅持している」ことである。このほか、統治や発展にかかる理念・価値観・文化・制度などが指摘されたほか、グローバル・ガヴァナンスへの積極的な参画を含む外交面での取り組みも「顕著な

優位性」とされた。

　しかしこの「自信」は、直面する国際環境への指導部の強い不満や不安の裏返しでもある。2022年10月に開催された第20回党大会において習近平は、2012年の第18回党大会以降の10年間を「歴史的勝利」の時期と位置付けたうえで、「マルクス主義への確固たる信奉、中国の特色ある社会主義への強い信念を堅持し、道への自信・理論への自信・制度への自信・文化への自信を確固たるものにしなければならない」と述べた[50]。しかし彼は、中国の発展をとり巻く外部環境に対する危機感ともいうべき厳しい認識を示した。習近平は、党の使命と任務に言及するなかで「世界は新たな動揺と変革の時期に入った」との認識を示した。2017年の第19回党大会で「大きな変革と大きな調整」の時期と表現されていたことと比べれば、国際情勢認識は悪化している。具体的には、新型コロナウイルス、逆グローバリゼーション、一国主義や保護主義の強まり、世界経済の回復力の鈍化、そして局地的な衝突や動揺が頻発していることが指摘された。こうした国際情勢のなかで、中国に対する「外部からの圧力や抑制はいつでもエスカレートし得る」というのである。また、中国にとって世界は「不確実で予測不可能な要素が増える時期」に入ったとも習近平は述べた。

　なかでも米中関係に対する政権の見通しは後退しているといってよい。第20回党大会における報告で習近平は米中関係に直接言及しなかったが、「外部勢力による台湾問題への干渉」や「外部からの恫喝・抑制・封鎖・極限の圧力」が強まっていると述べた。また大国関係について、「大国間の協調と良性の相互作用を促し、平和的に共存し総体的に安定しバランスのとれた大国関係の構造の構築を推し進めていく」と習近平は言及した。第19回党大会で習近平は「大国間の協調と協力を促す」としていたのであり、もともとの「協力」との文言は「良性の相互作用」に置き換わった。これは「協力」への見通しが指導部内で後退したことを示唆するものである。第20回党大会閉幕後の2022年10月28日、王毅・国務委員兼外交部長は米国のニコラス・バーンズ駐中国大使と会見し、「米中関係は瀬戸際にある」と述べた[51]。

　習近平政権は悪化する外部環境への危機感ゆえに、中国の政治体制に対す

る「自信」の増強を求め、その中核としての中国共産党による指導との「優位性」をますます強調している。国際的にも西側諸国の理念や価値観に対置させたかたちで中国独自のディスコースがますます強調されるようになっている。その結果、国際秩序構築に関する中国のナラティブや取り組みは西側諸国との間で競争的ひいては対立的な構図を生み出すことにつながるのである[52]。

III　大国間競争に向かう米中関係

「新型大国関係」論と競争管理

　習近平政権が「周辺」を主な対象として積極外交を展開するようになった背景には、アジア太平洋地域において米国が中国との戦略的競争を進め始めたことがある。状況的にいえば、南シナ海・東シナ海問題で自己主張を強める中国が対外行動を強硬化させたことを警戒した米国のバラク・オバマ政権は、2011年以降ピボットやリバランスと形容されるアジア太平洋地域を重視する戦略を打ち出した。さらに習近平政権の発足後、中国が東アジアにおいて地域的な包括的経済連携（RCEP）協定の妥結を急ぐとともに、「一帯一路」構想を推進する状況に、オバマ政権は地域秩序の再構築を図る中国の意図を見出した。

　米国側での対中警戒感の高まりの一方で、中国側は「戦略的競争」というナラティブを共有していたわけではなかった。清華大学国際関係研究院長の閻学通は「オバマ政権は意図的に『リバランス』の対抗性を低下させているようであり、協力を強化する方式を検討している。これは積極的な変化である」と述べていた[53]。閻院長は米中関係における構造的かつ戦略的な矛盾について言及してはいたものの、それらの処理の在り方が重要とした。外交当局も同様の見解を示していた。崔天凱・外交部副部長はリバランス戦略の軍事的側面を批判する一方で、これを米中間の戦略的な相互信頼の問題ととらえたうえで、両国関係の「アジア太平洋における良性の相互作用」をつくり出していくべきとした[54]。

習近平政権は1期目発足後、米中「新型大国関係」という考え方を強調して両国関係の安定化を模索した[55]。「新型大国関係」との考え方は胡錦濤政権期の2009年に提示されたものであったが、その中心課題は中国の核心的利益を米国側に尊重させることであり、米中「新型大国関係」の第1の柱は「相互尊重」とされた。しかし、習近平政権では「相互尊重」は優先順位を下げ、かわって「不衝突・不対抗（衝突せず、対抗しない）」が第1の柱となった。この米中「新型大国関係」論の重点移行は、習近平政権が米中間で競争関係が強まることを念頭に置きつつ、その管理を求めたということであった。

　具体的な取り組みの1つとして、習近平政権は米中間で危機管理を機能させるべく、関係の制度化を進めた。米中間の対話や協議、協力に関する2国間メカニズムは2016年末までに100を超えた。軍事面でも、信頼醸成措置（CBM）に関する米国側との合意形成に習近平政権は動いた。2013年6月の米中首脳会談で、習近平国家主席は両軍関係の歩みが政治・経済分野に比べて遅れているとの認識を示したうえで、軍事分野において2つのメカニズム、すなわち主要な軍事活動に関する相互通報制度の構築と海空域における軍事活動の安全基準を共有すべきことを提案した。2014年10月に相互通報制度、11月に海上における近接時の部隊行動のルール、2015年9月には上空における近接時の部隊行動のルールについて国防当局間で合意が成立した。

　しかし、米国側が警戒感を高めていた東シナ海や南シナ海における現状変更の動きを、習近平政権が止めることはなかった。米国が中国の海洋活動を既存の国際規範への挑戦ととらえていた一方で、中国は自国の利益擁護のための正当な活動と考えていた[56]。2013年12月、南シナ海のスプラトリー諸島（南沙諸島）で中国は埋め立てを開始した。2015年後半までの2年弱の間に中国が埋め立てた海域は3,200エーカー（約13平方キロメートル）に達し、それはほかの係争国の合計50エーカーの実に64倍の規模であった。加えて、中国が造成した3つの人工島では軍用機も離発着可能な3,000メートル級の滑走路が整備され、2015年10月にはインフラ整備の段階に入った。さらに2016年に入ると、中国はパラセル諸島（西沙諸島）のウッディ島（永興島）に長距離地対空ミサイルと対艦ミサイルを配備した。こうした取り組みについて、范

長龍・中央軍事委員会副主席は「中国は自国の島礁で建設しているのであって、それは完全に主権の範囲内のことであり、非難されるものではない」と述べた[57]。

加えて中国側は、国際的には現状変更の動きとみなされた自国の動向にかかわらず、米中関係の大局維持は可能であると考えていた。2015年9月に訪米した習近平国家主席は「新型大国関係という正しい方向を堅持すれば」、「中米関係の未来に十分な確信をもつことができる」と述べた[58]。南シナ海問題で対立が表面化した2016年6月のシャングリラ対話の直後に北京で開かれた第8回「米中戦略・経済対話」（S&ED）では、南シナ海をめぐる両国の議論は平行線をたどった。その一方で、経済分野やグローバルな課題での協力を進めるとの考え方は米中双方で維持され、戦略トラックでは120項目、経済トラックでは60項目の合意が成立した[59]。中国国内の専門家は、経済イシューが米中関係のなかで「安定装置」や「推進装置」としての機能を発揮すると理解した。中国社会科学院米国研究所の習大明は、米中経済関係に「利益が融け合う構造が形成されてきた」結果、貿易・投資・金融などの多くの領域で「多元的な相互依存関係態勢」が出現していると指摘し、米中関係の大局維持は可能との見解を示していた[60]。

2017年1月、米国においてドナルド・トランプ政権が誕生した。「米国第一主義」を掲げるトランプ政権が誕生したことについて、中国国内の専門家は一定程度チャレンジととらえた[61]。さらにトランプ大統領は当選後、貿易問題と台湾問題をリンクさせる方針を示した[62]。台湾問題に関するトランプ大統領の認識について、当初中国国内では米中関係の原則を突き崩しかねないとの警鐘が鳴らされた[63]。中国側はトランプ大統領やその周辺への働きかけを強めつつ、「新型大国関係」という考え方をトランプ政権との間でも継続しようとした。習近平国家主席は「協力が中米両国の唯一の正確な選択であり、両国は良い協力パートナーに完全になることができる」と述べた[64]。

当初、トランプ政権が国益の確保を対外関係において強く求めるのであれば、中国はそれに応えることができるとの認識が中国側で示されていた。上海国際問題研究院元院長の楊潔勉は「国益至上主義という背景において、米中間

の協力は歴史の必然である」と強調した[65]。国内の専門家の大多数は米中関係の見通しを悲観してはいなかった[66]。経済や金融分野で米中は「利益共同体をすでに形成しており」、「中米関係に波風が立とうとも、大きな目標は前に向かって発展することである」と楊潔勉元院長は指摘した。当局者のなかには、イデオロギー的な制約がないと考えられたトランプ政権は、経済大国となった中国にとって、チャンスの側面が大きいと主張する者もいた[67]。とりわけ中国の市場規模を鑑みれば、米国に対して多くの経済的利益を供与できるという考え方も中国国内では根強かった。

拡大する戦略的競争の射程

2017年12月にトランプ政権が公表した『国家安全保障戦略』（NSS）は中国の能力に注目しつつ、その意図への警戒感を示した。つまり、対外的な経済活動、影響力工作、軍事的な威嚇などを通じて、中国は政治・安全保障面でのアジェンダを実現しようとしていると指摘した。そのうえで、「中国はインド太平洋において米国を放逐し、国家主導の経済モデルのリーチを拡大して、自国に有利な地域秩序を構築しようとしている」と言及した。最終的に、トランプ政権は中国の脅威をイデオロギーに基づくものと規定した。2020年6月、ロバート・オブライエン大統領補佐官（国家安全保障担当）は「中国共産党のイデオロギーとグローバルな野心」と題するオンライン講演を行った。彼によれば「中国共産党のイデオロギーに注意を払わなかった」ことが、米国外交が中国を見誤った原因であった。この演説を皮切りに、クリストファー・レイ連邦捜査局（FBI）長官、ウィリアム・バー司法長官、マイク・ポンペオ国務長官が同様の観点からの中国に関する政策演説を行うとともに、法執行やカウンター・インテリジェンスの分野における対中措置も同時に強化された[68]。

こうした政治的な状況について、従来であれば、米中双方において経済の論理を強めて米中関係全体の安定、すなわち大局の維持が志向されていた。先述のとおり、トランプ政権発足後しばらくの間は、中国側では米国に対する経済面での利益供与によって、両国関係の大局維持は可能と考えられていた。

しかし、トランプ政権の対外政策の特徴の1つは、対中関係において、安全保障の論理が経済関係に適用されたことにある。NSSは「安全保障の大きな柱」として「繁栄の推進」を掲げた。「21世紀の地政学的な競争を勝ち抜くため、研究、技術、発明および革新の分野で先頭に立たなければならない」が、その基盤となる「米国の知的財産を中国のような競争者が盗取している」。NSSはこのように貿易や技術革新というイシューを強い危機感に根差す安全保障問題として位置付けたのであった。その結果、経済関係の強化によって政治的な相違や対立を管理するという米中関係の基本的なパターンを維持することは難しくなった。

2018年3月以降の米中「貿易戦争」の過程では、貿易不均衡の是正やその一環としての追加関税発動の応酬だけではなく、人工知能（AI）や情報通信の最先端技術をめぐる覇権争いが米中間で展開された。米国からみれば、中国との関係で技術をめぐる優位性を失えば、米軍の作戦遂行能力を大きく制約することにもなりかねない。商務省産業安全保障局（BIS）は、米国の安全保障上・外交上の利益を損なう恐れのある主体を輸出許可の対象として掲載するエンティティ・リスト（EL）に、華為技術（ファーウェイ）とその関連企業を累次追加するなどの規制を強化した。

さらに、2020年以降、新型コロナウイルスのパンデミックにより、米中間の戦略的競争は先鋭化した。同年3月後半、中国はいち早く権威主義的な手段によって新型コロナウイルスの感染拡大に歯止めをかけ、4月以降、経済活動の再開に動いた。外交面でも、中国の国際的イメージの悪化に歯止めをかけるべく、中国は「マスク外交」や「ワクチン外交」を展開した。その一方で、米国では新型コロナウイルスの感染が拡大し、感染者数と死亡者数で世界最大となった。当初はコロナ対策にかかる米中協力の可能性について議論されていた。しかし米国における感染拡大に歯止めがかからず、トランプ大統領は中国の初期対応や情報開示の遅れを、中国共産党の統治体制と関連付けて強く批判するようになった。また、香港における国家安全法の施行や新疆ウイグル自治区における人権侵害に対する米国内（特に議会）での懸念の高まりを受けて、これらに対する制裁措置も発動・強化された。

こうした展開は2020年7月23日、ポンペオ国務長官のスピーチに帰結した。つまり、1972年のニクソン訪中以来の半世紀にわたって継続されてきた中国への関与政策の終焉をポンペオ長官は宣言したのである。彼は「関与」という古い枠組みの目的は「達成されなかった」と述べたうえで、「われわれはそれを継続してはならず、回帰すべきでもない」と強調した。関与にかわってポンペオ長官が打ち出したのは、「自由世界」が中国という「新たな専制国家に打ち勝つ」ことであり、経済・外交・軍事を組み合わせた中国への連携した対抗の必要性を訴えたのであった[69]。

強まる対抗の構図

2019年頃から戦略的競争という米国の対中政策を所与とする発展戦略と政策措置が中国側で打ち出されるようになった。2021年からの第14次五カ年計画では「国内大循環を主体として、国内と国際の双循環が互いに促進する新たな発展構造を構築する」ことが今後の発展目標に設定された。党中央政治局委員の劉鶴副総理は、この新たな発展目標の設定には「錯綜する国際環境の変化への対応」という側面もあると述べた[70]。「近年、西側の主要国ではポピュリズムが盛んで、貿易保護主義が台頭しており、経済のグローバル化は逆流に遭遇している。新型コロナウイルスの影響は広範囲に及び、逆グローバリゼーションの趨勢はさらに明確になり、グローバルな産業・サプライチェーンは重大な衝撃を受けており、リスクは高まっている」。国内大循環の概念は、米中戦略的競争が強まる外部環境の変化への対応であった。2020年4月の中央財経委員会第7回会議で習近平も同様の見解を示し、「外部環境に重大な変化が出現する可能性がある」と強調した[71]。そのうえで、習近平は「大国経済の優位性はすなわち内部で循環できることにある」と述べた。

カギとなるのが、科学技術の「自立自強」を促すことや産業・サプライチェーンを強靭化することであった[72]。つまり、科学技術の自主的なイノベーションを促して国際的な競争力を高め米国などが取り組み始めた対中デカップリングに備えるとともに、制御可能で安全な産業・サプライチェーンの構築を目指すということである。こうした政策志向は、トランプ政権との間で展開され

た技術覇権をめぐる攻防を強く意識したものであり、習近平は国家安全保障の観点から取り組みの強化を求めた[73]。

2020年12月には輸出管理法が新たに施行された。立法過程は米国における対中輸出規制の強化を踏まえたものとなった[74]。従来の中国では輸出管理にかかる6つの行政法規が各部門でそれぞれ存在していた。そのため、統一的管理や部門間の調整における課題が指摘されてきた。2016年に統一的な基本法たる「輸出管理法」の制定が全人代の立法計画に入った。2017年6月には商務部がパブリックコメントを求める草案を公表するとともに、司法部は関連する55の政府部門に意見照会を行った。その後2019年12月に草案（第1稿）、2020年6月に草案（第2稿）、同年10月に草案（第3稿）それぞれが全人代常務委員会で審議され、10月17日、5章49条から成る輸出管理法が可決された。

米中関係の動向を受けて、中国国内で議論の対象となったことの1つは輸出管理法の立法目的の書きぶりであった。2017年の商務部作成の草案は「国家の安全保障と発展の利益を擁護するため、拡散防止などの国際義務を履行し、輸出管理を強化するために本法を制定する」と記していた[75]。議論となったのは、国家の安全保障、発展の利益、国際義務との文言をどのような順序と関係で記すのかであった。全人代常務委員会で審議された2019年の草案（第1稿）は立法目的を「国際義務を履行し、国家の安全保障と発展の利益を擁護する」と記したが、この表記順に異論が出た。2020年6月の草稿（第2稿）では、「発展」の文言を削除したうえで「国家の安全保障と利益」との文言を「国際義務」の前に置く案が示され、この順序で立法目的を記すこととなった。文言の順序変更は、2018年以降トランプ政権が米国の安全保障を理由として中国企業への規制を強めたことを踏まえたものであった。

中国企業への規制強化を受けて、それに対応する輸出管理の範囲と措置も規定された。2019年2月時点で、指導部は国内法の域外適用に関する法律体系の構築を進めることを求めており[76]、成立した輸出管理法は第44条で域外適用を規定した[77]。この域外適用の規則体系の構成要素として「信頼できないエンティティ・リスト規則」も、対外貿易法や国家安全法などに依拠して

制定された[78]。

　戦略的競争という認識をもとに中国への対抗的な路線を採用したトランプ政権の動向に対応した、戦略や政策の調整が中国側でも進んだのである。その結果、米中関係は対抗的な戦略的競争の構図を強めることになった。

ウクライナ危機とロシア・ファクター

　2021年1月、米国においてジョセフ・バイデン政権が発足した。バイデン政権発足後の2月、習近平国家主席はバイデン大統領と電話会談を行い、「米中関係を健全で安定して発展させる」ことの重要性を強調したうえで、外交当局間に加えて経済・金融・法執行・軍事など各分野における実務的な接触を増やすことを提案した[79]。ただし中国国内では、戦略的競争という米国の対中アプローチや政策に根本的な変化は生じないとの見方が主流となっていた。中国社会科学院米国研究所の年次報告書は「バイデン政権は中国を米国の主要な競争相手とみなすであろう。米国の国益と米国が主導する国際秩序を擁護するため、圧力を中心とする対中戦略態勢を維持するだろう」と見通した[80]。

　同年3月半ば、米国アラスカ州アンカレッジで米中高官会議が開催された。中国側が「ハイレベル戦略対話」と呼ぶこの会議には、党中央政治局委員で中央外事工作委員会弁公室主任の楊潔篪と王毅・国務委員兼外交部長、米国側からはアントニー・ブリンケン国務長官とジェイク・サリバン大統領補佐官（国家安全保障問題担当）が参加した[81]。会議では、秩序観や価値をめぐる米中間の対立があらためて明らかになった。冒頭、報道陣を前にしてブリンケン長官は「われわれの政権は米国の利益を促進し、ルールに基づく国際秩序を強化する外交を進めると決意している」と述べた[82]。そのうえで、新疆ウイグル自治区、香港、台湾、サイバー攻撃、経済的威圧という問題に触れ、それらへの中国の対応は「ルールに基づく秩序を脅かす」ものであるとして「深い懸念」を表明した。

　これに対して中国の楊潔篪は厳しく反論した[83]。「中国が主張しているのは、国連を中心とする国際システムと国際法を基礎とする国際秩序であり、一部

の国が制定する『ルールに基づく』国際秩序ではない。世界の大多数の国々は米国の価値が国際的な価値であることを認めておらず、米国がいうことが国際世論だと認めていないし、少数の国が制定するルールを国際ルールだとも認めていない。米国には米国式の民主主義があり、中国には中国式の民主主義がある。…（中略）… 中国共産党の指導と政治制度は中国人民の心からの支持を得ている。したがって、中国の社会システムを変えようとする試みは全くの無駄になる」。また彼は「米国が遠方まで及ぶ管轄権を行使して抑圧したり、軍事力や金融覇権を通じて国家安全保障を拡大適用したりすることが問題だ」と、米国の対外戦略についても覇権主義の観点から厳しく批判した。

　2021年11月、習近平国家主席はバイデン大統領とのオンラインでの首脳会談を行った。習近平はあらためて「健全で安定した中米関係」の構築を求めた。バイデン大統領も、米中間の競争が紛争にエスカレートしないようにするため、相互の連絡を維持する「常識的なガードレール」の必要性を訴えた。両首脳は米中関係を管理する必要性については一致したものの、米中関係において戦略的競争という構図がさらに強まっていることは明らかであった。中国社会科学院の情勢報告は、米国国内での対中脅威認識がバイデン政権下でさらに固定化されていると評価した[84]。強まる対中脅威認識を基礎に、米国は西太平洋における軍事力展開を活発化させるとともに、「インド太平洋」戦略のもとで同盟国やパートナー国とのネットワークの強化に動いている、として強い警戒感が中国側で示された。具体的には、日米豪印の安全保障協力（QUAD）や豪英米の安全保障パートナーシップ（AUKUS）、米国・英国・カナダ・豪州・ニュージーランドによる機密情報共有の枠組み（ファイブアイズ）の機能強化などに批判の眼差しが向けられた。

　さらに、2022年2月末のロシアによるウクライナ侵攻は、米中間の戦略的競争にロシア・ファクターを加えるよう機能した。2021年秋以降、米国はウクライナ国境付近でのロシア軍の動きなどを中国側に伝えていた[85]。しかし、中国側はこれを中国に責任を転嫁しつつ中露間の離間を図るものと反発した。2022年2月初め、中露首脳は「中露間の友好は無限であり、協力に禁制分野はない」とする長大な共同声明を発表し、「戦略的協力」を深化させることを

確認した[86]。この合意に依拠してウクライナ侵攻後も中国はロシアの立場への理解と支持を示すとともに、「中露関係を絶やすことなくさらに高いレベルへ押し上げる」ことを目指した。

　加えてそれを正当化すべく、3月後半以降、ウクライナ危機の根源を米国の「覇権主義」に求めるキャンペーンが中国国内で展開された。3月末から4月半ば、『人民日報』は米国の「覇権主義」を批判するコラムを人民日報国際部の筆名である「鐘声」の名義で、10回にわたって掲載した。第1回目のコラムは冒頭で次のように指摘した。「ウクライナ危機の背後には米国式覇権の影があり、米国が主導する北大西洋条約機構（NATO）の東方拡大がウクライナ危機の根源であり、米国はウクライナ危機をつくり出した張本人である」[87]。

　ロシアの国際法や国際規範を無視した武力行使による国境変更という行為にもかかわらず、中国はロシアとの戦略的連携を維持した。加えて、ウクライナ危機の根源を米国の「覇権主義」に求めた。これによって、米国との間で「健全で安定した」関係の構築を目指すことは難しくなった。さらに中国は、台湾との関係強化を進める米国側の動向を強く批判した。2021年11月と2022年3月のオンライン会談で、①米国は「新冷戦」を求めない、②中国の体制変更を求めない、③同盟関係を強化して中国に反対することを求めない、④「台湾独立」を支持しない、中国と衝突する考えはない、とバイデン大統領は表明した。しかし、3月のオンライン会談で習近平国家主席は「中米関係は米側の前政権がつくり出した困難な局面から未だ抜け出しておらず、逆にますます多くの挑戦に直面している」と述べた。そのうえで、特に「台湾問題が上手く処理できなければ、両国関係に破壊的な影響をもたらすことになる」と警告した。こうした米国への強い不信感と不満ゆえに、習近平政権はロシアとの連携を維持したのである[88]。

　2022年4月、博鰲アジアフォーラムの年次総会において、習近平は「世界の安危の共有を促すために、中国はグローバル安全保障イニシアティブ（GSI）を提唱したい」と述べて、中国そして世界が堅持すべき安全保障にかかる原則的な立場を示した[89]。これらは総体的国家安全保障観の国際的な文脈と共同の要素を強調したものであり、アジア安全保障観との主張をグローバルな

舞台に拡大させたものであった。注目されたのは、「各国の安全保障上の合理的な関心事項を重視し、安全保障の不可分性との原則を堅持し、バランスがとれ有効で持続可能な安全保障枠組みを構築する」と習近平が述べたことであった。これはウクライナ危機をめぐってNATOの東方拡大を批判するロシアの主張と軌を一にするものであった。ただし、GSIはアジアの場で提起されたものであり、中国の周辺地域で同盟国・パートナー国との連携強化を進める米国の動向への批判もここに内包されていたといってよい。

　翌5月に開かれた日米首脳会談では「ルールに基づく国際秩序と整合しない中国による継続的な行動」に言及しつつ、日米同盟の抑止力と対処力を強化することで一致した。日米首脳会談の翌日のQUAD首脳会合では「ルールに基づく海洋秩序に対する挑戦に対抗する」日米豪印4カ国の意思が表明されたほか、インフラや重要・新興技術などの分野における共同のコミットメントが確認された。いずれも中国との競争を強く意識する政策展開であり、分断の磁気を強く帯びるものであった。

　中国の王毅・国務委員はこうした政治景色を「新冷戦の暗雲」と呼んだ[90]。王毅によれば、（米国は）「インド太平洋」戦略を利用して地域を分裂させて『新冷戦』を生み出している。またQUADやAUKUSは、軍事同盟をつなぎ合わせて「アジア太平洋版NATO」をつくり出す試みである。GSIの提唱は「新冷戦の暗雲」が、アジアに波及し対中対抗の構図が固定化されかねないことへの中国指導部の危機感のあらわれであった。それゆえ、習近平国家主席はGSIを提唱した際、アジアの平和・協力・団結の重要性を強調したのである。加えてその後の中国外交は、BRICSやBRICSプラス、SCOなどの枠組みでも、2021年9月に習近平が提唱した「グローバル開発イニシアティブ」（GDI）と併せてGSIへの支持獲得に動いた[91]。

　ウクライナ危機によって、米中間の戦略的競争にロシア・ファクターが加わった。さらに、その後の中国外交の展開は戦略的競争の舞台を周辺地域や新興国との関係などにも拡大するように機能している。換言すれば、米中の戦略的競争はグローバルな展開をみせているのである。

おわりに

　「中国の特色ある大国外交」との外交路線は、胡錦濤政権期の外交路線が、国内的にも国際的にも十分に機能しなかったことを前提として習近平政権において採用されたものである。2000年代後半以降のパワー・シフト環境下で、中国国内では積極的な外交を求める議論が高まった。積極的な対外行動を通じた国際的な地位と役割の向上や中国の主権や安全保障利益の擁護を主張する論調が高まったが、胡錦濤政権は経済発展を中心課題に設定して慎重な対外姿勢を維持し、折衷的な「堅持韜光養晦、積極有所作為」との方針を確認した。しかし、「韜光養晦」と「有所作為」のいずれに重点を置くのか、実現すべき国益の優先順位をめぐって国内の議論は収斂しなかった。限定的な積極外交の舞台の1つは国際経済金融システムの改革であったが、胡錦濤政権が目指したのは漸進的な体制内改革であり、具体的なイニシアティブに欠けていた。

　習近平政権が採用した「奮発有為」との外交方針は、「積極有所作為」に重点を置く積極外交の展開を目指すものであった。歴代の指導部や政権が慎重であった大国意識を習近平政権は対外的にも明確に表明した。習近平政権は、「人類運命共同体」の構築を目指す「中国の特色ある大国外交」を展開し、国際秩序構築の面でのイニシアティブを発揮するようになった。「一帯一路」構想がその象徴である。中国のイニシアティブは周辺諸国・地域とのコネクティビティの強化から始まり、AIIBの設立などの新たな制度構築にも踏み込んだ。いずれのイニシアティブも、中国の優位性——経済力——を基礎とする「公共財」提供の試みであり、国際秩序構築の取り組みは経済分野を中心に展開されるようになった。その一方で、安全保障分野でのイニシアティブは限定的であり、米国の同盟関係への批判を展開するものの、依然として新安全保障観やアジア安全保障観などの理念の提示にとどまっている。その結果、増強される中国の軍事力は周辺諸国や米国に対して対抗的な性格を強めることになっている。

　習近平政権は、国際秩序構築プロセスの困難さの要因を、中国の主張や理

念の国際的な影響力——ディスコース・パワー——の劣勢に見出した。ディスコース・パワー強化の前提として、それを構成する要素すなわち「中国の特色ある社会主義の道・理論・制度・文化」への「自信」を強めることを指導部は求めた。さらに自信の根拠として、中国共産党による統治や社会主義制度の「優位性」を強調した。その結果、国内では権威主義体制の強化、国際的には既存の国際秩序が基づく西側の理念や価値に対置させた中国独自のディスコースがますます強調されるようになっている。

　こうした習近平政権の政策展開は、戦略的競争という米中関係の構図を生じさせ、それを強化することにつながった。加えてトランプ政権とバイデン政権がともに、対中警戒感の高まりを背景に安全保障の論理を中国との経済関係、特に先端技術をめぐる競争関係に適用したことは、経済関係の利益を強調して政治的な相違や対立の管理を図るという米中関係の基本的なパターンの維持を困難にした。さらに、コロナ禍を契機として米国側の対中警戒感が中国共産党の統治体制への懸念や批判と関連付けられ、新疆ウイグル自治区や台湾という中国の「核心的利益」に触れるかたちで米国の対中競争アプローチが採られるに至った。中国国内でも2019年頃から米中戦略的競争を所与とする対応が発展戦略や具体的な政策展開のなかで進んだ。そして戦略的競争という構図が固定化される状況下で生じたのが、ロシアによるウクライナ侵攻であり、中国はロシアとの戦略的連携を変わらず維持した。その結果、「米国 vs. 中露」や「西側 vs. 中露」という分断の磁気を帯びた大国間競争の構図を生じさせつつある。

サウジアラビアにとっての
中国の戦略的価値とその限界

　2016年1月の習近平国家主席によるサウジアラビア訪問は、サウジアラビア・中国関係深化の重要な契機となった。この際に両国は「全面的な戦略的パートナーシップ」の樹立を宣言し、テロ対策における安全保障協力を強化することで合意した。翌年のサルマーン国王の訪中後、中国企業がサウジアラビアにドローンの製造拠点を設けることが発表された。ドローンに加えて、サウジアラビアが中国の支援を受けながら弾道ミサイル開発を進めている可能性が指摘され、2021年には製造にまで至ったとみられている。こうした関係発展に伴い、2022年1月にはハーリド・ビン・サルマーン国防副大臣が中国の国務委員兼国防部長の魏鳳和とオンラインで会談し、軍事協力を強化することで合意した。そして同年12月、約7年ぶりの習主席によるサウジアラビア訪問に際して、サウジアラビアは中国と「全面的な戦略的パートナーシップ」に関する合意文書に署名した。加えてサウジアラビアは、アラブ諸国・中国サミットを筆頭に3つの中国関連サミットの開催地となった。このようにみれば、要人の往来や兵器の開発協力などを通して2国間の軍事関係は深まってきたといえる。

　サウジアラビアは中国から調達した兵器を実戦に投入しているとみられる。同国はイエメン内戦において国際承認を受ける正統政府を支援し、正統政府と敵対する武装組織「フーシー派」に対して空爆などの武力介入を実施してきた。同派傘下メディアの報道によると、同派の防空部隊はサウジアラビア空軍隷下の中国製無人機「彩虹4号」（CH-4）や「翼竜2号」（GJ-2）を撃墜したとされる。またサウジアラビア軍ではないものの、『フォーリン・ポリシー』誌によると、2018年にフーシー派が当時大統領と主張していたサーレハ・サンマードを殺害したのはUAE軍隷下の中国製無人機であった。

　軍事的な文脈において、サウジアラビアにとっての中国の戦略的価値は米国とサウジアラビアの2国間関係の変化から理解できる。サウジアラビアの同盟国である米国はバラク・オバマ政権のリバランス戦略以降、中東からの撤退を模索してきた。そのため米国に自国の安全保障を依存するサウジアラビアは、米国のプレゼンス低

下に伴う安全保障環境の悪化や同盟の「見捨てられ」を懸念するようになった。その結果、サウジアラビアはアラブ首長国連邦（UAE）などと協力しつつ、中東諸国において軍事力行使も含めた介入を行うようになった。サウジアラビア寄りの政策や言動が目立ったドナルド・トランプ政権でさえも、

首都リヤドで習主席を歓迎するサウジ皇太子（2022年12月8日）（AFP＝時事）

中東からの撤退という方針は維持された。さらに、ジョセフ・バイデン政権は当初イエメン内戦の人道被害に言及し、ウクライナ戦争勃発まではサウジアラビアに対する態度を硬化させていた。一例としてバイデン政権は兵器売却を制限し、2022年1月上旬にはフーシー派からの防衛に使うペトリオット地対空ミサイルが枯渇しかけているとまで報道された。また一時両国関係の緊張は緩和されたものの、OPECプラスの減産決定を受けて再び悪化し、バイデン政権は安全保障支援を含め両国関係の見直しを行うとした。

　こうした両国関係の変化を受けて、サウジアラビア世論は米国よりも中国を重視するようになっている。2022年8月に実施されたワシントン近東政策研究所の世論調査によると、米国との良い関係を「とても重要」もしくは「やや重要」と答えたのは41%にとどまり、中国（同55%）やロシア（同52%）よりも低い結果となった。また、「米国は信用できないため、ロシアや中国をパートナーとしてより重視すべきだ」という質問に対して、「強く同意する」や「やや同意する」という回答は59%であった。こうした中国重視の世論にもあらわれているように、ファイサル・ビン・ファルハーン外務大臣は中国を「信頼に足る戦略的パートナー」と評している。こうした国内世論を背景に、対米不信が強まるサウジアラビアは新しい安全保障戦略を模索するなかで、中国との軍事関係を強化してきたと考えられる。

　ただし、サウジアラビアと中国の軍事関係の深化には強い制約がある。米国に対

する不信感はあるものの、米国がサウジアラビアにとって最も重要な同盟国であるという点には変化はみられていない。アーデル・ジュベイル外務担当国務大臣は前述の減産決定に関する不和を念頭に置きつつも、2国間関係が強固であり緊張を乗り越えることができると発言している。イランとサウジアラビアの間に浮かぶ島国、バーレーンに司令部を置く米軍第5艦隊を筆頭に、中東各国に展開する米軍アセットはイラン抑止の不可欠な手段であり続けている。またストックホルム国際平和研究所（SIPRI）によると、サウジアラビアの兵器輸入先1位（2017〜2021年）は米国であり、輸入全体の82%を占めている。さらにサウジアラビアにとって、イランとの25カ年の包括的協定を結ぶ中国を米国にかわる安全保障供与者とみなすことは難しいだろう。すなわちサウジアラビアと中国の軍事関係は確かに近年発展しつつあり、対米不信が強まるサウジアラビアにとって米国以外の大国との外交関係強化や、新しい安全保障戦略の模索という文脈での戦略的価値を有しているものの、米国の存在やイラン・中国関係の発展によって制約を受けているといえよう。

（吉田 智聡）

第2章

米国と対中競争
——固定化される強硬姿勢——

新垣 拓

インドネシア・バリ島で開かれた G20 首脳会合の際に会談した米中首脳
（2022年11月14日）（新華社／アフロ）

はじめに

　近年、米国の対中政策は大きな方針転換を遂げた。1970年代の米中接近から国交樹立により開始された対中関与・支援政策は、冷戦終結後も基本的な政策方針として継続されてきた。しかし、2017年に成立したドナルド・トランプ政権は、約40年間続いた対中政策が前提としていた認識や期待が誤りであったと断言した。そして、中国およびロシアが「米国のパワー・影響力・利益に挑戦し、米国の安全や繁栄を損ねようとしている」と評し、このような政治的、経済的、軍事的な競争に米国が対応していく姿勢を明確に打ち出した。ここに、中国との戦略的競争という方向へ政策方針が大きく変わった。2021年に成立したジョセフ・バイデン政権も、「中国と責任をもって競争する」として[1]、中国との競争が基本路線として継続されることを明らかにした。

　本章は、ジョージ・ブッシュ（子）政権以降の米国の対中政策を考察対象として、中国との戦略的競争という政策転換に至る背景やその実態を明らかにすることを目的とする。具体的には、①米国の対中強硬姿勢はいつ頃から、どのような要因を背景として拡大してきたのか、②トランプ政権以降に既定路線となった対中競争とは具体的にどのようなかたちで展開されているのか、③対中競争の今後について、米国の対中強硬路線が今後も継続されるのか、という問題に焦点を当てて論じる。

　本章では、以下の構成で議論を進める。第I節では、米国の対中不信感がポスト冷戦期、特に2010年代以降に政府内で広がり、トランプ政権において明確な政策方針の転換というかたちで強硬姿勢があらわれてきたことを論じる。第II節では、対中競争の主要な舞台である軍事・外交、経済に注目し、これらの分野において米国がどのような利益や価値の維持や獲得を目指し、どのような政策を追求しているのかを明らかにする。第III節では、米国の対中強硬路線が今後も継続されるのか、その場合に重要となる競争の管理について考察する。

I 対中強硬路線の定着

対中警戒論の拡大

　1970年代以降、米国の対中政策は、中国との政治的・社会的・経済的関係を強化することにより米国の利益を追求するという、「関与」（engagement）を基本路線としてきた[2]。当初、ソ連への牽制という安全保障上の理由から始まったこの政策方針は、中国に対する経済的・政治的期待の高まりを背景として、冷戦が終結してもなお継続された。

　ところが、2017年に成立したトランプ政権は、リチャード・ニクソン政権からバラク・オバマ政権まで長きにわたり継続されてきたこの政策方針を大きく転換させた。2017年に発表した『国家安全保障戦略』（NSS2017）において、関与政策の前提となっていた「ライバルに関与し、国際制度やグローバルな通商制度に受け入れることで、それらの国々が穏健なアクター、信頼できるパートナーになるという想定」は「結果的に誤りであった」と断じた[3]。そして、米国の安全や繁栄を侵食しようとする挑戦国として中国を位置付け、対中強硬姿勢を鮮明に打ち出したのであった。国際環境において大国間競争という流れが再び浮上してきたととらえ、ロシアとともに中国との競争が安全保障政策の中核となることを明示した。

　トランプ政権による対中政策の新たな路線は、バイデン政権においても継続された。ジョセフ・バイデン大統領は、中国が「最も重大な競争相手」であると明言し、アントニー・ブリンケン国務長官も、対中競争が「21世紀における最大の地政学的挑戦」であるとの認識を示した。インド太平洋問題の調整官を務めるカート・キャンベル大統領副補佐官も、対中政策の歴史において「一般に関与と評されていた時代は終焉に至った」と断言し、対中政策をめぐる潮流が不可逆的なものであるとの認識を示した[4]。2022年10月に発表された『国家安全保障戦略』（NSS2022）は、中国が「米国にとって最も重大な地政学的挑戦」であるとして、対中競争に打ち勝つことを目標として掲げた[5]。

　近年、米国がこのようなかたちで対中政策の方向性を大きく転換させた背

景には、関与政策を支えてきた中国に対する米国の強い期待と、パワーを増大させた中国の行動がみせる現実との乖離が、2010年代以降に次第に大きくなってきたことがあった。

2001年に就任したブッシュ大統領は、大統領選挙期間中の演説で中国を「戦略的な競争相手」と呼び、強硬姿勢を示していた。しかし、実際に政権が成立してからは、「強力で平和的、繁栄する中国の出現を歓迎する」として、経済的な分野を中心に協調的・協力的政策を進めた[6]。特に、対中政策の大きな局面となったのが、2001年11月に中国の世界貿易機関（WTO）加盟を米国が承認したことであった。中国のWTO加盟により、米国の対中輸出額は2008年までにおよそ3倍となった一方、制限措置が緩和されたことにより米国の対中投資額も5倍以上となった。日本や韓国、台湾、香港からの投資も著しく増加した[7]。

中国への経済協力や支援は、米国の経済的利益だけが理由ではなく、経済協力による中国の経済成長が、いずれ同国内の社会的、政治的自由度を高め将来的に共産党の一党支配体制から民主的政治制度へと変革するであろうという強い期待も後押ししていた。2002年9月に発表された『国家安全保障戦略』では、中国の民主的発展が将来の繁栄につながると喝破し、市場原理の力やWTOによる中国政府への透明性や説明責任といった要請が、中国における「開放性や法の支配を進展させ、基本的な商業および市民の保護の確立を後押しするであろう」と述べ、強い期待感を表明していた[8]。

ブッシュ政権の2期目には、中国の民主化だけでなく、著しい経済成長を遂げる中国が国際社会の一員として国際ルールを順守し、テロリズムや大量破壊兵器の不拡散といった世界的課題の解決に重要な役割を果たす「責任ある利害関係者」となるべきという議論が浮上した。2005年9月、米中関係全国委員会に出席したロバート・ゼーリック国務副長官の演説を端緒としたこの議論には、国際的な経済システムに中国が統合されることを歓迎する一方で、その「平和的台頭」に対する懸念も含まれていた[9]。

その懸念の1つは、中国の急速な軍事力の近代化・増強が透明性を欠くかたちで進められていたことに対するものであった。もう1つは、中国国内での

外国企業活動に対する制約への不満や知的財産権の侵害問題、対中貿易赤字が毎年増加の一途をたどっていたことで浮上した貿易不均衡問題、人民元をめぐる為替管理問題が表面化したことを背景としたものであった。

2006年9月、ブッシュ政権は、このような米中間の経済分野での摩擦を調整する枠組みとして「米中戦略的経済対話」（SED）という制度を創設して対応しようとした[10]。ただし、これらの懸念や警戒感の高まりにもかかわらず、ブッシュ政権において関与という対中姿勢が変更されることはなかった。米国の関心がイラクやアフガニスタンを中心とした「テロとの闘い」に向いたことや、第1章で明らかにしているように胡錦濤政権の中国が「韜光養晦」（低姿勢を保つ）というスローガンに示される対米協調姿勢を維持していたことも、対中関与路線の継続に大きく影響した。

2009年に成立したオバマ政権は、ブッシュ政権とは対照的に、当初から中国との協調関係を重視する姿勢を示した。中国の将来的な動向に対する懸念はあったものの、イラクやアフガニスタンを中心に展開されていた対テロ戦争や、北朝鮮やイランの核開発、気候変動といったほかの課題解決に向けて、中国の協力的な行動を期待してのことであった。2010年5月に発表された『国家安全保障戦略』では、中国が「経済復興、気候変動への対応、不拡散などの優先課題の進展に向けて米国や国際社会とともに取り組むうえで責任ある指導力を発揮することを歓迎する」と明言された[11]。

実際、対テロ戦争やイラン・北朝鮮核問題について、米国の期待に応えるかのように中国は協力的な姿勢を示した。気候変動問題についても、2009年12月にコペンハーゲンで開催された気候変動枠組条約第15回締約国会議において、中国のとった消極的行動が批判を呼んだものの[12]、2013年から2016年にかけて4回もの「気候変動に関する米中共同声明」が発表されるまでに至り[13]、この分野での協力関係は進展をみせた[14]。

2国間協議を重視するオバマ政権は、SEDに新たに外務閣僚が参加する安全保障分野での協議枠組みを加えた「米中戦略・経済対話」（S&ED）という対話メカニズムの形成を目指した。果たして2009年4月、米中両国は同制度の創設に合意した。同年7月、S&EDの第1回協議がワシントンで開催されて

以降、S&EDは2016年まで毎年開催された。

　このようにオバマ政権では、対中関係における協調的・協力的側面は進展をみせた。その一方で、安全保障や経済分野を中心に競合的・対立的な側面も確実に拡大した。特に顕著であったのは、安全保障に関する対中懸念・警戒感の強まりであった。その要因として、人民解放軍の近代化が一貫して継続され、米軍の戦力投射や作戦行動に影響を与える「接近阻止・領域拒否」（Anti-Access/Area Denial: A2AD）能力が大きく向上したことがあった。この対中懸念・警戒感は、東アジア・太平洋問題を担当していたキャンベル国務次官補やヒラリー・クリントン国務長官、ジェフリー・ベーダー国家安全保障会議上級部長といった、アジア地域への関与を重視する政府高官を中心に拡大し、米国の安全保障政策の焦点をイラクやアフガニスタンといった中東地域からアジア太平洋地域に移すべきという具体的な政策論に繋がっていった[15]。

　2011年11月、クリントン国務長官は外交専門誌『フォーリン・ポリシー』に「アメリカの太平洋の世紀」と題した論考を掲載し、世界情勢の帰趨はアジア太平洋地域において決定されるとして、米国の焦点をイラクやアフガニスタンから「アジアへ旋回」させることを訴えた。オバマ大統領も、同月、訪問先の豪州議会において演説し、「米国がアジア太平洋地域の形成に向けて、長期的により大きな役割を担う戦略的決定を下した」と述べた。

　オバマ政権の第2期になると、安全保障分野や経済分野での中国に対する不満や警戒感はさらに増大した。その大きな要因となったのが、東シナ海や南シナ海における中国の強硬な領有権の主張や既成事実化に向けた取り組みが活発化したことであった。

　東シナ海においては、2013年11月23日、中国国防部は「東シナ海防空識別区」の設定を一方的に宣言し、当該空域を飛行する航空機が同部の定める手続きに従うこと、従わない場合には「防御的緊急措置」を講じるとした。南シナ海においては、翌月に同海域を航行していた米海軍イージス巡洋艦カウペンスが、中国海軍の艦船により妨害行為を受けた。2014年8月には、同海域の公海上空を飛行していた米海軍のP-8Aポセイドン哨戒機に、中国空軍

機が異常接近する事案が発生した。

　南シナ海に関して、特に重大な出来事となったのが、中国による巨大な「人工島」の建設であった。2013年12月頃から、中国は、フィリピンやベトナム、マレーシアといった地域周辺諸国と領有権をめぐる紛争のある地域の複数個所において、満潮時に水没するサンゴ礁で領土の根拠とはならない低潮高地の埋め立てを始めた。米国が問題視したのはこの行為自体だけではなく、中国の埋め立て行為の規模が極めて大きいということ、そしてそれらの人工島に中国が軍事施設を建築し、軍隊を実際に展開させたことであった。

　このような安全保障に関する対立に加えて、これまで対中関与の牽引役として機能してきた経済分野においても、中国に対する米国の不満が増加した。米国の対中貿易赤字は増加傾向が継続しており、2009年と2016年との比較で、2,268億ドルから1.5倍となる3,468億ドルへと増加した[16]。また、外国企業の中国市場へのアクセスに対する制限といった非関税障壁の問題が解消されないことも、米国の苛立ちを増大させた。

　オバマ政権の対中政策は、関与という政策方針は維持されていたが、2010年代頃からその背景にあった米国側の期待と乖離する現実により、中国に対する厳しい見方が広がっていた。

対中政策の前提となる地政学的競争

　2010年代に拡大した米国の対中警戒感は、トランプ政権における関与政策の方針転換というかたちで表面化した。同政権において、対中政策は協力よりも競争や対立という側面に大きく焦点を当てたものとなり、より厳しさを増していった。NSS2017では、「われわれ［米国］の期待とは反対に、中国は他国の主権を犠牲にして自らのパワーを増大させた」として、中国の経済的成長を支援し国際秩序に統合することが中国を自由主義化するという期待が裏切られたという不満をあらわにしている。

　2018年に発表された『国家防衛戦略（要約版）』でも、中国を「戦略的競争相手」と位置付け、中国とロシアは自国の権威主義モデルに合うように世界を形成しようとしている、中国は軍事力の近代化や影響力工作（influence operations）、略奪的な経済力を利用して周辺諸国を強制しインド太平洋地域の秩序を自らにとって有利になるように変えようとしている、同国は同地域の覇権を目指して軍事力を近代化させ続けていることなどを問題点として挙げており、「中国やロシアとの長期的な戦略的競争は、国防省の最も主要な優先課題である」としている[17]。

　トランプ政権の厳しい対中姿勢をあらためて浮き彫りとしたのが、2018年10月にハドソン研究所で行われた、マイク・ペンス副大統領の対中政策についての演説であった[18]。それは、軍事、経済、政治の各分野で中国の問題が顕著になっていることを指摘し、米国民に警戒を呼びかけるものであった。

　その筆頭として挙げられたのが、米国内において中国が行っている影響力工作であった。中国は、米国の国内政治や政策に対して影響を与え、広く米国内における影響力を拡大し利益を得るために、「政府全体で、政治的、経済的、軍事的手段や、プロパガンダを使っている」と批判した。経済面では、中国が先進技術で主導権を握るために、最先端の軍事技術を含む米国の知的財産を窃取したり、中国国内で活動する米企業に営業秘密の提供を強制したりしていると指摘した。さらに、近年急速に増強された軍事力を用いて、東シナ海や南シナ海での活動を活発化させている点も言及された。

　バイデン政権は、トランプ政権で示された中国やロシアとの大国間競争という国際情勢認識を継続しているが、より中国に焦点を当てた国家安全保障政策を提示している。NSS2022では、中国は「国際秩序をつくりかえようという意図とともに、これまで以上にこの目標を達成する経済的・外交的・軍事的・技術的パワーを有する唯一の競争相手である」として、「中国との競争は、今後10年間が決定的な時期となる」という強い危機感のもと、「技術、経済、政治、軍事、インテリジェンス、グローバル・ガヴァナンスの分野における中国との競争に打ち勝つ」という姿勢が示された[19]。

　バイデン政権は対中競争を強調する一方で、「中国と精力的に競争する一方で、この競争を、責任を持って管理する」ことも重視している。具体的には、「意図しない軍事的エスカレーションのリスクを減らし、危機の際のコミュニケーションを強化し、相互の透明性を構築し、最終的には中国政府をより正式な

軍備管理の取り組みに関与させるといった措置を通じて、さらなる戦略的安定を追求する」としており、実際、習近平国家主席との首脳会談を含めて中国政府との対話については積極的である。

　1970年代以降、米国の対中政策は、関与という協調的・協力的姿勢を基本方針としてきた。ポスト冷戦期においてこの政策を支えたのは、経済成長を遂げた中国が国際秩序の維持に責任ある役割を果たしてくれる、中国自身も共産党による一党支配体制を緩め、やがて民主化するであろうという一方的な期待であった。そのような期待とは反対に、中国がとってきた行動は、米国の利益と反するものとして対中警戒感が米国内で強まっていった。この警戒感は、2010年代頃から水面下で拡大し、トランプ政権における関与政策の方針転換、中国との戦略的競争という流れにつながった。この米国が掲げる中国との戦略的競争とは何であるのか。その具体的な状況を理解する必要がある。

II　対中競争の実態

軍事・外交分野での競争

　対中競争の主要な分野となっているのが、軍事・外交分野である。米国はインド太平洋地域の平和と安定の維持に向けて、中国による台湾の武力統一の防止、近年顕著となっている東シナ海および南シナ海における強硬な領有権の主張や一方的な既成事実化行為への対応、といった課題に取り組んでいる。

　そのなかでも特に重要かつ困難な課題が、人民解放軍に対する米軍の優位性を確保することである。「中華民族の偉大なる復興」という戦略目標のもと、国家の主権、安全保障、発展の利益を断固防護するために「戦って勝利する」ことのできる「世界一流」の軍隊建設を目標に掲げる中国は、一貫して人民解放軍の近代化を進めている[20]。これに対して米国は、武力衝突に至らないグレーゾーンと呼ばれる段階も含めて、紛争に関するあらゆる局面に対応できる米軍の抑止・対処能力の構築を追求している。

　米軍の能力向上において前提となる課題が、人民解放軍のA2AD能力である。

それらは、対艦弾道ミサイルに代表される精密打撃力や防空システム、中距離の極超音速兵器、航空戦力といった要素から構成され、西太平洋における米軍の戦力投射と作戦行動を阻害する主要な脅威として認識されてきた。

　2022年11月に国防省が公表した議会年次報告書『中国人民共和国の軍事および安全保障の展開2022』（『中国軍事レポート2022』）は、中国が「アジア太平洋地域に対する第三国の介入を諫止（dissuade）、抑止（deter）、撃破（defeat）する」という「介入対抗」（counter-intervention）戦略に基づいたA2AD能力の開発を積極的に進めているとしている[21]。そこで挙げられているのは、①精密打撃力および精密打撃のための探知・識別・補足・攻撃評価を行う戦略支援部隊の情報・監視・偵察（ISR）、②早期警戒レーダーネットワーク、多様な地対空ミサイル（SAM）システム、弾道・巡航ミサイルシステム、③極超音速兵器、④第1列島線を超える長距離での作戦能力を有する航空戦力、といった能力である[22]。

　米軍は、このような人民解放軍のA2AD能力に早くから注目しており、2001年に公表した『4年毎の国防見直し』（QDR）においてA2AD脅威を打破することを米軍の作戦上の目標に位置付けていた[23]。ただし、米軍において具体的な対応策が検討され始めたのは2000年代後半になってからである。2009年にロバート・ゲイツ国防長官の指示を受けて米空軍と米海軍が中心となり、A2AD脅威に対抗する能力を導くコンセプトとしてエアシーバトル（ASB）構想の検討作業が開始された[24]。

　ASBコンセプトの開発は、2011年11月に米海軍、米空軍に米海兵隊を加えて設置されたエアシーバトル室（ASBO）において進められ、2013年5月に同コンセプトの概要が公表された[25]。そこでは、敵のA2AD脅威に対して、米軍は「妨害（disrupt）・破壊（destroy）・撃破（defeat）するためのネットワーク化・統合・縦深攻撃」（NIA/D3）を行う能力の構築を目指すことが示された。

　それは、長距離精密打撃能力のような敵の特定能力の無力化に注力するというよりは、①敵の指揮統制・通信・コンピューター・インテリジェンス、監視、偵察（C4ISR）の妨害、②A2ADプラットフォームおよび兵器システムの破壊、③兵器や編成の撃破というかたちで、敵のキルチェーンのいずれか

の段階に対する攻撃を行い、その機能を妨害し破壊することでA2AD能力全体を無力化することができる、という考え方が背景にある[26]。ASBコンセプトでは、NIA/D3によりA2AD脅威がある程度無力化されたなかで戦力投射を行い、作戦行動を実施することが想定されている。

その後、2015年11月、ASBの検討作業は統合参謀本部のJ7（統合戦力開発）に主管が移り、名称が「グローバルコモンズにおけるアクセスと機動のための統合コンセプト」（JAM-GC）へと変更された。2016年10月に正式承認されたJAM-GCの特徴は、作戦領域の対象をASBで焦点とされた海上、航空だけでなく、陸上、宇宙、サイバー空間を含む5つの戦闘ドメインへと拡大させたことである。さらに、従来は敵のA2AD脅威の外部からの作戦に重きが置かれていたのとは対照的に、戦力の分散運用、攻撃への強靭性、敵の攻撃による消耗・妨害を前提とした兵站システムを実施・構築することで脅威圏の内部における作戦を主眼としていることももう1つの特徴である[27]。

このように、2000年代後半に人民解放軍のA2AD脅威が議論され始めた当初、米軍の対応策に関する議論では、米軍の攻撃によりそれらの脅威をいかに無力化するのかという問題が焦点であった。そして2010年代後半からは、米軍の作戦システムをいかに人民解放軍の攻撃から防御できるのかという問題も重要な焦点となっている。その背景には、中国の軍事力が確実に高まっており、能力的には米国と「同格の敵対国」となったという認識の変化がある。従来のA2AD脅威に加えて、宇宙・サイバー空間・電磁波スペクトラムにおける人民解放軍の能力向上により、米軍の戦力投射能力、持続的作戦行動の実施だけでなく、これまで米軍が優位にあった状況把握能力、意思決定システムまでもが脅威に晒される状況が現実味を帯びて認識されるようになった。

『中国軍事レポート2022』は、これを「体系破壊戦」（systems destruction warfare）の脅威として初めて言及した[28]。人民解放軍は、ビッグデータや人工知能（AI）の進歩を取り込んだ「ネットワーク情報システム・オブ・システムズ」を活用して米軍の作戦行動システムにおける脆弱性を迅速に把握し、それらの脆弱性に対して複数のドメインに跨る統合戦力により精密な攻撃を行うマルチ・ドメイン精密戦争（Multi-Domain Precision Warfare）を目指し

ていると同報告書では指摘されている[29]。

　このような中国の軍事脅威に対する認識の変化を背景として、2019年7月、マーク・エスパー国防長官は統合参謀本部に対して、米軍全体の統合作戦コンセプト（Joint Warfighting Concept: JWC）の開発を指示した。その後、2021年6月頃にロイド・オースティン国防長官によりJWCは承認された（非公開）[30]。その中核となるのは、「計画において統合され、実施において同期される、優位性を獲得し、任務を完遂するために必要なスピードと規模の、すべてのドメインにおける統合軍の行動」として説明される、統合全ドメイン作戦（Joint All Domain Operations: JADO）と呼ばれるものである[31]。その特徴の1つが、同格の能力を有する敵よりも早く意思決定を行うことで優位に立つという考え方である[32]。

　この認識に基づき、米軍は統合全ドメイン指揮統制システム（Joint All Domain Command and Control: JADC2）と呼ばれる、AI技術を活用した次世代型の指揮統制システムの開発を進めている。JADC2が目指しているのは、米軍のすべての軍種が有するセンサーと打撃力を単一のネットワークで結合し、即時的、効率的なキルチェーンを可能とするシステムである[33]。米軍の各軍種は、ほかの軍種とは異なる独自の戦術ネットワークを開発してきており、現在のキルチェーンプロセスでは、作戦環境の分析、目標の選定、攻撃手段の選定、攻撃命令を出すまでに数日を要してしまう点が問題であった。そこでJADC2では、米軍全体が情報、警戒監視、偵察で得たデータを巨大なクラウドのような通信ネットワークを通じて送受信することで、より迅速な意思決定を可能とするような環境の提供を目標としている[34]。

　国防省では2019年頃からJADC2の開発が進められているが、もともとこの計画は米空軍が検討していたものであり、現在では米陸軍も「プロジェクト・コンバージェンス」（Project Convergence）として同様のプログラムを開始し、2020年9月、米空軍と連携して開発を進めることで合意した。米海軍も、2019年11月に空軍と統合戦闘ネットワーク（Joint Battle Network）の開発を共同で進めることに非公式ながら合意した[35]。現在は統合参謀本部J6（指揮・統制・通信・コンピューター／サイバー）を主管として開発実験が行われて

いる。2020年1月には、各軍種・統合軍、関係省庁、同盟国の代表者から構成されるJADC2機能横断チーム（JADC2-CFT）が創設され、J6の下に置かれている[36]。

同盟国やパートナー国との関係強化を掲げるバイデン政権は、米軍の取り組みに関してもこれらの国々との連携を強めている[37]。例えば、JADC2の開発には豪州や英国、カナダ、ニュージーランドが参加して進められているだけでなく[38]、同盟間でのISR共有に関する実験として2022年8月に行われた「ボールド・クエスト22」には、19の同盟国やパートナー国が参加した[39]。2021年9月には、豪州の原子力潜水艦取得および新興技術を含む技術開発協力の枠組みとして豪英米の安全保障パートナーシップ（AUKUS）の形成が発表された。これらに加え、インド太平洋地域において、日本、豪州、英国などの同盟国やパートナー国との軍事演習も継続して行われている。

米国は、米軍の能力向上に向けた取り組みを重ねる一方で、台湾との関係強化に向けた取り組みも行っている。バイデン政権は、台湾関係法、1972年、1979年、1982年の3つの米中共同声明、レーガン政権が台湾に対して示した6つの保証を拠りどころとする「一つの中国」政策を維持している。NSS2022では、「いずれの立場からのいかなる一方的な現状に対しても反対し、台湾の独立を支持しない」という立場を示している[40]。さらに2022年11月14日、インドネシアで開催されたG20首脳会合の機会を利用して行われた米中首脳会談においても、バイデン大統領は、米国の「一つの中国政策は変わっていないこと、いずれの立場からのいかなる一方的な現状変更に反対すること」を習近平国家主席に説明している[41]。

その一方で、米国は「台湾の自己防衛を支援し、台湾に対するいかなる武力行使や強制にも抵抗するわれわれの能力を維持するために台湾関係法でのコミットメントを守る」という姿勢もみせている[42]。イーライ・ラトナー国防次官補（インド太平洋安全保障担当）は、2021年12月8日に開かれた上院外交委員会の公聴会において、「台湾の自己防衛を強化することは喫緊の課題であり抑止において不可欠の点である」と述べ、「台湾が重要な防衛品目やサービスを受け取れるよう台湾関係法のコミットメントを引き続き継続していくこ

とにより、今後もより積極的なアプローチをとっていく」という考えを示した[43]。2022年12月の時点で、バイデン政権の台湾への武器売却総額は約29億ドルとなっており、ハープーン対艦ミサイルやサイドワインダー空対空ミサイル、F-16およびC-130整備用のスペア部品が含まれている[44]。

　東シナ海や南シナ海における中国の強硬な領有権主張や既成事実化行為への対応として、米国は中国の行動を継続的に公表し批判すると同時に、日本の施政下にある尖閣諸島が日米安全保障条約第5条の適用対象となること、南シナ海を含む地域でのフィリピンの軍、公船・航空機に対する軍事攻撃には米比相互防衛条約が適用されること、フィリピンの排他的経済水域における中国の領有権主張が法的根拠を持たないという2016年の常設仲裁裁判所の裁定を米国が支持すること、という姿勢を繰り返し表明している[45]。

　さらに、南シナ海や台湾海峡における米海軍や沿岸警備隊の艦船による「航行の自由」作戦（FONOPs）や、東シナ海も含めた地域での米空軍の航空機による上空通過が行われている。近年では、南シナ海における活動に関与する中国企業や政府関係者に対して制裁を課すといった措置も講じている。また、東南アジア諸国の能力構築支援も主要な政策として行われている。オバマ政権期に、「東南アジア海洋安全保障イニシアティブ」として開始された海洋に関する安全保障支援は、トランプ政権において「インド太平洋海洋安全保障イニシアティブ」と名前を変えながら、インドネシアやマレーシア、フィリピン、タイ、ベトナム、スリランカ、バングラデシュを対象として継続されている[46]。近年では、日米豪印の安全保障協力（QUAD）を通じた関係国の海洋状況把握（Maritime Domain Awareness: MDA）能力の向上も目指している[47]。

経済分野への波及

　米中競争の新たな舞台として浮上しているのが、経済分野である。経済はこれまで米中間の協調的・協力的関係を支える分野であったが、近年では両国の安全保障をめぐる緊張関係の影響を受けて、競合的・対立的な性格を強めている。ただし、米中間の経済関係全体が悪化しているというよりは、米国の安全保障に深く関係のある分野を焦点とした競争――技術覇権をめぐる

競争、サプライチェーンの構築をめぐる競争——が繰り広げられている、というのが近年の状況である。

　技術覇権に関して、米国は中国を念頭に将来にわたる技術的優位の確保を目指して争っている。近年の中国の産業政策は、国内の強靭性を強化するために、海外の供給網への依存を減らすと同時に、国内生産の増大を含む内需拡大に向けて取り組んでいる[48]。具体的には、2015年5月に発表された「中国製造2025」に沿って、2020年、2025年のロボット工学、電力設備、次世代の情報技術といった戦略的な産業における国内製造についてより高い目標を掲げ、中国の国内イノベーションの促進を目指している[49]。

　近年では、2020年に公表された「双循環」という考え方に基づいて、国内市場を経済成長の主要な牽引役として確立することに重点を置きつつ、国内市場と国外市場が相互に強化し合うことができるようにすることを追求しており、国内経済のなかでイノベーション・製造・消費を完結できる基本的な自給自足を目指すと同時に、輸出や重要な供給網、部分的な資本輸入については国際経済を利用することを目指している[50]。

　米国が問題視しているのが、中国政府が海外企業への規制強化によって国内市場アクセスを制限する一方で国内企業へ補助金などを通じた差別的な優遇措置を採っていることである。また、中国による米国の先端技術の窃取や知的財産の侵害、中国国内で活動する外国企業に対する技術移転の強要、先端デュアル・ユース技術を軍事目的で開発・獲得するために中国の防衛産業と民間技術・産業基盤との融合を目指す「軍民融合」政策、同政策によるデュアル・ユース技術の軍事転用、経済的依存を利用したエコノミック・ステイトクラフト、米国の安全保障インフラ分野への中国企業の進出や投資の増加についても懸念している。

　このような問題への対応策として、米国はまず1974年通商法301条に基づく制裁措置を発動している。2017年8月18日、米通商代表部（USTR）のロバート・ライトハイザー代表は、1974年通商法301条に基づいて、中国の技術移転政策や知的財産権の侵害に関する調査を行うと発表した[51]。その後、米国企業の知的財産や技術を中国企業に移転するために中国政府が不当に介入し

ているとの結果を受けて、2018年3月22日、USTRは通商法301条に基づく対中制裁措置の発動を発表した[52]。制裁措置は航空、情報通信技術、機械などを対象品目とした25％の従価関税と中国企業の対米投資に対する規制強化で構成されており、2018年7月に、対中輸入340億ドル相当の818品目に25％の賦課を開始して以降、2019年8月までに追加関税対象となる品目が段階的に拡大された[53]。

　ただし、この制裁措置に関しては、2020年1月15日に米中間で第1段階の経済・貿易協定が署名され、中国が知的財産の保護や金融市場の開放、為替操作の禁止、今後2年間にかけて米国からの輸入を増加することなどを約束する一方、米国は追加関税を一部について低減することで合意した[54]。

　対中制裁と並行して、米国は新興技術を含む輸出管理制度も強化している。2018年に成立した2019会計年度国防授権法（NDAA2019）には、「2018年輸出管理改革法」（Export Control Reform Act: ECRA）と題された第1758条が盛り込まれた[55]。NDAA2019には、民生用と軍事用の技術の境界が曖昧化していることを背景として、不適切な技術移転や情報漏洩を防止するために、対米外国投資委員会（Committee on Foreign Investment in the United States: CFIUS）の権限を強化する「外国投資リスク審査現代化法」（Foreign Investment Risk Review Modernization Act: FIRRMA）も盛り込まれた。

　2021年11月、バイデン大統領は、米国の安全保障に大きなリスクをもたらす機器の認証を禁止する規則の導入を連邦通信委員会（Federal Communications Commission: FCC）に対して規定した「2021年安全機器法」に署名した[56]。FCCは、2022年11月25日、安全保障上の脅威となりうる通信機器について、中国の華為技術（ファーウェイ）およびZTEが製造または提供する通信機器や監視カメラ、ハイテラ、ハイクビジョン、ダーファが製造または提供する通信機器や監視カメラのうち安全保障上の用途となるものを対象として、米国内への輸入や販売認証を禁止する行政命令を発表した[57]。

　サプライチェーンの構築をめぐる競争において米国が目指しているのは、中国によるエコノミック・ステイトクラフトや将来的な供給リスクを低減することであり、中国に依存しないかたちでの、安全保障上重要な資源や物資の

供給網の構築である。サプライチェーンの確保については、バイデン政権は2021年2月に大統領令14017号を発出し、先端半導体製造・先端パッケージング（商務長官）、大容量バッテリー（エネルギー長官）、（レアアースを含む）重要鉱物およびそのほかの戦略的原材料（国防長官）、医薬品および医薬品有効成分（保健福祉長官）といった、4分野についてのサプライチェーン・リスクを検討し報告書を提出するよう各長官に指示した。

サプライチェーンに関して米国が重視している物品が、半導体である。半導体は民間経済での重要性だけでなく、米軍の最先端兵器の製造、AI技術開発といった米国の安全保障にとっても重要な役割を果たしている[58]。ただし、現在米国は必要とする半導体を国内だけでは十分に製造できていない。世界の半導体製造における米国のシェア率は、1990年の37%から2020年には12%にまで低下しており、2019年時点で世界シェアの5分の4をアジア諸国が占めている[59]。しかも現在、F-35などの軍事レベルで使用する最先端の半導体は台湾の台湾積体電路製造（TSMC）にほとんど依存している状況である。台湾有事リスクも含めて、米国の安全保障にとって重要な戦略的物品である半導体の安定的な製造・供給網を確保することが重視される理由である。このような状況を踏まえて、米国は半導体に関する国内産業振興策や、米国に比して技術開発力の劣る中国に対する半導体技術の輸出管理の厳格化を進めている。

半導体製造に関する国内産業振興策として、2022年8月、バイデン大統領は「CHIPSおよび科学法案（H.R.4346）」（以下、CHIPSプラス法）に署名した[60]。同法は、米国の技術力強化に向けて総額約2,800億ドルの予算を充てこんだ法律で、その一部は米国の半導体製造に関する支援に使用されることになっている[61]。CHIPSプラス法による国内振興策を背景に、米国内では半導体製造に関する2,000億ドル規模の大型投資が2020年から2022年にかけて続いている。例えば、TSMCはアリゾナ州に2カ所の半導体製造工場を建設する計画を明らかにしているほか、日本、韓国、英国企業も米国内への投資計画を発表している[62]。

輸出管理に関しては、2022年10月7日、米商務省産業安全保障局（BIS）は、

AI技術用の先端半導体およびその製造、スーパーコンピューターの対中輸出管理規則を発表した[63]。これにより、TSMCは中国において先端半導体の製造が禁止されることになるなど、中国のAI技術開発には大きな影響が及ぶとみられている[64]。

III　対中競争のゆくえ

継続される強硬路線

　米国の対中政策は、従来の関与から包括的な対中競争姿勢というかたちでトランプ政権において大きな方針転換を遂げた。バイデン政権も、気候変動といった共通の課題解決に向けた協力の可能性や、中国との対話を重視している点では違いがみられるものの、関与により中国の行動を変えることを諦めていること、むしろ軍事的にも経済的にもパワーを増大させ米国の優位性を脅かす存在である中国とは競争関係が前提となると考えている点で、対中強硬路線を実質的に継続している。それでは今後、米国の対中姿勢に変化はみられるのであろうか。

　少なくとも近い将来において、このような米国の対中強硬姿勢が崩れる可能性は低いと考えられる。中国との相対的なパワーの差が小さくなるなか、米国の望むようにその行動に影響をあたえることが難しくなっている状況を背景として、中国の将来的な動向が米国の安全保障を脅かすという認識が米国内で広く、そして根強く共有されているからである。いまや米国の対中政策は、米国の安全保障の確保を最大の要因として形成されている。

　米国からみれば、中国の対外姿勢はインド太平洋の秩序を自国に有利なものに変えようとするものであり、米国が築いてきた同盟関係を弱体化させ、軍事力や経済力を背景に周辺諸国を強制するものである[65]。その目論見は、地域秩序だけでなく、グローバルな国際秩序も自らの権威主義体制に都合良く変更しようすることであり、実際それらを実現する「経済的・外交的・軍事的・技術的パワーを有している」とみている[66]。中国共産党は、現在の国際秩序が自らの提唱する「人類運命共同体」と相容れないものであり、米国の同盟

関係は「中国の主権、安全保障、発展の利益と共存できない」と考えていると、米国の目には映っている[67]。米国の国際秩序観や政策方針は将来の政権により変化する可能性はあるものの、米国の同盟関係を否定し既存の国際秩序を変更しようとしている中国の姿勢を受け入れることは今後も難しいであろう。

　バイデン政権は、気候変動、核不拡散、新型コロナウイルスのような世界的な感染症拡大といった課題に対応するための協力は否定していないが、協力の余地は狭まっており、その協力関係が米国の安全保障上の懸念や経済分野での不満を解消するまでに至るとは考えにくい。

　もう1つの要因として、これまで米国内の対中警戒論を緩和させる機能を果たしてきた経済分野でも、安全保障における対中競争の影響を受けて、対立的・競合的な関係へと変化してきていることも大きい。第II節で考察したように、中国との経済関係は、技術覇権や戦略的物資に関するサプライチェーン構築をめぐる競争を焦点として繰り広げられている。クリントン政権やブッシュ政権期には、中国市場への米国企業のアクセスや経済活動に対する中国政府の協力を期待する声も強かったが、「中国製造2025」を掲げ、中国の国有企業や民間企業を優遇すると同時に米国企業を始めとする海外企業への規制を強める現在の状況において、中国との経済関係が強硬姿勢を緩める役割を果たせるとは考えにくい。

　さらなる要因として、連邦議会の対中強硬姿勢が今後も維持される可能性が高いことがある。連邦議会では、中国に関する課題として、急速な軍事力の近代化、他国の技術や知的財産の窃取、経済的な依存関係を梃子とした国際的な影響力の拡大が認識されており、特にインド太平洋地域において米国の影響力を弱めようとする動きや、先端技術分野における覇権獲得を目指した動きに対する警戒感が民主党と共和党の間で共有されている[68]。「分断」という表現が多用される米国内政治にありながらも、超党派でコンセンサスが形成されているということは、それだけ連邦議会における中国に対する警戒感が強く、そして広く共有されていることを示している。その背景には、図2-1で示されているように、国民世論の対中認識が悪化の一途をたどっていることも影響している[69]。

図2-1：米国における対中認識の変化

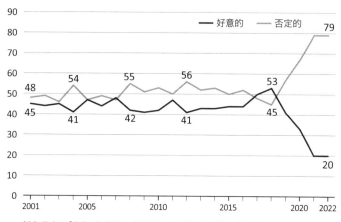

（注）数字は「非常に好意的」・「好意的」、「非常に否定的」・「否定的」それぞれの回答
　　　合計をあらわす.
（出所）Gallup.

　強硬路線が継続される見通しであるということは、かつての対中関与政策
が復活する可能性も低い。米国にとって関与政策は、単に中国と協調的・協
力的な関係を築くということではなく、それらを通じて中国が既存の国際規
範やルールを守り、国際社会の一員として共通の課題解決に向けて責任ある
役割を果たすようになる、国内的には基本的な人権を尊重し、共産党の一党
支配から民主的な政治制度へと変わるようになる、という中国の成長を米国
に好ましいかたちに促す手段であった。関与を通じて、中国の経済体制だけ
でなく政治体制にも変化をもたらすことができる、と米国は考えていた。
　ところが、冷戦終結後の30年間に実際に米国が目の当たりにしてきたのは、
キャンベル大統領副補佐官とラトナー国防次官補が2018年の論文で指摘する
ように、「米国の軍事力や外交的関与は中国が独自に世界クラスの軍を建設し
ようとすることを断念させることができなった」し[70]、米国の「外交的および
商業的な関与が［中国の］政治的、経済的な開放性をもたらすことはなかっ
た」という現実であった[71]。キャンベル大統領副補佐官は、ジェイク・サリバ

ン大統領補佐官（国家安全保障問題担当）との2019年の共著論文において、米国が中国の政治体制、経済、外交政策の根本的な変化を促すことができると考えたことが、「関与の基本的な間違いであった」と断じている[72]。

バイデン政権がNSS2022において示したように、米国の安全保障政策が中国との地政学的競争を前提としているということは、中国の行動を変えることができる時代が終焉を迎えたということを意味している。米国にとって現在の中国は、それだけ経済的にも軍事・政治的にもパワーを増大させた「対等な競争相手」という存在であり、中国を内部から変革させるという政策目標はもはや現実味を失っている。今後は、中国の政治体制を所与のものとしたうえで、中国がどのような政策を採ろうとも「米国の利益と価値観に望ましいかたちでの現実的な［中国との］共存という安定した状態」を目指していくことになるであろう[73]。

競争の管理

今後も米国の対中強硬路線が継続することを前提とすると、軍事・外交に関する競争が軍事的な衝突へとエスカレートすることをいかに予防するのか、経済分野での競争が米中の全般的な経済関係の断絶（デカップリング）を招き世界経済の混乱につながることをどのように防ぐのか、という問題が重要となる。

特に重要となるのが、安全保障に関する競争の管理である。第1に、東シナ海および南シナ海における偶発的、あるいは意図しないエスカレーションによる武力衝突のリスクを回避することである。第2には、中・長期的な台湾への武力侵攻を防止することである。

東シナ海では中国軍の艦船や航空機の活動が活発化していることに加え、ナンシー・ペロシ下院議長が2022年8月に台湾を訪問した際に行ったような軍事演習も増えている。中国は、南シナ海では低潮高地を埋め立てた人工島に軍事基地を建造し、軍の艦船や航空機を展開させている[74]。これに対して米国は、南シナ海だけでなく台湾海峡においても米海軍によるFONOPsを継続的に実施している[75]。この状況に関して、米国では米中両軍間での偶発的

な事故、誤算や誤解による意図しないエスカレーションによる武力衝突のリスクについての危機感が認識されてきた。

このリスクを低減させる方策として、米中の軍当局間にはこれまでに、①防衛協議対話（Defense Consultation Talks: DCT）、②統合戦略対話メカニズム（Joint Strategic Dialogue Mechanism: JSDM）、③防衛政策調整対話（Defense Policy Coordination Talks: DPCT）、④軍事海洋協議協定（Military Maritime Consultative Agreement: MMCA）、⑤防衛電話リンク（Defense Telephone Link: DTL）といった複数の対話チャンネルが設置されている。これらに加えて、航空機および艦船の安全な運用に関する行動手順として海上衝突回避規範（Code for Unplanned Encounters at Sea: CUES）が2014年4月に米中を含む21カ国間で合意された。

近年では、このような緊急連絡メカニズムが設置されているにもかかわらず、状況によって中国側が米国の呼びかけに応じていない場合があるため、バイデン政権は安定したコミュニケーション・チャンネルの確保を中国側に求めている[76]。2022年11月22日にカンボジアで開催された米中国防相会談において、オースティン国防長官は魏鳳和国防部長に対して、インド太平洋地域において人民解放軍の航空機が事故につながる危険な行動をとっていることを指摘しながら、危機の際に連絡できるコミュニケーション手段の重要性を訴えた[77]。

第2の点に関しては、台湾の防衛能力に対する支援や、周辺国との協力による抑止や対処能力を整備しておくことにより、中国が台湾の武力統一が合理的ではない、達成不可能であるという認識を持つようにすることが、最も重要な課題である。その一方で、中国が武力侵攻を行う必要性を高めるような行為を回避することも重要な課題である。この点に関しては、連邦議会が台湾政策についてより強硬な法案を策定する傾向にあることや、ペロシ下院議長の訪台にみられるように連邦議会の議員団による台湾訪問が中国軍の大規模な軍事演習を招いたように、連邦議会のコントロールをどのようにしていくべきなのか、あるいはすべきではないのか、バイデン政権をはじめ、今後の米政権は難しいかじ取りを迫られることになる[78]。

経済分野における競争——技術覇権やサプライチェーンをめぐる競争——が、米中の経済的デカップリングに発展することを防ぐことも、世界経済への影響を考えると重要である[79]。米中の貿易関係については、図2-2にみられるように、過去20年間ほぼ一貫して拡大傾向にある。米国の対中輸入総額は2001年の1,000億ドルから2021年には5,000億ドルを超えるまでになっている。2018年の追加関税の賦課により米中間の輸出入の総額（物品・サービス）は一時的に減少傾向にあったものの、2020年からは再び増加傾向にある。米国の対中輸入でみると、2018年の5,580億ドルから2020年には4,490億ドルに減少したものの、2021年には5,270億ドルへと回復傾向にある。米国の対中輸出については、2018年の1,810億ドルから2020年の1,660億ドルに減少したものの、2021年には1,920億ドルへと対中輸入額と同様の推移をみせている[80]。

　この問題についてバイデン政権は、国内産業の育成を重視する一方で、デカッ

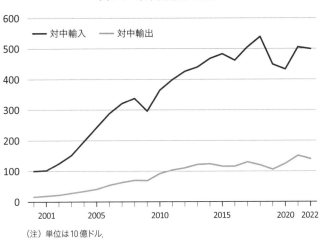

図2-2：米中貿易額の推移

（注）単位は10億ドル.
（出所）U.S. Census Bureau.

プリングを目指しているわけではないという姿勢を示している。2022年11月30日、ジーナ・レモンド商務長官はマサチューセッツ工科大学で演説し、米国のイノベーション・エコシステムを強化するために国内投資が重要であること、半導体分野は当然ながらそのほかの重要な技術開発分野についても、大学や産業界と協力しながら人材育成も含めて投資を強化していくという方針を明らかにした。そのなかで、「［米国の］経済を中国の経済からデカップリングすることを目指してはいない」と明言し、「［中国との］貿易や、中核となる経済的、国家安全保障上の利益、あるいは人権の価値を脅かさない分野における投資を促進していく」と述べた[81]。

　中国の経済的影響力を踏まえると、技術覇権やサプライチェーンをめぐる競争は、米国単独の取り組みだけで優位に立つことは難しい。今後、半導体といった戦略的物資の主要生産国や、先端技術分野で主導的立場にある国々が果たして米国と同様の政策を採用するのか、米国がそのような政策協調を得ることができるのかという点も、この分野における米中競争の帰趨を左右する重要な課題である。

おわりに

　中国に対する米国の強硬姿勢は、2010年代から徐々に拡大していき、トランプ政権において顕在化した。その背景には、中国の軍事力の継続的な増強、東シナ海および南シナ海における強硬な領有権の主張や既成事実化行為に対する懸念の高まりがある。米国の対中競争は、軍事・外交分野を主要な舞台として繰り広げられているが、この安全保障をめぐる緊張関係の高まりは、従来は中国との協調的・協力的関係の牽引車としての役割を担ってきた経済分野にも波及している。

　トランプ政権以降顕在化した米国の対中強硬路線は今後も維持される可能性が高く、米中競争は継続するであろう。中国との相対的なパワーの差が小さくなり、米国の望むようにその行動を変えることができない状況において、中国の将来的な動向が米国の安全保障を脅かすという認識が米国内で広く共

有されているからである。いまや米国の対中政策は、米国の安全保障の確保を最優先課題として形成されている。

　対中競争が継続するなか、軍事・外交に関する競争が軍事的な衝突へとエスカレートすることをいかに予防するのか、経済分野での競争が米中の全般的なデカップリングを招き世界経済の混乱につながることをどのように防ぐのか、今後も米国の取り組みが注目される。

第3章

ロシアの古典的な大国構想
——遠のく「勢力圏」——

山添 博史

アルメニアの首都エレバンで会合したベラルーシ、カザフスタン、キルギス、アルメニア、ロシア、タジキスタンの首脳（2022年11月23日）（タス＝共同）

はじめに

　ロシアの大国の地位への願望は、ロシアを論じるにあたって重要な論点となってきた[1]。現代で日常的に重要視される経済力では大きくないロシアが、その「大国意識」と、実力を使う手法によって、「大国らしき影響力」を振るっているようにみえるときもある。本章では、ロシアがどのように「大国らしさ」と「大国間競争」を構想し、現実にどのように振る舞ってきたかを論じる。ここでは、ロシアの言説や実際の行動を通じ、旧ソ連空間を勢力圏とみなして一方的に権力を行使することと、ほかの大国がその勢力圏を承認することを、ロシアの大国構想の中核的な目標として着目する。

　学術研究では、例えばヘドリー・ブルは、国際秩序を形成する制度の1つとして「大国」を挙げ、勢力圏での一方的権力行使と大国同士の相互承認を特徴としていると指摘している[2]。現代ロシアの行動もある程度それに合致するようにみえる。しかし、欧州において西側諸国はロシアが国境外で他国の主権を上回るような権利を認めていない。かつてソ連のなかにあったロシア以外の14カ国は独立して30年を経ており、それぞれの事情に基づいてモスクワとの距離を管理しながら、完全な従属は受け入れていない。つまりロシアが要求する古典的な帝国のような勢力圏での権利は、現実にはすでに失われたものであり、現代の大国政治には合致していない。それにもかかわらず、勢力圏での権利を守ろうとするために脅威を認識するという深刻な矛盾に陥っている。

　それでもウラジーミル・プーチン政権のロシアは、旧ソ連空間での一方的権力行使と、西側諸国による影響力承認を目標に掲げ、大別すれば3つの手段、すなわち国力の充実、利害を調整する外交・経済手段、相手に打撃を与える強制手段を交えて目標達成を目指してきた。しかし、当初は3つの手段を手にしつつ利益を追求していたものの、やがて前者2つの手段がうまくいかずに、最後の強制手段を用いて、相手の敵意を招き、ロシアの目標達成が遠のく不満を募らせ、さらに強制手段に傾斜するというサイクルが進んできた。以下では、第I節でこのようなロシアの大国政治の考え方を導入し、第II節でウ

クライナや西側諸国との関係が破綻していった経緯を説明し、第III節で米中競争の環境においてロシアがどのような大国間関係を営んできたかを論じる。

I　ロシアの大国意識

ソ連の解体と「ロシア人意識」の不完全な解体

　1985年にソ連の指導者となったミハイル・ゴルバチョフが「ペレストロイカ」（建て直し）を開始し、「グラスノスチ」（透明性）を高める政策を進めた結果、民族自決や民主化の主張が展開し、民族紛争も発生した。ソ連共産党内で、連邦を維持するためにゴルバチョフを失脚させようという勢力がクーデターを起こし、それに対抗したロシアのボリス・エリツィンが政治力を得た。彼はウクライナおよびベラルーシとともに「独立国家共同体」（CIS）の設立を宣言し、3国が連邦から独立するかたちで、連邦の解体を導いた。すなわち、ほかの独立国を積極的につくったのはロシアであった。

　1992年には各主権国家が本格的に国家形成を開始した。多くの新生主権国家は、国境内の住民の統合と政府・制度の形成に力を入れたが、ロシアだけは、それに加えて、自国の領域外の旧ソ連空間で責務を持つと認識していた。ソ連の法的地位を継承したこともあり、ロシアはその空間の統合や、そこに残された施設に権利義務を持つと考える余地があった。加えて、ロシア系住民を、完全な外国人と瞬時にみなすことはできず、「われわれ」の一部として保護すべきという意識が残った[3]。もともと、ソ連内で母体となる「ロシア共和国」の実体もなく、ソ連全体以外に、「ロシア人」の範囲を示すものもなく、急にあらわれた狭いロシア連邦の範囲内で「ロシア人」を定義することに難しさがあった。

　それは、ロシアにとって、手放した空間の統合を取り戻すという難題を意味した。ロシアは旧ソ連構成国を「近い外国」と呼び、旧ソ連空間以外の外国と区別した、曖昧な位置付けを付与した。1990年代のロシアでも軍事手段で取り戻すことを主張する強硬派はいたが、それが可能であるわけではなく、従来の経済的なつながりを活用して統合の現実を積み上げて影響力を得てい

くという考え方が主流になった。プーチン政権も、2000年の発足当初は強硬派の主張を抑え込んで、旧ソ連構成諸国とも西側諸国とも関係を推進して国力の充実を図るという現実的な路線をとった[4]。

　しかしその後、旧ソ連空間でのロシア離れの現象が起こり、プーチン政権がそれを引き留めようと圧力をかけるということが繰り返された。後述するウクライナは、ロシア人にとって同民族のロシア人と兄弟民族のウクライナ人が住む国という感覚や、ロシア帝国やソ連の歴史においても重要な役割を担った地域という考えがあり、そのロシア離れはとりわけ受け入れがたいものだった。

西側諸国との関係推進と対立

　ロシアの大国的な行動のもう1つの軸は、均衡すべき大国との関係である。ここで西側諸国との関係は、二重の意味があった。1つは、西側流の社会・経済発展を通じて国民生活と国力を充実させて大国としての能力を得ることであり、もう1つは、西側流の政治的圧力を拒絶し大国としての地位を保つことである。1990年代のロシアは、前者の西側流改革に熱心に取り組んだあと、それを経ても西側諸国から相応の敬意で遇されないという不満を抱き、後者の西側流政治的圧力に抵抗する意思をより強く示すようになり、アジア諸国との関係を重視した。2000年に就任したプーチン大統領は、これらの均衡に留意する路線を採用し、西側諸国とのビジネス関係を安定させることも含めて、社会・経済発展を軌道に乗せて国力を充実させた。

　2005年4月の教書演説において、プーチン大統領は今後の発展の主要なイデオロギー的課題を論じた[5]。このなかで、「ソ連の解体は地政学的大惨事」と述べたことはよく知られており、同胞がロシアの国境外に取り残され、社会が大混乱に陥ったことにも言及している。しかし、これはソ連解体の過ちを正すという趣旨ではなく、このような困難な時期にもロシア社会は自由と民主主義の価値に向かって改革を経てきたという文脈だった。そして、ロシア人に自由は必要ないという考えを拒否し、ヨーロッパの一国として、過去3世紀にわたってほかの欧州諸国とともに苦難を経て自由、人権、公正、民主主義を自らの価値として実現してきたと主張した。また、旧ソ連空間から北大

西洋条約機構（NATO）と欧州連合（EU）に新たに加盟した諸国がマイノリティであるロシア人の権利を尊重すべきことも述べた。このときのプーチン大統領は、ソ連解体によって生じた重大な問題を挙げつつも、諸課題のうちの一部として相応に扱い、西側諸国による圧力や危険という主張はせずに、ともに発展する姿勢を示していた。同年5月の対独戦勝60周年記念日には、戦勝主要国である国連安保理常任理事国、加えて敗戦国のドイツや日本からも首脳あるいはそれに準じる要人が参加し、協調関係のなかで大国としての地位をある意味では認められる機会となった。

　しかし、時を経るにつれて、旧ソ連空間での影響力が十分ではなく、国際問題におけるロシアの地位が西側諸国によって軽視されているという不満が募り、プーチン政権は西側諸国の協調よりも対立を問題視する場面が増加していった。すでに、1999年のコソボ問題や2003年のイラク問題などで、ロシアの主張が十分に尊重されないことへの不満を表明してはいた。さらに西側諸国への強い対抗姿勢に進んだのは2007年だった。同年2月のミュンヘン安全保障会議で、プーチン大統領はNATOがロシアの懸念を考慮せずに、加盟国もミサイル防衛能力を増強していると非難した。12月には欧州通常戦力（CFE）条約の履行を停止するという具体的な行動をとった。

　それでもこの頃、ロシアの主要な目標は西側諸国との対立ではなく、NATOとの対話枠組みも重用し、西側諸国に認められる安定した関係を高次の目標としていた。NATOを批判する場合でも、個別の問題では強く主張しつつ、アフガニスタンをめぐる安全保障協力を継続するなどして有用なパートナーであろうと努め、名誉ある地位を認められるよう配慮した外交姿勢を全体として保っていた。

ネオ・ユーラシア主義と「世界の多極化」

　ロシアが勢力圏を主張し、西側諸国との対抗を深めるのに伴って成長したのが「ネオ・ユーラシア主義」である。「ユーラシア主義」は、1920年代の亡命ロシア人が、ロシアの歴史理解として、ヨーロッパのみならずアジアの遺産も受け継いでいると論じたものであるが、1990年代のロシアでは、旧ソ連

空間をロシアが主導する独自の文明圏とする政治的な主張にも用いられるようになり、これを「ネオ・ユーラシア主義」と呼んでいる[6]。これによれば、ロシアは西側諸国が主張するような価値観を受け入れる必要はなく、「ユーラシアの独自性」に即した民主主義や市場経済を実装し、アジア諸国との親和性を高めるのがふさわしいということになる。この「ユーラシア」をキーワードとして、共通の歴史遺産を持つ旧ソ連空間を特別の空間としてロシアが統合を主導すべきという主張も強まり、ロシアは旧ソ連空間でつながりが強い諸国と統合性を高めるための枠組みを推進してきた。

　また、この現代ロシアのネオ・ユーラシア主義は、旧ソ連空間に限らず、「世界の多極化」を構想し推進する原動力ともなった。西側諸国だけが先進的な有力国なのではなく、複数の有力国が独自の文明を背景として成長して、より平等なかたちで国際秩序を運営し、ロシアもその1つとして実力を発揮するという主張にネオ・ユーラシア主義は合致する。2008年1月には、ロシアは「対外政策概念」を発表し、経済発展の中心がより均等なかたちで世界に分布して「多極化」が進むという認識を示している[7]。

　このような「多極化」であれば、ロシアは西側諸国の基準に沿わなくても、大国としての地位を、ほかの非西側大国と並んで主張しやすくなる。新興の有力国は非西側であり、その多くはアジア諸国であって、ロシア国内ではネオ・ユーラシア主義が強調する親アジア路線と整合しやすい。アジア諸国と連携して「多極化」の促進を期待する枠組みの1つが上海協力機構（SCO）で、2001年にウズベキスタン、カザフスタン、キルギス、タジキスタン、中国、ロシアを加盟国として成立した。これらの加盟国は、西側基準の自由民主主義よりも、国家主権のもとの安定統治を優先し、分離主義や過激主義に対抗し、しばしば権威主義的な統治を肯定しあう点で一致していた。

　「多極化」を通じた大国間関係の観点でロシアが特に重視してきたのが中国とインドとの関係である。中国は世界で影響力を発揮する実力を持ち米国に対抗し得る大国であり、インドは中国と緊張関係も抱えるが米国とも異なる立場をとることもある有力国である。これらを含めて「多極化」に資する主張をするための枠組みの1つが新興5カ国によるBRICSで、2009年のロシア

開催から首脳会議が開かれるようになり、2022年末時点ではブラジル、ロシア、インド、中国、南アフリカが加盟国である。BRICS諸国は、西側諸国が主導してきた国際関係の運営について新興国の利益を反映する主張をする点で一致しており、新開発銀行（NDB）を設立するなど開発資金の面での協力も推進している。このように、「多極化」で協力しやすい諸国との連携も活用して、ロシアは大国としての地位を補強しようと努めてきた。

II　対米関係と破滅的なウクライナ全面侵攻

旧ソ連空間における矛盾と西側諸国との矛盾

　ロシアは、旧ソ連空間での勢力拡大、併せて西側諸国から認められる有利な地位を目指しながらも、その目標と現実のギャップが拡大した。1999年にエストニア、ラトビア、リトアニアを含む諸国のNATO加盟プロセスが始まったあと、2002年5月にプーチン大統領はローマ宣言に署名し、NATO・ロシア理事会で互いに敵視しない関係を運営することに合意した。その後の2004年、エストニア、ラトビア、リトアニアがNATOに加盟したが、ロシアは不満を表明したものの、NATOとの関係は安定していた。ロシアの飛び地のカリーニングラード州とサンクトペテルブルクの間の、かつてソ連に属していた土地が、NATO加盟国となって兵力の運用が可能になっても、ロシアは自国を死活的に脅かす安全保障脅威とはみなしていなかった。

　ウクライナに関しては、プーチン大統領は就任当初からロシア主導の統合推進に熱意を示していた。2004年、ウクライナのレオニード・クチマ大統領が後継としてヴィクトル・ヤヌコーヴィチ候補を推した大統領選挙が行われたが、ヤヌコーヴィチ当選という結果は不正だと主張する反政府運動が起こった。ロシアのプーチン政権はヤヌコーヴィチ陣営が勝てるように政治工作員を送り込んで支援しており、反対運動には厳しく臨むようクチマ大統領に促したが、彼は強制手段をとらなかった。投票をやり直した結果、ヤヌコーヴィチは敗れてヴィクトル・ユシチェンコが当選した。これはプーチン政権にとって予想外の失敗となり、西側がより強い工作を行ったと解釈した[8]。ユシチェ

ンコ大統領は就任後、反ロシア色が強いナショナリズムを助長する行動をとり、2006年にロシアは優遇価格にしていたガスの供給を一時的に止める強制手段を用いてウクライナの政権に打撃を与えた。

その後2007年2月のミュンヘン安全保障会議では、プーチン大統領はNATOの加盟国増加傾向とミサイル防衛強化を非難した。これは、ロシアの勢力圏と考えるところに敵対勢力が増えていくという問題と、それをめぐる争いが起きるときにロシアが反撃できる軍事的破壊力が制約されるという問題だった。2008年4月のNATOブカレスト首脳会議では、ウクライナとジョージアの加盟の具体的な道筋には踏み込まなかったものの、両国の将来的な加盟への枠組みを示した。

さらにロシアは武力を用いた行動をとり始めた。ジョージア領内で民族紛争（1991〜92年）があった南オセチアにおいて、2008年8月に紛争が再燃し、1992年に停戦を仲介し平和維持部隊を展開していたロシアが軍事介入した。フランスが調停に入り、5日間の戦闘のあと停戦が成立した。この結果、ジョージア領内の南オセチアとアブハジアの分離状態が固定化し、NATOがロシアの武力行使の懸念により、ジョージアを加盟国にしない状況に入った。

これにより、ロシアは勢力圏とみなすところに限定的な実力行使を実際に行うことで、西側諸国によるその地域への勢力伸長をとどめ、かつ西側諸国との関係を維持した。2009年に就任したバラク・オバマ米大統領は、前政権までの介入や拡張をあらため、ロシアとも関係を「リセット」し安定化させる道を選んだ。これは、ロシアが意思を強要するという意味では成功体験となり、強制手段に依存する動機を高めた。一方で、ロシアから離れる勢力を引き留めることができず、それを西側の工作によるものと非難し、結局は旧ソ連空間の統合性は高められないという結果をもたらした[9]。

ウクライナでは、ユシチェンコ政権は迷走し、2010年の大統領選挙ではロシアとの関係の安定化を期待されたヤヌコーヴィチが当選した。彼はガスの優遇供給と引き換えにロシアの黒海艦隊駐留を延長した一方、NATOとの協力関係も進め、EUとも関係を推進した。

2011年に中東地域で「アラブの春」が広がり、数カ国で反政府運動が政権

を打倒し、いくつかは内戦や分断に陥った。また2011年から2012年にかけては、ロシア国内でプーチン氏の大統領復帰に反対する運動が広がった。プーチン政権は、これらの内在的要因を認めず、西側諸国が意図をもって介入して反ロシア的な政権を打ち立てようとしていると解釈した（これらは「カラー革命」と呼ばれ、中国でも批判的に用いられるようになった）。ロシア国内では、反対運動をする者を、このような外国の煽動に乗る裏切り者と位置付け、それを「外国のエージェント」と称する制度を導入し、また街頭運動を抑えるための情報規制も導入していった。全体として、ロシアが西側諸国から圧迫されているという感覚を強めていった。

　2013年、ウクライナのヤヌコーヴィチ政権はEUと連合協定の締結作業を進めていたが、ロシアのプーチン政権はウクライナがユーラシア統合計画に参加できなくなることを問題視した。EU加盟の断念を求められたヤヌコーヴィチ大統領が同年11月に協定署名を延期すると、EU基準に即した内政改革を期待していた市民が協定推進とヤヌコーヴィチ退陣を求める街頭運動を開始した。このような状況下の12月、ロシアのヴァレリー・ゲラシモフ参謀総長が外国武官団ブリーフィングの場で呼びかけたのは、翌年に予定されていたNATOのアフガニスタン・ミッション終了のあとも中央アジア地域の安定のためにNATOと協力したいという希望だった。NATOによるロシアへの脅威は、迫っていなかった。

2014年のウクライナ作戦と西側諸国への工作

　2014年1月、ウクライナの首都キーウで反政府運動と鎮圧部隊の衝突が激化し、2月にロシアやEUによる和解調停が成立したものの、翌日にヤヌコーヴィチ大統領は逃亡し、親西側の政権が成立した。このあと、クリミア半島、ドネツク、ルハンスク、ハルキウ、オデーサなどで、親西側の中央政権に反対する運動が発生した。クリミア半島でロシア部隊の支援を得てクリミア自治共和国の首相となる政変を起こしたセルゲイ・アクショノフの勢力は、住民投票と称する行為を実施して、ロシアの一部になるという意思をあらわした。3月にはロシアがこれを受け入れるかたちをとってウクライナ領土の一部を自

国領であると一方的に主張した。ドネツク、ルハンスクでは武装闘争が始まり、ロシアはこれを永続させる支援を継続したが、両州の全域やウクライナ南東部の広域に支配地を得ることまではできず、マリウポリ、ハルキウやオデーサでの混乱は収束した。

　併せて、ロシアはウクライナ以外の隣接地域、特にバルト海において緊張を高め、危険な軍事衝突のリスクをNATOの加盟国や近隣国（スウェーデン、フィンランド）にもつきつけた。西側諸国はロシアの行動を許容せず、経済制裁を加えていったため、ロシアとしても敵対行動のレベルを引き上げることが正当で必要と考えていたと推測される。

　この頃にみえてきたロシアの狙いは、勢力圏とみなすところでの反抗を許容せず、西側諸国とも闘争レベルを上げて圧力を加えるが、大国間の取引と相互承認の余地を維持するというものだった。ロシアがウクライナ領内の分離地域を永続化させているので、ウクライナの統合とNATO加盟は当面見通せなくなった。ロシアがクリミア半島や東部ドンバス地方への違法な占領・介入を行っていると西側諸国は認識していたが、それを正面衝突に引き上げたり、ロシア領内の安全を脅かしたりといった、ロシアとの紛争を非常に危険な水準までエスカレートさせることを避けてきた。むしろ、ロシアとの和解を模索して安定性を高めようとする外交路線も西側諸国に存在していた。

　ただし、プーチン大統領がウクライナを勢力圏に統合していくという願望を持っていたとすれば、その可能性を自ら閉ざしていった。領土侵害を受けているウクライナではロシアと対抗する政治勢力が基盤を固めた。2019年5月に就任した当初のヴォロディミル・ゼレンスキー大統領は、プーチン大統領との対話で緊張緩和を追求する路線を掲げて当選したが、譲歩をしても成果は得られず、国内の世論を受けてロシアに対抗する路線に転じた[10]。西側諸国との関係は進行し、NATOとの協力による軍の訓練や指揮の強化が進展した。ロシアはウクライナ中央部を敵対勢力に変えつつ南東部の一部を押さえたため、クリミア半島の水源や電力はヘルソン州に依存し、守りにくいドンバス地方の占領地を抱えることになった。交渉による政治統合を断念して武力行使に踏み切る場合、そのコストが高くなっていくという趨勢が2014年に始まった。

ロシアによるウクライナ統合の成功は確実ではなくなっていったが、それ
を将来の課題として、ロシアはウクライナの疲弊を待つことにしたと考えられ
る。その間、西側諸国との関係も悪化し、ロシアは西側諸国およびウクライ
ナとの経済関係にも負担を抱えたが、経済制裁のもとでも主要な産業・経済
活動を継続していくことはできた。大規模な衝突に発展しない範囲で、西側
諸国との関係を闘争的にして刺激しつつ、西側諸国がロシアの主張を承認す
るよう求め続けた。

　2015年9月にはシリアでのアサド政権支援のための軍事作戦を開始した。
これはアサド政権の崩壊を防ぎ、市民運動による政権転覆を成功させないた
めだったが、同時に「ともに国際テロリズムと戦う」という趣旨を掲げ、西
側諸国に同調を求める動機もあった。また、2020年6月のプーチン大統領の
意見記事は、ソ連がナチス・ドイツ打倒に果たした役割を強調し、それをナ
チスと同列の害悪とみなす国としてポーランドを非難しつつ、ソ連の役割を
再確認するための戦勝5カ国の会合を呼びかけている[11]。このように、強硬な
行動や主張を行いつつも、大国間の対決ではなく協調を理想とする声もあげ
てきた。

　しかし、西側諸国との敵対関係は続き、ロシアはウクライナへのサイバー
攻撃、米国やフランスの選挙時の世論介入工作などを行った。これらは、
2013年以前には行われなかったものであり、すでに敵対関係が深まっている
なかで、ロシアが敵視されることになっても強制手段で相手への打撃を行い、
相手から恐れられることを利益とする行動にみえた。

　このようにロシアの攻撃的な行動は続き、広まっていったが、ある種の制
約のもとにもあった。この頃のロシアの手段を西側諸国では一般に「ハイブリッ
ド戦争」と呼ぶようになり、それはおおむね、軍事作戦と、それ以外の手段
を組み合わせて戦争目的を達成するものと論じられた[12]。ただし、2014〜
2021年の時期の特徴として重要なことは、手段の多様性に加えて、これが通
常戦争の閾値の下にあったということである。通常戦争が正規に発生すれば、
当事国や協力国は一致して対処するしかなくなり、団結の効果は高くなるが、
通常戦争に至る前であれば、下手に手出しをすれば通常戦争にエスカレート

するとの恐れによる抑制が働く。それであれば、手出しをするよりも、目をつぶっておこうとする人々も多く、一致団結した対抗にはなりにくい。

　ロシアは、大規模にならないこのような手段に限定して、強制手段を行使しているようだった。ただし、政権に近いシンクタンクのロシア国際問題評議会のアンドレイ・コルトゥノフが「ロシアは強制手段に頼りすぎて外交をおろそかにしている」と警告したように[13]、強制手段による打撃を与えることには成功していた一方で、外交を通じた利害調整でロシア自身の利益を増大させる手を打ちにくくしていった。

ウクライナ全面侵攻と戦略環境の悪化

　2021年1月に就任した米国のジョセフ・バイデン大統領は、ロシアとの新戦略兵器削減条約（新START）の無条件延長に合意した。3～4月、ロシアがウクライナの周辺で部隊を出動させて緊張を高めた。バイデン大統領はロシアに首脳会談を持ちかけ、6月のジュネーブでの会談では、両首脳は和やかに話し、立場の相違を認めあうかたちで会談自体は終わった。すなわち、この時点でロシアは、米国から目立った脅威を受けていると主張せず、むしろ、これまでのように米国が問題視するような行動をとってもバイデン政権は看過すると判断した可能性がある。

　7月にプーチン大統領は「ロシア人とウクライナ人との歴史的一体性について」という論文を大統領サイトにて発表した[14]。ここで彼は、ウクライナがロシアと別個の独立国となったのは過去における誤りであって、ウクライナはロシアと一体となってこそ繁栄すると主張した。このことに賛同するロシア人も多いと思われるが、プーチン大統領は何が喫緊の危険な問題で、どのように解決するということは述べなかった。ただ、ウクライナの現状が望むようになっていないという不満をプーチン政権が表明したことは確かだった。

　同月には、2015年以来の改訂として、2021年版の『国家安全保障戦略』が公表された。ここで、ロシアは「世界の影響力の中心の1つ」と自らを位置付け、西側諸国の勢力に追随しない独立した大国として、その地位を守るべきことを安全保障の課題とした[15]。ロシアが保ってきた伝統的歴史観が損なわれ

るのを防ぐということも課題に挙げた。ただし、ロシアがのちに述べるような「ウクライナにおいてネオナチ勢力がロシア系住民に対するジェノサイドを行っている」という認識はみられない。

　8月にアフガニスタンでタリバンが首都カブールを陥落させ、米軍が撤退すると、ロシアは中国とともにタリバン政権成立後の地域安定化に努め、タジキスタンやウズベキスタンで軍事演習を行った。

　10月に再びロシア軍が兵力をウクライナ国境付近に集結し始めた。この動きを把握した米国に対し、ロシアは12月の提案文面で、NATOの軍備配置が1997年時点の加盟国にまで戻るべきことを求め、しかもこれを一方的に公表した[16]。本来交渉するのであれば、最初に要求を出したあとに修正し合意した結果を公表するものであって、最大の要求を最初から公表するのは、交渉の妥結を目指したものとは思われない[17]。そもそも、ウクライナを支配している現実もなく、NATOに大幅な勢力後退を迫る実力もないロシアが、このような要求を本気で出すのであれば、古典的な大国間政治でも通用しない、大国らしからぬ振る舞いであった。

　事実、米国はこのような要求を拒否した一方で、欧州でのミサイル配備の問題を協議することを提案した。これを引き出したことで、ロシアの強要が成功したとみなすこともできる。もしロシアが自国の安全保障環境を改善したいのであれば、2022年2月14日に大統領と外相が述べたように、協議を継続して米国の戦力を制約するように進めることができた。

　しかし2022年2月24日、プーチン大統領は「特別軍事作戦」を宣言し、ウクライナへの侵攻に踏み切った。当日、空挺部隊が首都キーウを急襲したが、奪取作戦は失敗した。ゼレンスキー大統領を殺害する複数の作戦も阻止されたといわれる[18]。ウクライナが東部紛争地域以外に置いていた兵力は小さく、キーウ周辺でのウクライナ守備兵力よりはるかに大きい侵攻兵力をロシアは投入した[19]。ヘルソン市などでは、守備隊に対する工作の成功のためか、ウクライナ軍の抵抗は早々に崩壊し、ロシア軍の占領統治が始まった。これらをみるに、「特別軍事作戦」によるウクライナ国家全体への強制が成功すると見込んでプーチン大統領は作戦を実行に移したと考えられる。

もしそれが早期に現実となっていれば、ウクライナ人の抵抗によるロシア側への被害も小さく、西側諸国が一致してロシアに圧力をかける措置もとることができず、ロシアが被る打撃もはるかに小さいものだっただろう。ただし、それでも西側諸国による不承認の態度は固くなり、大国間協調の基礎はさらに掘り崩され、また西側諸国がロシア周辺で軍事能力を増強させてロシアに危険が迫る可能性があった。すなわち、プーチン政権の計算として、大国の特権としてウクライナ支配を優先し、大国の均衡や地位や安全や能力強化は後景に退けた判断だった。

　実際に、作戦の当初目的が失敗したあとに起こったことは、ロシアの能力不足をあらわにするものであり、ロシアの戦略的地位は大幅に損なわれた。ロシアの防衛線はウクライナ領内に深く入り込み、精鋭部隊を損耗する一方、ウクライナの戦力は向上し西側諸国の支援を受けている。フィンランドおよびスウェーデンがNATOの加盟を表明し、サンクトペテルブルクやカリーニングラードを攻撃し得る能力は高まる傾向にある。ロシアは、勢力圏での権力確立を果たせず、かつ国の安全保障を低下させ、大国としての地位も低下させている。

　ロシアの能力不足のうち、通常戦力の機能不全が目立った。2月から3月にかけて、キーウ陥落のための通常戦闘に必要な資源を準備せず、空挺部隊や戦車部隊などの精鋭を大幅に損耗し、広げすぎた戦線を縮小してドンバス地方に向かって戦力を集中した。4月から6月にかけて、時間をかけてドネック州南部の主要都市マリウポリや、ルハンシク州西部のセヴェロドネックなどを大規模な破壊を伴って制圧した。そのあと7月から8月にかけてウクライナ軍によるヘル

ハルキウ州で鹵獲されたロシアの装甲車両（Maxym Marusenko／NurPhoto／共同通信イメージズ）

ソン州反攻とみられるロシア軍後方への攻撃が続き、ロシア軍はそちらへの防衛を重視した。しかし9月初めにウクライナ軍がロシア側勢力の虚を突いてハルキウ州東部のロシア側拠点に複数の同時攻撃を遂行し、ロシア軍は軍需物資を大量に残して後退した。これらを通じ、ウクライナ軍は火力が少ないなかで情報や精密誘導などを活用して作戦を進め善戦したのに対し、ロシア軍は制空権をとれず、黒海艦隊の主力艦や大量の戦車を失い、後方の破壊工作を許し、高級指揮官を狙撃されるなど、軍事力で大国たろうと主張してきた国のイメージとはあまりにも乖離した現実をさらけ出した。

当局がウクライナの悪やロシアの戦果を主張して現実とは異なる世界像を築いてきたロシア国内でも、ロシア軍の戦力不足に対する疑念が広まり始めた。9月18日付の『独立新聞』社説が「圧力を受けるプーチン」[20]と題したように、ロシア国内でもこれまでのプーチン政権の指導に異論が生じ始めたことが認知されてきた。そうしたなかの9月21日、プーチン大統領は動員令を発し、30万人の兵力追加を目指す方針を示した。これにより、ロシアが数カ月後に十分な戦力を補充して目的達成につながる作戦を可能にしていくのか、それでも勝てないロシア軍への不信と反発がプーチン政権の統治を脅かすのか、行く末の不明瞭さも増した。本来であれば動員されるべきではない人が訓練もなしに準備不十分な作戦に送り込まれて戦死する事態が続発し、11月には防衛困難なドニプロ川西岸のヘルソン州占領地からロシア軍が撤収し、2022年内にはロシア軍が作戦能力の向上を明確にする成果は示せなかった。

ロシアがウクライナにおいてどれほどの戦果を得るかにかかわらず、ロシアは大国間の協調から根本的に外れ、ほかの大国に立ち向かっていったり共同戦線を築いたりするほどの力も持ちあわせず、大国ゲームのプレイヤーとしては大幅に地位を低下させた。当面の目標は、プーチン政権の生き残りである。

旧ソ連空間において、ロシアが望んでいたような威信は低下している。タジキスタンのエモマリ・ラフモン大統領は2022年10月の独立国家共同体（CIS）首脳会議において、プーチン大統領を見据え、ロシアが各国それぞれを尊重すべきと訴えかけた[21]。

ロシアの大国政治の主要な目標である、旧ソ連空間での権力行使、西側諸国による勢力圏の尊重は、壊滅的な打撃を受けている。

III　中国との連携とグローバルな関与の試み

非西側地域への関与

一方、大国間政治は、欧州以外でも展開されている。第 I 節で扱った「多極化」が進展するのであれば、西側ではない世界の新興諸国が実力をつけ、西側に抵抗の声をあげることで、ロシアの西側に対する地位はより有利なものになると期待し得る。2021 年の『国家安全保障戦略』は、西側諸国による圧迫とそれに対する抵抗を主軸としているが、対外政策の方策を挙げたなかでは、旧ソ連空間外の協力国として中国、次いでインドに言及し、そのあと BRICS、およびアジア太平洋、ラテンアメリカやアフリカなどの地域機構を挙げている[22]。

BRICS 加盟諸国は、西側諸国が主導してきた国際制度について、有力な新興国として発言権を高める主張において協調してきた。これらの国々は、西側諸国によるロシアへの厳しい措置には加わらず、国連決議の採択の場でも棄権するなどの特徴を持つ。いくつかは民主主義国ではあるが、西側諸国のように他国の体制を問題視して共通の基準への適合を求めるわけではなく、その点ではロシアにとってのトラブルは生じにくい。一方で、BRICS も一致して行動する集まりではなく、加盟国それぞれも苦境のロシアを積極的に支援するほどの行動もとらない。2022 年 6 月に BRICS 首脳会議がオンラインで行われた直後、インドおよび南アフリカの首脳はドイツに赴いて G7 首脳会合に招待国として参加した。

ロシアにとって、BRICS や G20 などで西側諸国に与しない有力国がいることで、孤立してはいないという自己認識を助けることができる。アフリカ諸国の多くも、西側諸国とは一線を画しており、ロシアを非難しない国もあれば、ロシアと積極的な協力関係にある国もある。2022 年 9 月の軍事演習「ヴォストーク 2022」には、ロシア沿海地方にアルジェリアから戦車部隊が参加した。ロ

シアとウクライナからの穀物輸出が滞って中東からアフリカにかけての地域
で食糧の入手困難が危機的になったことに際して、ロシアは西側諸国による
制裁がロシアからの穀物輸出を妨げていると主張し、ロシアが飢餓を輸出し
ているという見解に反論しつつ、アフリカの数カ国との関係を良好に維持し
ようと努めた[23]。

　これらの広範な地域でのロシアに対する姿勢は、ロシアに対する圧力を減
少させてはいるものの、ロシアの具体的な戦略的利益を促進するのに活用で
きるほどの影響力にはなっていない。しかし、中東地域においては、ロシア
は軍事を中心として地域情勢の主要なプレイヤーとしての地位を得ており、
欧州諸国や米国も中東諸国が関わる問題ではロシアの動向を考慮している。

　内戦が続くシリアでは、プーチン政権はアサド政権を反政府武装勢力から
守る行動をとってきた。特に2015年9月に軍事作戦を開始してからは、シリ
ア内戦に関わるあるいは影響を受けるイラン、トルコ、サウジアラビア、イ
スラエルなどの国々が、米国の軍事プレゼンスの相対的低下という趨勢も受けて、
ロシアの立場や行動力を考慮に入れて対話姿勢をとってきた。トルコはシリ
アやリビアにおいてロシアと異なる側を支援する立場だが、2015年11月から
2016年6月の険悪期を除き[24]、対話を促し対立を限定することを実現してきた。
イスラエルはシリア領内でのロシア軍プレゼンスが自国に損害とならないよう、
ロシアとの対話レベルを保っている[25]。2022年9月にはトルコやサウジアラビ
アが仲介して、ウクライナとロシアの間の捕虜交換が成立した。

　また、イランはロシアの作戦に対する直接的な軍事協力を行っている。
2022年10月10日にロシア軍が開始したキーウなど複数都市のエネルギーイ
ンフラへの一斉攻撃では、イラン製のドローン「シャヘド136」が自爆攻撃を
果たした。米国、英国、フランスは、イランからの特定軍事技術の移転を禁
じる国連安保理決議第2231号に違反するとロシアとイランを非難した。両国
は違法性を否認しているが、ウクライナ領内に落ちた機材で第三者による検
証は可能であり、明白に国連安保理決議に違反する行動にロシアが踏み切っ
たこと、ロシアが国連制裁下のイランの軍事支援を得てウクライナを攻撃し
ていることは、ロシアが責任ある大国としてのあるべき姿からまた一歩

逸脱したということもできよう。また、イランも、国際的な苦境に陥るロシアに対してリスクが高い軍事支援に踏み切ったのであり、ロシアの立場が相当に尊重されているともいえよう。

国際秩序における中国との連携

ロシアは中国とともに「国際関係の民主化」を主張している。西側諸国が主導してきた国際規範や制度は、世界の多くの国々の利害や実力に相応したものではないとして、その変革を追求してきた。具体的分野としては、情報技術の管理において、インターネット上の自由な情報流通を重視してきた西側諸国に対し、ロシアは中国とともに国内治安管理を優先する規範を主張している。2011年にロシア、中国、ウズベキスタン、タジキスタンが国連総会に共同提案した情報セキュリティのための国際行動規範案は、主権国家の安定性を損なう分離主義などの情報の流布、および他国の安定を脅かすような情報技術の利用を規制することを提案するものであった。

中国の習近平政権が国際秩序を変革するためのイニシアティブと位置付ける「一帯一路」構想は、うまくいくならば、おおむねロシアの利益にかなうものである。西側諸国が設定してきた規範に沿わなくても発展協力を受けられる諸国が増えれば、ロシアも含めた非西側諸国の行動の自由は高まることになる。ロシア自身も、中国による投資でインフラ開発を進める機会を得ることができる。旧ソ連空間、特に中央アジア諸国が、ロシアより中国と緊密になる度合いが高くなるが、ロシアは安全保障分野で枢要な地位を確保することにより、これらの諸国が決定的にロシアから離れることは困難である状況を続けようとしている。これらを受けて、2019年4月の「一帯一路」国際協力ハイレベルフォーラムでプーチン大統領が述べたのは、「一帯一路」はユーラシア空間の経済発展を促進するものであり、ロシアが主導するユーラシア経済連合と「一帯一路」の協力を進め、米国による保護貿易や一方的な制裁に反対するということだった[26]。すなわち、中国の「一帯一路」にロシアが個別に参入するというより、「一帯一路」が促進する脱米国の動きに、ロシア主導の枠組みの存在感もアピールするかたちで協力するという主張だった。

このように、ロシアは中国とある程度重なる観点で西側主導ではないかたちの国際関係の運営を指向してはいるが、一致した行動をとれないような違いも多い。例えば、中国は国連平和維持活動に力を入れているのに対し、ロシアは大きな利益を認めていないためか、関与を減少させている。さらには、グローバル経済に中国が全面的に関わっていることに比較すれば、ロシアはエネルギーや兵器産業など少数分野で関与しており、グローバル経済を撹乱してでも自己の狭義の国益を追求しやすく、実際に中国の経済活動にマイナスの結果をもたらしている[27]。

　そもそも、ロシアが主導する旧ソ連空間の枠組みがその空間外で影響力を示すような実力を有するわけではなく、旧ソ連空間の諸国も中国や西側の個別の諸国と関係を発展させている。中国が米国との貿易や技術を含む広範な競争関係に入っているのに対し、ロシアは中国を支援するほどの能力を有していない。例えば、中国製品に対して米国が課した関税の問題に際し、中国を支援したり米国を抑制したりといった行動をロシアはとることができなかった。米国から中国への大豆輸出が減少した際、ロシアが輸出を担ったが、これは中国にとっての問題解決ではなく、ロシアの貿易の利益となっている。

　2022年2月のウクライナ侵攻開始以降、ロシアに対する厳しい発言や行動を中国は示していないが、この点についてはインドやブラジル、南アフリカなども同様である。中国のエネルギー供給源は主に中東と中央アジアであり、ロシアからも輸入しているが、2022年以降にEUが大幅に減らすロシア産資源の需要を代替するほどの輸入額を中国がロシアから購入することにはなりそうなく、ロシアの収入は中国によっては回復しない。ロシアは経済制裁によって半導体の調達が困難になっているが、中国の有力な情報技術企業はもともと西側諸国の市場での活動を優先し、制裁対象となったロシアで盛んに活動するまでにはなっていない。

　2022年9月15〜16日、ウズベキスタンの古都サマルカンドで開かれたSCO首脳会議は、ユーラシアの多様な諸国の首脳が集まって対面で言葉を交わす機会となった。プーチン大統領にとって、この場は非西側諸国との国際関係の豊富さを示す場ではあったが、ウクライナのハルキウ州におけるロシ

ア軍敗退を経て、インドのナレンドラ・モディ首相には「戦争の時代ではない」
と指摘され、中国の習近平国家主席に対しては「中国の懸念は理解し説明する」
と述べる場ともなった。ロシアの苦境脱却に向けて中国から全面的な支援を
得ているわけではないことは明らかであった。

中国との軍事協力の限定的意義

　ロシアと中国の関係の発展に伴い、危機の際に大きな問題になり得るのは、
両国が連携して軍事作戦を行う能力と意思である。

　ロシアが2022年2月に始めた軍事作戦に対して、中国が直接に軍事支援を
行う事態は、半年を過ぎても確認されなかった。西側諸国がロシアに軍需物
資を引き渡していると疑念を持っているイランと北朝鮮については、すでに
制裁を受けている状況であり、西側諸国との関係悪化でさらに失うものは比
較的小さい。これに対して、中国がロシアへの直接的な支援に踏み切る場合、
米国からの敵意と対抗措置を招く可能性が高く、相当に困難な決断となる。
中国は友好国としてのロシアの喪失を望まないものの、そのために米国との
危険な対立に巻き込まれるリスクを負うには、ロシアの敗北を許せばより危
険な戦略環境に陥るとの判断が必要になるだろう。ロシアと中国が軍事分野
で連携をしている事実はあっても、利害が常に一致して重大な共同行動に出
るとは限らない。

　これまで看取されてきたことは、中国がロシアの支援を得て軍事作戦能力
を高めたという実態である。こんにちにおいて中国が運用している航空機や
艦艇は1990年代から2000年代にロシアから購入したものが多く、2010年代
のSu-35戦闘機やS-400地対空ミサイルシステムも、他国より早く購入を果た
している。しかし、中国が近年独自に開発・運用している航空機や艦艇も多く、
対艦弾道ミサイルなどの重要な装備品はロシアに依存せずに開発・運用して
いるため、ロシアから得る軍事技術は、かつてよりは小さな変数になっている。

　装備品に続いて注目されてきたのは、ロシアと中国の軍事演習である。中
国がロシアとの軍事演習を通じて運用経験を向上させているのか、その評価
は難しい。2012年に両国海軍による合同軍事演習「海上連携」が始まった頃、

中国からは対潜水艦戦の能力向上という意義があるとの議論が聞かれた。2018年にロシアの軍管区における戦略級軍事演習に人民解放軍部隊が参加するようになった頃、中国では統合作戦能力の経験を学ぶ意義があるとの解説が出ていた。しかし、これらにおいて中国が必要とする能力をロシアが向上させるように十分に協力していたのか、中国が政治的に必要な軍事演習の参加に意義があると主張していたのにとどまるのか、はっきりしない。少なくとも、これらの合同演習は、中国の人民解放軍部隊が域外に移動して作戦を行うという文脈で練度向上の機会になったということは指摘できよう。また、ロシアが統合作戦能力の不足を露呈したあとの2022年9月のロシアの東部軍管区における軍事演習「ヴォストーク2022」に際しては、中国側では特に演習参加における練度向上の具体的な意義は語られなかった。

　両国合同の軍事作戦能力に関しては、2019年に開始された日本海周辺の合同爆撃機パトロールが特徴的である。ロシアの爆撃機が中国の早期警戒管制機と連携し、中国の爆撃機がロシアの早期警戒管制機と連携して4機が飛行しており、この運用に関しては2022年までの4回の訓練を通じて一定水準の実用性を持つと考えられる。ただし、これ自体は本格的な軍事作戦を行う場合のごく一部にとどまる。

　実際の問題は、両国の艦艇や航空機が、高度に統合化された作戦ではなくても、協調した目的に沿って同時期に軍事行動を起こすことでも関係国の安全保障に深刻な影響を与え得る。2016年に日本の尖閣諸島の接続水域に両国艦艇が相次いで侵入した事案は、このような可能性を想起させるものだった。2021年10月と2022年9月にも、両国の艦艇は共同で日本周辺を航行した。しかし、2022年8月初めに中国が台湾周辺で軍事演習を行った際に、ロシア軍は目立った動きをしなかった。中国が関わる日本周辺の深刻な軍事事態に際して、ロシアが米軍の標的になるリスクをとって行動するという意思は、明確に示してはいない。

　いずれにしても、協調した軍事作戦のシナリオは、ロシアや中国がパートナーの軍事事態に巻き込まれる、巻き込む意思を行動に移す場合に生起するものである。しかし、ロシアが欧州で深刻な軍事衝突事態に入って苦境に陥って

いるというだけでは、ロシアが中国の意思に従属して中国のための軍事行動に参加したり、ロシアが中国と共通の軍事的脅威に向きあう目的をもつ作戦を行ったりといった事態にはならなかった。ロシアと中国の軍事協力関係が進んできたという事実はありながらも、共同の軍事作戦という観点で大きな転機を迎えたとは、判断することはできない。

おわりに

　以上でみてきたように、ロシアのプーチン政権の大国政治の目標として、勢力圏での一方的権力行使と、ほかの大国による地位の承認が中核的なものであるが、その実現から現実は遠のいている。

　プーチン政権も、2000年から一貫して強制手段ばかりとってきたのではなく、政治的影響力や経済協力でウクライナと接近し、政治・経済・外交の手段を適切に交えて自国の経済社会と外交的地位を成長させてきた時期もあった。しかしトラブルが起こればプーチン政権は強硬姿勢を示し、ウクライナ人が反発して遠心力が強まり、西側諸国の反発を受けた。2014年のウクライナ領土と人命への侵害は、ウクライナの離反と国際的な不信を決定付けた。ウクライナや西側諸国への打撃手段はいくらか成功したが、そればかりに依存しすぎて大国政治の目標からは遠のいていった。ロシアがウクライナをつなぎとめる道を自ら狭めてきた結果、2021年から2022年に、究極の強制手段である大規模軍事侵攻を構想し実行に踏み切ったと言ってよい。ロシアが現実を上回る目標を達成していないことに不満を強めていき、武力行使でそれを果たせると信じて行動したことは、欧州全体の安全保障体制が完全ではなく、その限界を超えたこととみることもできる。

　2022年2月の侵攻開始後、目標を実現するためにプーチン政権が用いてきた手段も、大きな損失を被っている。軍事力のうち破壊力は示しているものの、目的を達成するために効果的に運用して本格的な戦場で勝つ能力が不足していることを暴露した。財政の備蓄はあり社会生活も維持しているが、西側諸国との取引が大きく制約されて、外貨収入や国際的な技術市場へのアクセス

は大幅に減ることになり、成長と国力蓄積の見込みは著しく低下した。ウクライナと西側諸国はロシアと敵対する姿勢で一致しており、ロシアがこれを外交的に覆すことは難しい。中国やインドといった諸国とも、ロシアは十分に連携をとらずに行動し、大国としての能力が信頼されなくなり、「多極化」に資するような提携関係を進めることはできていない。中国との軍事協力関係は継続しているものの、欧州でのロシアの利益に有利になったり、東アジア地域やグローバル社会での中国の行動が有利になったりという効果はみえてきていない。これらをみるに、ロシアは大国政治の目標設定や手段選択を誤り、大国政治に必要な実力を失った。旧ソ連空間においてウクライナの反ロシア化が決定的になり、ほかの諸国もロシアへの信頼度を大幅に下げ、西側諸国がロシアの勢力圏を拒絶する姿勢を強めて戦力を増強していることが、その結果である。

　今後もし、ロシアがウクライナ侵攻を有利に運んで意思を強制できる実力を証明すれば、旧ソ連空間内外の友好国が協力姿勢を強めて、ロシアが希望する大国の姿に一歩近づくことも考えられる。ただし、その場合も、ウクライナの喪失や荒廃、および西側諸国による制裁措置の永続的効果は決定的であり、ロシアが名誉ある大国の地位を獲得するのは遥か遠い将来であろう。一方、もしロシアがウクライナ侵攻において不利になりながらもやめられないという状況であれば、ロシアが国際規範を破る範囲を広げたままで弱者としての強制手段を行使し続けることになろう。ロシアの規範意識が低下した結果、イランや北朝鮮との不適切な軍事協力関係が進むと、不安定要因の拡散も問題になってくる。いずれの場合でも、ロシアは米中競争において中国に実質的な力を与えるのではなくても、西側諸国の行動を妨害することになる可能性が高い。ロシアがウクライナから退いて再び脅かさないよう根本的に行動を改め、新たな安定的均衡の構成員となるに至るまでは、国際政治の不安定要因であり続けるだろう。

第 2 部

大国間競争のなかの
地域秩序

第4章

ASEANの「中立」
——米中対立下のサバイバル戦略——

庄司 智孝

カンボジア・プノンペンで開かれた東アジア首脳会議外相会議
（2022年8月5日）（共同）

はじめに

　近年激しさを増す米中 2 大国間の戦略的競争は、グローバルに拡大しているが、その「主戦場」の 1 つは、東南アジアである。東南アジアは、太平洋とインド洋の結節点に位置するインド太平洋地域の中心であり、そこにはマラッカ海峡や南シナ海といった主要な海域が存在する。こうした地政学的重要性に加え、この地域の国々は、東南アジア諸国連合（ASEAN）を核とする各種の自由貿易地域を礎に順調な経済発展を遂げており、国際社会での存在感を増している。

　東南アジアの戦略的・経済的重要性に鑑みるに、米国が日本とともに「自由で開かれたインド太平洋」（FOIP）を実現するためには、東南アジアとの協力は不可欠である。一方、それは日米のみの課題ではない。中国も、自らに隣接し、重要な海域を有する東南アジアとの関係を重視している。近年では「一帯一路」構想の主要なターゲットの 1 つとして、同地域のインフラ開発支援を推進している。しかし、中国と東南アジアの一部の国々は、南シナ海の領有権をめぐって対立している。このように、東南アジアにとって中国は経済的な機会であると同時に、安全保障上の深刻な課題でもある。米中対立の先鋭化を背景に、日米と中国の間では、東南アジアからの支持取り付けをめぐる競争が展開されている。

　それでは米中双方から送られる秋波に対し、東南アジア側はどう反応し、どのように対処しようとしているのか。東南アジアはこれまで、ASEAN を主軸として、米中をはじめとする域外主要国との関係を管理し、戦略的自律性を確保しようと努めてきた。こうした取り組みは、東南アジアが ASEAN を通じて「中立」を追求してきたことを意味する。本章は、この中立概念を手がかりに東南アジアの対外関係の対処法をつまびらかにし、大国間競争に直面する東南アジアのサバイバル戦略を考察する。

　本章では第 I 節において、ASEAN が追求してきた中立について、冷戦期から 2022 年末までを概観し、この考えを基に米中対立へどのように対応しているかを考察する。第 II 節では、東南アジアと米国の関係につき、ジョセフ・

バイデン政権の東南アジア政策と東南アジアの反応を中心に分析する。第III節では、米国の動向を横目でみつつ、地盤固めを図る中国の東南アジア外交を考察する。そして第IV節では、大国間競争の「スピンオフ」としての南シナ海問題と、ASEANの多国間主義が直面する問題を扱う。

I 東南アジアの対外関係
　　——ASEANの「中立」を手がかりに

ASEANの「中立」とZOPFAN

　東南アジア諸国にとって、自らの政治・経済・安全保障面での状況が、米中など域外大国から大きな影響を受けることは、最近に始まった話ではない。彼らは、植民地支配を脱し、国民国家として独立してからこんにちに至るまで、対外関係は言わずもがな国内の問題についても、常に大国の影響を受けてきた。その際東南アジアは、さまざまな域外主要国と安定的かつバランスのとれた関係を保ちながら、国家としての自立と生存を可能にする状態を追求してきた。戦略的自律性の確保は、彼らの理想とする地域秩序の重要な条件であった。

　東南アジア諸国が1967年にASEANを発足させた目的の1つは、対外関係を集団的に管理することであった。当時の対外環境の不安定化、すなわち東アジアにおける中国の影響力拡大や中ソ対立の激化、ベトナム戦争の本格化などの影響が東南アジアに及んできていたが、東南アジアの中小国は、まとまることによってこうした状況の変化に対応しようとした。地域から域外大国の影響力を排除することはできないものの、大国側が対外政策を決定する際、東南アジア諸国の戦略的利益を考慮するよう促した[1]。

　その後、対外関係を管理して自律性を確保するという考え方は、「中立」の概念へと結実した[2]。1971年、ASEANは域外主要国によるいかなる形式の干渉からも自由で、平和的かつ中立的な地帯の設立を目指す「平和・自由・中立地帯」(ZOPFAN)宣言を発表した[3]。冷戦期の東西対立の渦中にあったASEANは、対外的に中立を宣言し、それによって自らの安全を保障しようと

した。

　ZOPFAN は、自衛力に依拠し、専守防衛以外の力の行使や他国との同盟を
禁じたスイスのような厳密な永世中立ではなく、あくまで戦略的自律性の向
上を目指すものであり、次の3つの特徴を伴った。第1に、ZOPFAN は努力
目標であった。東南アジアを真の意味での中立地帯とするためには、共産陣
営を含む、域外主要国からの承認が必要であった。しかし、そうした承認を
得られる見込みは当初からなかった[4]。ZOPFAN の意味は、域外からの影響
力を減じ、自律性を拡大するという政治目標を域外主要国に対して宣言する
ことにあった。

　第2に、第1の中立の不完全性に関連するが、ASEAN の多くの国々は域
外主要国との2国間の軍事協力関係を維持した。フィリピンとタイは米国と
の同盟を破棄する意思はなく、マレーシアやシンガポールも5カ国防衛取極
（FPDA）に基づく英連邦諸国との協力を続けた[5]。唯一インドネシアが国家
強靱性（national resilience）の概念を掲げ、域外大国に依存しない安全保障
の在り方を唱えたが、実際問題として、域外の同意もなく、かつ各国の安全
保障には依然として旧宗主国を中心とする国々との協力が不可欠であった。
そのため、ZOPFAN の実現に向けては、域外との協力関係を維持しつつも、
漸進的に自律性の強化の方途を探る、折衷的方策をとる以外になかった[6]。

　第3に、ASEAN の対外的な中立は、内政不干渉と連続していた。ASEAN
各国は当時、建国間もない国民統合の初期段階にあり、各国内の華人を中
心として、中国など域外主要国の影響を受けやすい状態にあった。そのため
ASEAN は、ZOPFAN の適用範囲を、東南アジアという地域に限定せず、加
盟各国の国内も含め、双方のレベルにおいて域外の影響力を低減する方向性
を示した[7]。

　1990 年前後に冷戦が終結し、東西両陣営間のイデオロギー対立は消滅し
たが、パワーと影響力をめぐる大国間競争は、東南アジアにおいても続いた。
そのため、ZOPFAN に象徴される ASEAN の中立の精神は、冷戦後から現
在に至るまでも脈々と受け継がれた。実際、ASEAN が目指す政治安全保障
共同体においても、ZOPFAN は依拠すべき主要原則の1つとなっている[8]。

ただ、ASEAN の中立を実現する方法は、冷戦期からポスト冷戦期にかけて変化した。その方法とは、ASEAN 地域フォーラム（ARF）の設立に示されるように、アジア太平洋地域において ASEAN が核となり、多国間協力枠組みを通じて域外主要国の関与を促し、地域の安定を図るという包括性（inclusiveness）の追求であった。包括性を追求することにより、多国間協力枠組みのなかで域外主要国は相互に牽制しあい、こうした状態から ASEAN は裨益すると同時に、戦略的自律性を確保することを狙った。

　また包括性は、ASEAN として、特定の大国に与せざるを得ない状況の出現を回避する手段でもあった[9]。ASEAN にとっての中立は、歴史的にも、そしてこんにちに至るまで大国間の対立や競争に大きな影響を受けてきた経験に基づき、特定の域外主要国に肩入れしない姿勢を意味した。これは、ASEAN の「生存本能」ともいえる行動パターンの１つである。

　さらに、包括性の実現に向け、1990 年代から 2000 年代にかけて ASEAN の多国間枠組みが次々と設立されるなか、ASEAN が中心となってこれらの枠組みを維持する理論的根拠として中心性（centrality）の概念が結晶化していった。こんにち、米中対立を軸として日本、インド、ロシアが関与する大国間関係が一層複雑化するなか、すべての域外主要国を ASEAN 中心の協力枠組みに引き込むことにより、ASEAN は自らが除外されるような地域システムが出現することを防止しようとしている[10]。こうして包括性と中心性を通じ、ZOPFAN の遺伝子が ASEAN の行動原則に組み込まれた。

東南アジアの大国間競争認識——『2022 年の東南アジア情勢』から

　東南アジアの対外関係は、階層的である。東南アジアに最も大きな影響力を持つ２つの大国は、疑いなく米国と中国である。冷戦期からポスト冷戦期にかけて、東南アジアを含むアジア太平洋の地域秩序をその軍事力と経済力で支え続けたのが米国であったが、1990 年代後半から、台頭する中国の影響力が東南アジアに浸透し始めた。2010 年代後半には、東南アジアをめぐる米中の勢力圏争いは本格化した[11]。こうした戦略環境のもと、東南アジアにとって、米中間でいかにバランスをとるかが対外関係の主軸となった[12]。すなわち、

東南アジアにおける大国間競争は米中間の戦略的競争に集約される。

　そのため、東南アジアの大国間競争において、日印露といった域外アクターは、2次的な重要性と影響力を持つに過ぎない。しかし、東南アジアが米中以外の域外主要国・地域との関係を軽視しているわけではない。これらの国々や地域との関係強化は、東南アジアの対外関係を多様化することにより、米中対立の悪影響を緩和する効果を期待されている [13]。

　それではこんにち、東南アジアの大国間競争に関する認識はどのようなものであろうか。この問題を探るにあたり、きわめて有用な資料がシンガポールの東南アジア研究所（ISEAS-Yusof Ishak Institute）から提供されている。同研究所は、2019年より『東南アジア情勢』（*The State of Southeast Asia*）という世論調査を毎年実施している。この調査は、東南アジア各国の政府、学術・シンクタンク、ビジネス、NGO、そして国際機関の関係者1,000 〜 1,500人前後を対象に行われ、東南アジア地域の政治外交と安全保障に関する彼らの認識を包括的に問い、分析したものである。調査の中心的な問題関心の1つは、米中対立である。毎年の調査結果は大変興味深いものであるが、ここでは2022年版に依拠し、米中対立に関する東南アジアの認識に関連し、次の3点を指摘したい。

　まず、中国の圧倒的な影響力である。『2022年の東南アジア情勢』によると、「東南アジアにおいて最も経済的影響力のある国・地域は」という問いに対し、「中国」との回答が実に77%に上り（米国はわずか10%）、政治的・戦略的影響力についても中国が54%という結果となった（米国は30%）[14]。東南アジアは現在、政治・経済・安全保障すべての面で、自らに対し最も大きな影響力を持つのは中国であると認識している。

　次に、ASEANのバランス感覚である。米中が東南アジアで影響力とリーダーシップを競う状況に巻き込まれているASEANであるが、望ましい対応は、という問いに対し、両大国からの圧力をかわすためにASEANの強靭性と一体性を高める、ないしは米中いずれの側にも立たない立場を堅持する、という選択肢が支持され、回答の7割以上を占めた。米中いずれかの二者択一という対応は、賢明な選択肢ではないとの認識である [15]。

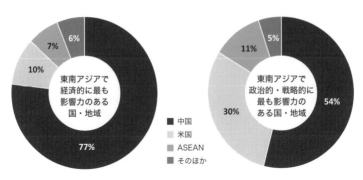

図4-1：東南アジアにおける中国の圧倒的な影響力

（凡例）
■ 中国
　 米国
　 ASEAN
　 そのほか

（出所）*State of Southeast Asia 2022: Survey Report*（Singapore: ISEAS-Yusof Ishak Institute, 2022）, 20, 22.

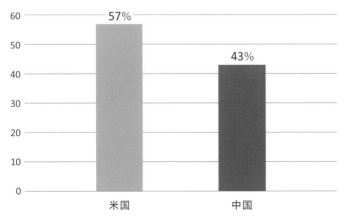

図4-2：米中どちらを選ぶか

（注）小数点以下は四捨五入.
（出所）*State of Southeast Asia 2022*, 32.

　最後に、米国への底堅い信頼である。ASEAN にとって最も回避したい選択であるが、もし ASEAN が米中のどちらかを選ぶとすれば、米国を選択するとの回答が中国を 15% 程度上回っている[16]。ASEAN は、自らに対する中

国の圧倒的な影響力を認識しつつも、必ずしも中国主導による新たな地域秩序を欲しているわけではなく、米国に対し、従来の「自由で開かれた」地域秩序を主導するよう求めているのである。

米中対立への「選択的適応」
──「インド太平洋に関するASEANアウトルック」

前項で明らかになったとおり、中国の圧倒的な影響力と米国への信頼を前提として、米中いずれかの二者択一は適切な選択肢ではない、と東南アジアは認識している。それでは、米中対立に東南アジアはどう向き合うのか。ASEANとしての対応方針は、2019年6月に発表された「インド太平洋に関するASEANアウトルック」（AOIP）に示されている。

ASEANがAOIPをとりまとめる契機となったのは、日米によるFOIPの提唱、特に米ドナルド・トランプ政権が、2017年12月の『国家安全保障戦略』で明示したように、中国との対決姿勢を鮮明にしたことである。インドネシアは、トランプ政権のインド太平洋概念がASEAN中心性への挑戦であり、中国を孤立させ、封じ込めることを狙った排他的なアプローチであるとみなした。ASEANは、米中対立が激化するなか、包括的、コンセンサス重視、非軍事的で外交的なアプローチをとるASEAN独自のインド太平洋概念を示すことにした[17]。それは、米国でも中国でもない「第3の道」を選択することを意味した。

AOIPのとりまとめにイニシアティブをとったのは、インドネシアである。インドネシアはインド太平洋協力に関するコンセプト・ペーパーを作成し、2018年1月のASEAN非公式外相会議でルトノ・マルスディ外相が、同年4月のASEAN首脳会議ではジョコ・ウィドド大統領が加盟各国に対して同コンセプト・ペーパーを提示した[18]。コンセプトのポイントは、①包括性、透明性と総合性、②地域のすべての国々の長期的な利益に適う、③平和、安定、繁栄を維持するためインド太平洋諸国の共同の取り組みに基づく、④国際法とASEAN中心性の尊重、の4点であった[19]。

2018年8月、外相会議で再度インドネシアの説明を受け、ASEANはイン

ド太平洋概念に関する議論を進めることで合意した。この点につき、同会議の共同声明において「われわれは、ASEAN 中心性、開放性、透明性、包括性、ルールに基づくアプローチといった重要な原則を含み、相互の信頼、敬意、利益に貢献するインド太平洋概念に関するさらなる議論に期待する」と言及された [20]。

　ただ、インドネシアの提案に対し、ASEAN 各国の反応は全般的に消極的なものであった。ASEAN 独自のインド太平洋概念を提示することに対し、米中がどのように反応するかが読めなかった。その後 1 年に及んだ議論では、概念の意味内容、盛り込むべき諸原則、そして具体的な協力分野をめぐり、意見調整は難航した [21]。いざ採択の段階になっても、シンガポールはさらなる議論が必要と主張し始め、首脳会議での採択が一時危ぶまれる事態となった [22]。シンガポールが急に慎重になった理由は明らかではないが、米国との戦略的パートナーシップを自国と地域の安全保障に不可欠とみなしているため、米国の戦略に対置するかのような概念を提示することをためらったのであろう。

　難産の末、2019 年 6 月 23 日、AOIP が ASEAN 首脳会議で採択された。同月 1 日には、米国防省が『インド太平洋戦略報告書』を発表したばかりであった。議論は 2018 年から始まっていたとはいえ、時系列上、AOIP は米国のインド太平洋戦略に対する ASEAN のレスポンスとなった。AOIP はわずか 5 ページほどの文書であり、独自のインド太平洋概念がいかなる政策に結びつくのかについて、具体的な記述に乏しかった。しかし、加盟 10 カ国のさまざまな利益や思惑をとりまとめ、ASEAN 全体のスタンス・ペーパーとして仕上げたという意味では、上々の出来であった [23]。

　実際、米中対立に関する ASEAN の立場は、比較的明確に示されている。まず、米国のインド太平洋戦略との差別化、つまり中国との対決姿勢から距離を置く態度である。AOIP は、冒頭でインド太平洋の地域情勢を概括しており、「経済的・軍事的な大国の台頭によって、不信、誤算、ゼロ・サムゲームに基づく行動パターンの深刻化を回避する必要が生じている」として米中対立への懸念を表明し、そのうえで「対立ではなく対話と協力のインド太平

洋地域」を志向する[24]。

　次に、中国の「一帯一路」構想への接近である。AOIP は、地域における
ウィンウィン協力の構築を強調し、主要な協力分野に連結性、特に「連結性
の連結」を挙げ、地域的な包括的経済連携（RCEP）協定へ期待を寄せている。
また海洋問題については、南シナ海問題に具体的に言及することはなく、抽
象的に「紛争の平和的解決」を、密輸や海賊といった国境を越える問題と並
列するにとどめている。さらに海洋については、資源、環境、科学技術といっ
た協力面に焦点を当てている[25]。このように、安全保障より経済協力にフォー
カスするという意味で、ASEAN のインド太平洋概念は、中国の「一帯一路」
構想との親和性を示している。

　そして、ASEAN は米中間の仲介役を買って出る。ASEAN は「競合する利
益の戦略環境のなかで、誠実な仲介者であり続ける」と述べ、ASEAN 中心
性をインド太平洋地域で協力を促進するための基本原則と位置付ける。そし
て協力に際しての対話と実施のプラットフォームとして、ASEAN が主導す
る多国間協力枠組みのなかで、特に東アジア首脳会議（EAS）に言及する[26]。
米国が強調する、同盟と戦略的パートナーシップという 2 国間の枠組みのネッ
トワーク化ではなく、ASEAN の多国間主義に基づき、大国間競争における利
害の衝突を調整する役割を担うことを宣言したのである。

　こうして ASEAN が AOIP で示した「第 3 の道」は、「選択的適応」であっ
た。「選択的適応」は、米中それぞれが提案する対 ASEAN 協力策に関し、
ASEAN の価値観や政策に合致したものについては協力し、そうでないものに
ついては受け入れを回避する。その意味で AOIP は、ASEAN の「選択的適
応宣言」といえるものであった。

　しかし、米中のパワーや影響力と、ASEAN のそれには大きな差があるなか、
ASEAN 側が米中からのアプローチを取捨選択することは容易ではないはず
である。もちろん ASEAN に一方的な選択権があるはずもないが、選択的適
応を促進する条件というのは考えられる。第 1 に、米中それぞれの地域戦略
において ASEAN の重要度が高い場合、ASEAN 側の交渉ポジションも高ま
る。こんにちにおいて、米中間で ASEAN からの支持取り付け競争が展開中

であるため、ASEAN の選択的適応の余地は広がっている。

　第2に、ASEAN が自らの一体性を維持しつつ、米中に向き合うことである。ASEAN 加盟各国間の利害調整が進まず、ASEAN 全体がまとまりを欠いた状態では、ASEAN の集団的パワーを発揮することは難しくなる。ASEAN の一体性は、中心性の維持にも直結する問題である。

　第3に、ASEAN が対外関係の多角化を図り、米中の影響力を相対化することである。これは、米中のほか、日印露豪 EU といったほかの主要なアクターとの関係を深めることであり、ASEAN の多国間主義における包括性を促進することを意味する[27]。

　AOIP は、ASEAN 独自のインド太平洋観を米国に認知させることにつながった。2020 年9月に行われた米 ASEAN 外相会議でマイク・ポンペオ国務長官は、南シナ海、メコン、香港における中国の行動を厳しく批判しながらも、同時に AOIP に対する米国の支持を明言した[28]。これは、米国に ASEAN の戦略的利益を考慮させることに一定程度成功したことを意味するものであり、ASEAN の中立につながる成果であったといえよう。

II　東南アジアと米バイデン政権
──相矛盾する政策に対する困惑[29]

東南アジアの対米認識
──オバマへのノスタルジー、トランプへの幻滅、そしてバイデンへの期待

　2021 年1月のバイデン政権の発足により、東南アジアは米国が当該地域への関与を、「東南アジアが望むかたちで」再び強化することを期待していた。シンガポールの東南アジア研究所が 2020 年末から翌 2021 年初めにかけて実施した世論調査の結果によると、トランプ政権下で米国の東南アジアに対する関与は「減少している」と回答した人が 77%、「増加している」と答えた人はわずか 10% だったのに対し、バイデン政権では「減少する」が 7%、「増加する」が 69% と正反対の結果となった。同様に「米国は信頼できる戦略的パートナーか」との問いに対し、イエスの割合は前回調査の 35% から 55% へと大

きく増加した[30]。

　バイデン政権への期待感は、バラク・オバマ政権へのノスタルジーと表裏一体であった。オバマ政権期の米国は、東南アジアが望むかたちでこの地域に関わった。米国はASEANの多国間主義を尊重し、2009年に東南アジア友好協力条約（TAC）に加盟したほか、2011年からはEASの正式な参加国となった。さらに、オバマ大統領はEAS参加のため、ほぼ毎年東南アジアを訪れた。経済協力の面では、環太平洋パートナーシップ（TPP）を主導し、東南アジア諸国を含む多国間経済協力枠組みの構築を図った。対中政策についても「アジア太平洋リバランス」やTPPで東南アジアにおける米国の「失地回復」を目指しつつも、対決よりは関与を強調した点は、東南アジアにとってより望ましい米中関係の在り方であった。

　これに対しトランプ政権は、多くの点で東南アジアの希望と相反する政策をとった。トランプ大統領は就任直後にTPPから脱退し、米国と東南アジア各国というきわめて非対称な2国間の経済関係においても、貿易収支の均衡に固執した。また、大統領はASEANの多国間主義に関心を示さず、EASに出席することはついぞ一度もなかった。さらに、中国との対決姿勢を強めたことは、米中の間で東南アジアが究極の二者択一を迫られるのではないかという不安を増大させた。

　トランプ政権に翻弄された東南アジアが、オバマ政権で副大統領だったバイデンに対し、トランプ期の政策を転換してオバマ時代に回帰することを期待したのも、当然の発想であったといえよう。東南アジアの期待は、特に多国間経済協力とASEANの多国間主義の面で強かった。

バイデン政権の東南アジア政策——錯綜するメッセージ

　東南アジアはバイデン政権に強い期待を寄せていたが、政権発足後の半年間は、米国から東南アジアに対する具体的な外交アクションはなく、東南アジア側は肩透かしを食った。バイデン政権は発足当初、気候変動に関するパリ協定や世界保健機関（WHO）への復帰、欧州との関係立て直し、そして日米豪印のいわゆるQUAD諸国間の関係強化といった外交課題に忙殺され、

東南アジアに振り分けるリソースの余裕はなかった。これは、東南アジアがバイデン外交の最優先課題ではないことを示していた[31]。

東南アジアは半年間「放置」された後、ようやくバイデン政権による対東南アジア外交が本格始動した。それはASEANの多国間会議への出席や政府要人の東南アジア訪問を軸に展開し、当初の出遅れを取り戻すかのような、かなりインテンシブなものであった。

まず、2021年7月にアントニー・ブリンケン国務長官がASEAN諸国との特別外相会議をオンラインで行い、同月下旬にはロイド・オースティン国防長官がシンガポール、ベトナム、フィリピンを歴訪し、特にフィリピンでは、米比地位協定（VFA）の存続をロドリゴ・ドゥテルテ大統領との間で正式に確認した。また同年8月、カマラ・ハリス副大統領がシンガポールとベトナムを再度訪問した。さらにバイデン大統領自身も、オンラインではあったが、10月に米・ASEAN首脳会議とEASに出席した。加えて、シンガポールとベトナムという訪問先の偏りを正すかのように、12月にはブリンケン国務長官がインドネシアとマレーシアを訪問した[32]。オースティン国防長官は、7月にシンガポールで行った演説のなかで「われわれは地域諸国に対して米中どちらかの選択を求めない」と述べ、東南アジアの立場への配慮を示した[33]。

米国は対東南アジア外交を集中的に展開する一方で、インド太平洋におけるミニラテラルな連携の強化やグローバルな民主主義外交を活発化させたが、そうした動きの一部は東南アジアを困惑させるものであった。

2021年3月に行われたQUAD首脳会合（テレビ会議）で日米豪印の4カ国は、質の高いインフラや非伝統的安全保障課題についての実践的な協力を促進すると同時に、新型コロナウイルスワクチン、気候変動、重要・新興技術に関する作業部会の設立で合意し、QUADの枠組みを安全保障中心からより包括的な協力枠組みへと再定義した。またASEANについても、AOIPやASEANの一体性・中心性に対する強い支持を確認した。

QUADの再定義とASEANへの配慮に対し、東南アジアはおおむね好意的な反応を示した。東南アジア研究所が行った世論調査の最新版によると、QUADの強化とワクチン安全保障や気候変動における具体的な協力の見通し

につき、6割近くが東南アジアにとってプラスに作用し、安心材料となると回答したのに対し、明確に反対の意をあらわしたのはわずか13%であった[34]。対中封じ込め色を薄めたQUADの質的変化は、東南アジアの戦略環境や利益を適切に考慮したものと評価されている[35]。

一方、2021年9月に米英豪の3カ国は、米英の豪に対する原子力潜水艦技術の供与を軸とする協力枠組みとして、豪英米の安全保障パートナーシップ（AUKUS）の発足を宣言した。マレーシアやインドネシアは、東南アジアの非核地帯化というASEANの目標が損なわれ、米中間の軍事的緊張が高まることによって東南アジアを含むインド太平洋地域全体が不安定化するのではとの懸念から、AUKUSを地域安全保障の新たな不安材料とみなした。これに対し、南シナ海で中国に対峙するベトナムやフィリピン、そして米国の軍事的関与の強化を求めるシンガポールは、AUKUSを支持または容認する姿勢を示した[36]。

さらに、バイデン政権が重視する民主主義が、東南アジア諸国を「選別」した。2021年12月に米国が民主主義サミットを主催した際、東南アジアからはインドネシア、マレーシア、フィリピン、東ティモールの4カ国のみ招待された。依然として軍が政治を支配するタイや共産党一党独裁体制のベトナムは仕方がないとしても、マレーシアと政治体制が近く、米国と戦略的枠組み協定を結んでいるシンガポールも招かれなかった。米国務次官補は、同サミットは米国とパートナー国との関係の強さを示すものではない、と火消しに回ったが、米国が提示する民主主義対非民主主義の対立軸は、ASEANの一体性と米・ASEAN協力にマイナスのメッセージを送る結果となった[37]。

2022年2月、ホワイトハウスが発表した『米国のインド太平洋戦略』には一転して、ASEANの重要性を強調する内容が盛り込まれた。米国は強力で独立したASEANが東南アジアをリードすることを歓迎し、ASEAN中心性を支持し、ASEANが地域の最も緊急の課題に継続性ある解決策をもたらすよう支援する、とした。そしてASEANとの伝統的な協力関係を深めつつ、保健、気候変動と環境、エネルギー、運輸、ジェンダーの平等といった分野で新たなハイレベルの取り組みを開始し、さらにはQUADとASEANの協力の機会

を探ると述べた[38]。

　総じて、発足から1年半のバイデン政権の外交は、東南アジア、インド太平洋、グローバルとさまざまなレベルでインテンシブに展開し、結果として東南アジアに相反するさまざまなメッセージを送ることとなった。異なったレベルで展開する外交政策には、民主主義の理想と現実、中国への硬軟両用の対応、多国間主義・ミニラテラルな連携・2国間協力という多種多様な対抗軸があり、例えばインド太平洋レベルでのミニラテラルな連携の目的は、対東南アジア外交の目的とは必ずしも一致しなかった。換言すれば、バイデン外交の1年半は、さまざまな対抗軸のバランスのとり方を試行錯誤するプロセスであった[39]。

　バイデン政権の東南アジアに対する錯綜したメッセージングは、米国の意図や関与の意思について、東南アジア側の認識を混乱させた。実際、東南アジア研究所の世論調査の結果によると、バイデン政権の下で米国の関与は「増大した」が前回の71％から46％に、東南アジアの米国に対する信頼は、前回の55％から43％にそれぞれ低下した[40]。

米・ASEAN特別首脳会議の開催──定まる方向感

　米国の東南アジアに対する錯綜したメッセージングは、米・ASEAN特別首脳会議の開催と共同ビジョン声明の発表により、いったん整理された。同会議は、トランプ政権時に計画されてから何度も延期されていたが、2022年5月、ようやくワシントンで開催された。2016年2月にオバマ大統領が主催して以来、ASEAN各国首脳を招いた対面での開催は、今回で2回目であった。会議には、2022年のASEAN議長国カンボジアのフン・セン首相をはじめとして、ASEAN各国の首脳が出席したが、ミャンマー軍事政権は招かれなかった。またフィリピンのドゥテルテ大統領は大統領選を理由に欠席し、代理としてテオドロ・ロクシン外相が参加した。

　会議に際して発表された共同ビジョン声明には、バイデン政権下の米国と東南アジアの協力に関する基本方針が明示され、新型コロナウイルス対応、経済協力と連結性、海洋安全保障、人的交流、メコン、科学技術、気候変動、

信頼醸成という8つの協力分野が包括的に盛り込まれた。新型コロナウイルス対応や経済協力と連結性をまず列挙し、その後に南シナ海問題をはじめとする海洋安全保障に言及するなど、ASEANの選好に配慮した並び順であった[41]。

　また、ミャンマーやウクライナ情勢についても文言がまとまった。ミャンマー情勢については、ASEANの「5つのコンセンサス」のタイムリーかつ完全な履行を軍事政権に迫り、外国人を含むすべての政治囚の釈放を求めた。ウクライナ情勢に関しては、ロシアに対する名指しの非難はないものの、主権、政治的独立、領土の一体性の尊重を再確認した[42]。

　そのほか、中国や豪州と同様に、米国はASEANとの包括的戦略パートナーシップの早期締結に向け、手続きを進めることとなった。またトランプ政権以来空席となっていたASEAN大使が任命されたことに、ASEAN側は歓迎の意をあらわした[43]。このように、特別首脳会議の開催と共同ビジョン声明の発表により、米国とASEAN間のトップレベルでの相互理解は深まり、現状最適と考えられる協力の基本方針について合意に至ったといえるだろう。

　2022年11月には米・ASEAN首脳会議がカンボジアで開催され、バイデン大統領が出席した。会議では、両者の関係が包括的戦略パートナーシップに格上げされた[44]。大統領自身の東南アジア訪問とASEAN関連会合への参加が、米国をASEANが望む関与の姿に近づけ、両者の協力関係を確固たるものにした。

東南アジアの期待と懸念

　米中対立を背景に協力の基本姿勢が定まった東南アジアと米国であるが、東南アジアは期待しつつ、同時に懸念を抱いている。東南アジアが特に期待するのは、米国が主導する多国間経済協力である。米・ASEAN特別首脳会議の直後に立ち上げに関する首脳級会合が開催されたインド太平洋経済枠組み（IPEF）には、東南アジアから8カ国（ブルネイ、インドネシア、マレーシア、フィリピン、シンガポール、タイ、ベトナム、東ティモール）が参加している。東南アジアは、世界最大の経済大国であり、東南アジアへの最大の

投資国である米国が主導する経済協力枠組みを切望していた。東南アジアの多くの国々がIPEFへの参加の意思を早々と表明し、立ち上げ会合に出席したことは、これを物語る。

IPEFは米国市場の開放といった自由貿易に関する項目を含んでいないため、東南アジアにとっては不満の残る枠組みではある。しかし、中国がRCEPを実質的に主導し、環太平洋パートナーシップに関する包括的及び先進的な協定（CPTPP）にも加盟申請するなか、IPEFが経済面の対中ヘッジとして有効に機能することを、東南アジアは望んでいる。

一方東南アジアは、米国の政治制度に根差したより根本的な問題として、米国の東南アジア政策がしばしば一貫性を欠くことを懸念している。米国では、大統領の個人的な選好も作用し、政権ごとに外交を含む政策の基本方針が大きく変化する。TPPから脱退し、2国間の貿易不均衡に固執し、ASEANの多国間主義を軽視したトランプ政権の東南アジア政策は、東南アジア側にとってトラウマにすらなっている。2022年の時点で、バイデン政権の方向性はおおむね東南アジアの意向に合致しているが、大統領選挙など今後の国内情勢によっては、IPEFを含む米国のインド太平洋・東南アジア政策が再度大きく変化する可能性があり、東南アジアはそれを懸念している。

III　中国の東南アジア政策——精力的な地盤固め

中国外交の展開
——包括的戦略パートナーシップ、ワクチン外交、「一帯一路」

中国は、米国による東南アジア政策の積極的な展開を横目でみつつ、自らも東南アジアとの関係の地盤固めに余念がない。そこには二重の意味があり、中国にとっても重要な地域である東南アジアをめぐって米国との勢力圏争いにいそしむ一方、QUADやAUKUSを米国による対中封じ込め策とみなし、その封じ込めを打破するために東南アジアの支持固めを行っている。米国と政治制度を異にする中国の東南アジア政策には一貫性があり、ASEANの多国間主義にも参加するが基本的には2国間関係を重視し、経済協力を梃子に各

国との関係強化を図る。

　中国の東南アジア重視の姿勢はまず、王毅外交部長による精力的な歴訪にあらわれた。2021 年から 2022 年にかけて、王毅外交部長は 3 回の東南アジア歴訪を行っている（表 4-3 参照）。

表4-3：中国の王毅外交部長による東南アジア歴訪（2021～2022 年）

時期	訪問国
2021.1	ミャンマー、インドネシア、ブルネイ、フィリピン
2021.9	ベトナム、カンボジア、シンガポール
2022.7	ミャンマー、インドネシア、フィリピン、タイ、マレーシア

（注）訪問国は訪問順に記載。
（出所）各種報道資料。

　2020 年は新型コロナウイルスの流行で訪問をセーブせざるを得なかったが、2021 年からは訪問外交を活発化させ、3 回の歴訪で東南アジア全域をほぼカバーした[45]。特に、2021 年 9 月のベトナムとシンガポールの訪問は、ハリス米副大統領がこれらの国々を訪問した直後に実施されるなど、米国の動きを強く意識したものであった[46]。王毅外交部長はまた、各国を訪問するだけでなく、2021 年 3 月末から 4 月初旬にかけてシンガポール、マレーシア、インドネシア、フィリピンの外相を集中的に中国に招へいし、それぞれと 2 国間会談を実施した。訪問と招へいを網羅的かつ集中的に実施することにより、中国が東南アジア各国との関係を包括的に維持強化しようとしたことは想像に難くない。さらに、2022 年 11 月には、習近平国家主席が G20、アジア太平洋経済協力（APEC）の首脳会議出席のためインドネシアとタイを訪問した。

　中国の東南アジア外交の集大成が、ASEAN との包括的戦略パートナーシップである。2021 年 11 月にオンラインで行われた中国・ASEAN 対話関係樹立 30 周年記念首脳会議で、両者の関係につき、包括的戦略パートナーシップへの格上げが宣言された[47]。中国は ASEAN の対外関係で最高レベルに至っ

た最初の国となったことを誇示したが、より重要なことは、米国に先んじて至ったという事実であった。同首脳会議には、習近平国家主席が出席した。通例、ASEAN 関連の首脳会議には李克強首相が出席していたが、ここにも ASEAN との関係強化に向けた中国の意気込みがあらわれていた。

　新型コロナウイルス対策支援も、中国の東南アジア取り込み策の重要な一環であった。世界的な感染拡大が始まった当初、コロナ禍からの立ち直りが早かった中国は、国内のコロナ対応に忙殺される米国を尻目に、対東南アジア支援の布石を次々と打っていった。2020 年 2 月、中国がコロナに関する中国・ASEAN 特別外相会議の開催を呼びかけた際、ASEAN 加盟 10 カ国すべての外相がラオスの首都ビエンチャンに集合したことは、中国の対 ASEAN 動員力を示した[48]。その後も中国は、情報共有や能力構築について話し合うさまざまなレベルの会合を頻繁に開催すると同時に、大規模なマスク外交、そしてワクチン外交を展開した。特にカンボジア、ラオス、ミャンマーといった大陸部諸国に対しては、自らに隣接する地域の影響圏固めを狙う思惑もあり、ワクチンを無償で供与する一方、人民解放軍の医療部隊を派遣するなど、手厚い支援を行った。

　さらに、コロナ禍でも、「一帯一路」関連投資は東南アジアで活発に行われた。2009 年以来、中国は ASEAN の最大の貿易相手国であるが、2020 年からは、ASEAN も中国の最大の貿易相手となった。これは、中国にとっても ASEAN の経済的重要性が高まっていることを意味する。両者の経済関係の拡大と深化を反映し、「一帯一路」関連投資も活発化している。コロナ禍によって「一帯一路」関連投資の総額が減少するなか、東南アジアは 2020 年、最大の投資先に躍り出た[49]。また 2021 年の時点で、「一帯一路」関連の非金融投資受入国トップ 10 のうち、東南アジアが 7 カ国を占めている。2021 年 12 月、「一帯一路」の巨大プロジェクトの 1 つである、中国・ラオス鉄道のラオス国内部分が開通し、首都ビエンチャンと中国との国境にあるボーテンをわずか 3 時間で結ぶようになった。現在、コロナ対策とデジタル技術の融合としてスマート病院やデジタルインフラの建設が東南アジア各地で進んでおり、「健康シルクロード」や「デジタル・シルクロード」の旗印のもと、「一

帯一路」は東南アジアにおいて新たな展開をみせるようになっている[50]。

東南アジアは中国中心の地域秩序を受け入れるか

　前述のとおり、中国は対ASEAN関係、コロナ対策支援、経済協力の面ですべて米国に先んじている。今や、東南アジアにおける中国の影響力は圧倒的である（と認識されている）。また、東南アジアの対中イメージも改善トレンドにある[51]。これは、コロナ対策支援の迅速性に起因すると思われる。ワクチンの効果では見劣りするものの、供給をより迅速に開始した中国が、東南アジアに対する最大のワクチン支援国である、というイメージづくりに成功した[52]。またRCEP設立に積極的に関わり、CPTPPに加盟申請している中国が「自由貿易の守護者」である、というポジティブなイメージも強まっている[53]。

　こうして圧倒的な影響力を誇る中国が、東南アジア政策で時に迷走する米国に代わり、東南アジア、ひいてはインド太平洋を主導することを、東南アジアは受け入れるのであろうか。この点、東南アジアは依然として慎重であり、基本的には米国が主導する地域秩序の維持を望んでいる。南シナ海、そして台湾海峡での動きをみるに、中国は法の支配に基づく地域秩序を浸食し、力による一方的な現状変更を試みている。中国は、米国が唱える価値観に対する新たな選択肢として新安全保障観や「グローバル安全保障イニシアティブ」（GSI）を提唱しているが、中国の実際の行動からは、中国が他国の主権や領土の一体性を尊重すると信じることは難しい。

　この意味で、大国間競争における東南アジアの基本姿勢はあくまで中立であり、包括性に依拠した対外関係の追求であり、そして米中対立への選択的適応である。実際東南アジア諸国は、情報通信技術やコロナ対策といった局面で、各国レベルでの選択的適応を試みている。「デジタル・シルクロード」を推進する中国は、華為技術（ファーウェイ）などの中国企業の5Gインフラを東南アジアへ輸出することに積極的である。これに対し東南アジアでは、中国企業と提携する国もあれば、欧米の技術に依拠する国も、そして両者をミックスする国もある。ここには、中国の技術圏・経済圏に完全に包摂されることのないよう、戦略的自律性を追求する東南アジアの姿がある。

新型コロナウイルスのワクチンについても、カンボジアを含めどの国も、中国製のみならず、欧米企業の製造するワクチンを調達した。こうした政策は、医学的見地からのリスクヘッジであると同時に、国民の健康という国家の重要な戦略的利益に関し、中国への過剰な依存を避けようとする東南アジアの行動パターンのあらわれである。

IV　大国間競争の「スピンオフ」──対立構造の浸透

南シナ海問題──ASEANの行動空間の縮小

米中対立が東南アジアにもたらす影響は、地域（諸国）が対米関係と対中関係のバランスに苦慮することにとどまらない。2大国の対立構造が地域内部に浸透し、東南アジアの安全保障や地域秩序を揺るがしている。いわば大国間競争の「スピンオフ」がこの地域で発生している。

第1のスピンオフは、南シナ海である。1990年代から本格化した東南アジア諸国と中国の領有権争いは、2010年代以降、米中対立の焦点と化した。中国は海域で島嶼化と軍事化を進め、これに対し米国は「航行の自由」作戦（FONOPs）や共同演習で対抗している。バイデン政権もFONOPsを定期的に実施しており、2022年7月にはミサイル駆逐艦ベンフォールドがパラセル諸島を航行した[54]。台湾海峡情勢の悪化が隣接する南シナ海に悪影響を及ぼすことも懸念されている。人民解放軍は台湾周辺で演習や訓練を繰り返すと同時に、南シナ海でも活動を活発化させている。FONOPsなどで同じく活動を活発化させている米海軍との緊張が高まる恐れがある[55]。

南シナ海が米中対立の舞台となり、東南アジアが問題に関与できる空間は縮小している。1990年代以来、ASEANは中国との間で行動規範（COC）をつくることによって南シナ海問題を適切に管理することを目指してきた。COCの交渉開始から20年以上が過ぎたが、ASEANは中国との間で依然として最初の草案を協議している段階である。COCがいつできるのか、見通しは全く立っていない。南シナ海問題にASEANが有効に対処できないことが、米国を中心としたミニラテラルな連携を活発化させているとの議論もある[56]。

多国間主義漂流の懸念

　第2のスピンオフは、ASEAN の多国間協力枠組みで起こっている。ASEAN の多国間主義は現在、内側と外側の両方向から動揺をきたし、その実効性が損なわれるリスクに直面している。

　外的要因は、ロシアのウクライナ侵攻によって生じた日米（欧）と中露の間の確執である。G20 や APEC の諸会合において、ロシアに抗議する一部の国が退席するなど、両者間の対立が表面化した。これに対し ASEAN は、2022 年 4 月、ASEAN 議長国カンボジア、G20 議長国インドネシア、APEC 議長国タイの 3 カ国の外務省が共同プレスリリースを発表し、包括性を確保し、ロシアを含むすべての加盟国を招へいする意向を表明した[57]。同年 8 月にカンボジアで行われた ASEAN 関連会合では参加ボイコットはなく、会議自体は成立した。しかし、例えば EAS 外相会議ではウクライナや台湾をめぐって日米と中露が互いに相手を非難するなど、会議の雰囲気は、地域の課題について協力して解決を目指すという趣旨からは程遠いものとなった。

　ASEAN の多国間主義にとってより深刻な問題は、内部要因としてのミャンマーである。2021 年 2 月に発生したクーデターに端を発する一連のミャンマー危機への対応として、ASEAN は戦闘の停止や人道支援、ASEAN 議長国特使による仲介を骨子とする「5 つのコンセンサス」を打ち出した。しかし、軍事政権は合意内容をなかなか履行しようとしなかったため、業を煮やした ASEAN は、首脳会議と外相会議、そして拡大 ASEAN 国防相会議（ADMM プラス）へ軍政代表が参加することを拒否した。これにより、ASEAN の一体性と内部の包括性は担保されなくなった。

　一方、以前からミャンマーに対し影響力を行使していた中国は、クーデター直後は様子見だったものの、その後軍政支持の姿勢を明確にした。2022 年の ASEAN 議長国カンボジアに対し、5 つのコンセンサスを軍政の方針に沿ったかたちで進めるよう働きかけ、また軍政のワナマウンルイン外相を中国に招へいし、その際 1 億ドルの支援を表明した[58]。ロシアは、軍政による反体制派の弾圧を装備面で支援しており、ロシアから供給された戦闘機が反体制派

の活動地域を無差別に爆撃する作戦に使用されている[59]。軍政も「返礼」として、ロシアのウクライナ侵攻に対する支持を明言し、ロシア産の石油を輸入する意向を表明した[60]。

こうして中露は、ミャンマーの軍政を支える方向にかじを切った。軍政を一方的に支援することは、日米はおろか、ASEAN の方針とも食い違う。大国間競争の影響が、ミャンマーをめぐって域外主要国間の意見対立を引き起こしただけではなく、ASEAN の一体性を毀損する方向に作用している。ASEAN の一体性が損なわれることは、その中心性を揺るがし、ひいては多国間主義が機能不全に陥る可能性がある。

おわりに

こんにち展開している大国間競争、特に米中対立は、しばしば「新冷戦」と形容される。再び大国間の対立に直面している東南アジアは、冷戦期から一貫した政策として彼らの考える中立の実現を追求し、それによって大国を含む対外関係を管理し、戦略的自律性を確保しようとしてきた。

東南アジアが ASEAN を通じて中立を追求する姿勢は、AOIP にも反映されている。米中対立に際して ASEAN は選択的適応を試み、東南アジアの各国レベルでも同様の対応を行っている。

米中それぞれの地域戦略において東南アジアの重要性が高まるにつれ、東南アジア側の選択の余地は広がっていった。米バイデン政権との関係は、紆余曲折を経て一時の落ち着きをみせる一方、中国は対東南アジア関係の地盤固めのため、外交攻勢を強めている。東南アジアは、対米関係と対中関係のバランスに苦慮しているが、政治・経済・安全保障とあらゆる面における中国の圧倒的な影響力を認識しつつも、米国主導の地域秩序の維持を望んでいる。

ポスト冷戦期からこんにちに至る ASEAN の中立は、ASEAN が核となる多国間協力枠組みを通じて域外主要国の関与を促し、地域の安定を図るという包括性の追求であった。しかし、日米と中露の対立、そしてミャンマーと

いう内外の不安定要因により、東南アジアのサバイバル戦略は、岐路に立たされている。ASEAN としての政策決定の方法を含め、今後東南アジアがいかなる柔軟かつ創造的な方法で中立を追求していくか、いまあらためてその能力が問われている。

第5章

大国間競争のなかの豪州
——同盟と地域の狭間で——

佐竹 知彦

AUKUSの創設を発表する米英豪首脳（新華社／共同通信イメージズ）

はじめに

　米中間の対立が深まるなかで、豪州はその立ち位置をより鮮明にしている。特に米中や豪中間の対立が深まった2010年代の後半以降、豪州の自由党・国民党による保守連合政権は、国防力の強化を加速するとともに、日米豪印の安全保障協力（QUAD）や豪英米の安全保障パートナーシップ（AUKUS）、あるいは北大西洋条約機構（NATO）との協力を通じて、米国やその同盟国・パートナー国との関係強化を図った。2022年5月に行われた総選挙で勝利した労働党率いる新政権もまた、QUADやAUKUSへの強固なコミットを維持するとともに、豪州産品の輸入停止や関税の引き上げといった中国の経済的な威圧行為に対しても、毅然として立ち向かう姿勢を維持している。

　同時に労働党政権は、東南アジアや南太平洋で一層影響力を強める中国に対抗すべく、これら地域への関与の強化に乗り出している。地域のなかには、QUADやAUKUSによって大国間の競争が激化することや、地政学的な競争に巻き込まれることを嫌う声も根強く、同盟国と地域諸国との間で豪州はデリケートなかじ取りを迫られている。文化や価値、アイデンティティの面で西側に帰属しつつ、地理的には東アジアやアジア太平洋に位置するという豪州固有の問題が、中国の台頭とそれに伴う大国間競争の激化によって、あらためて浮き彫りになっているといえよう。

　このように、「西」（同盟）と「東」（地域）の狭間に立つ豪州が、大国間競争の激化するなかでいかにしてその安全保障を確保しようとしているのかを考察することが、本章の主たる目的となる。以下、第Ⅰ節では大国間競争の激化とともに悪化する豪中関係に着目し、その根本的な原因が米国の力の優越の揺らぎにあることを論じる。第Ⅱ節では豪州が大国間競争を生き抜くための主要なツールとして位置付けるQUAD、AUKUSそしてNATOとの協力に着目し、それぞれの豪州にとっての意義を明らかにする。第Ⅲ節では、豪州の地域外交を展望し、その課題を明らかにする。最後に、日本への若干の含意についても論じたい。

I 大国間競争と豪中関係の悪化

米中の「狭間」にある豪州?

　冷戦後の豪州はしばしば、米中間の「狭間」にある国家として位置付けられてきた。安全保障面においては米国、そして経済面においては中国に対する依存という「二重の依存」のもと、豪州は米中どちらか一方を「選択」する必要はないとの立場を維持し、1972年の米中和解から冷戦後にかけ、米中双方と良好な関係を築いてきた[1]。2010年代に入り米中間の対立が徐々に高まっていくなかにおいても、豪州は2014年に中国との自由貿易協定を結び、2015年には中国の主導するアジアインフラ投資銀行 (AIIB) への加盟を表明し、さらに2017年には中国の進める広域経済圏構想「一帯一路」についての第三国協力に関する覚書を締結するなど、独自の対中政策を維持していた。

　もっともこうした豪州の対中関与路線は、あくまでも米国の地域における圧倒的な力の優越 (primacy) という前提があってこそ可能となるものであった。地域における米国の軍事面および経済面における圧倒的な優位性は、第二次世界大戦後の豪州の戦略環境を規定してきた最も重要な要因である。特に同盟国である米国が地域で圧倒的な力を維持する限りにおいて、豪州は米国が地域に提供する公共財としての安全保障に「ただ乗り」しつつ、中国の経済成長の果実を最大限に享受することが可能となる。冷戦後の豪州が相対的に自国の国防費を低く抑えつつ、中国との経済的な関係を躊躇なく強化できたのは、そうしたある意味で特殊な国際環境のもとにおいてであった。それはまさに、豪州にとっての「幸福な時代」にほかならなかったのである[2]。

　それゆえ2010年代に入り、米国の力の優越に揺らぎがみえ始めると、本来豪州のなかにあった対中警戒感は徐々に顕在化していくことになる。すでに2009年9月に発表された豪州の国防白書では、中国の軍事力の近代化と透明性の欠如に対する強い警戒感が示されるとともに、「戦力2030」と呼ばれる大幅な軍事力の強化が掲げられていた[3]。その後誕生したジュリア・ギラード率いる労働党政権は、2013年に発表された国防白書で対中批判のトーンを和らげ、国防費の削減を行ったが、同時に国家ブロードバンド網の設備導入プロジェ

クトの入札から中国の華為技術（ファーウェイ）を排除するなど、中国に対する一定の警戒を怠らなかった。ギラード政権はまた、米国のアジア太平洋「リバランス」戦略を強く支持するとともに、同じように中国への警戒を強めていた日本との安全保障関係の継続的な強化を図った[4]。

　その後も東シナ海や南シナ海において軍事的な拡張を続ける中国に対し、豪州の警戒感は日増しに高まっていた。2013年11月に中国が東シナ海における「防空識別区」の設定を突如として発表すると、豪州は東シナ海におけるいかなる強制もしくは一方的な行動にも反対するという、当時としては異例の外相声明を発表した。翌年5月に発表された日米豪防衛相会談の共同声明でも、「東シナ海および南シナ海における力による一方的な現状変更」への反対が示されていた。さらに豪州政府は、特に2014年以降強まりつつあった南太平洋地域への中国の軍事面を含む関与の強化に対しても、警戒心を募らせていた[5]。

　2010年代中頃より問題となった中国による豪州への「政治干渉（political interference）」は、こうした豪州政府による対中警戒感を国民一般にまで広める役割を果たした。特に在豪中国人実業家による豪州の政治家に対する献金や便宜供与は報道などを通じて豪州の一般国民の目に触れることとなり、国民の関心事となった。また豪州の防諜機関である豪州保安情報機構（ASIO）や民間のシンクタンクである豪州戦略政策研究所（ASPI）などが中国の干渉や諜報活動および影響力工作についての情報を積極的に公開した結果、世論の対中感情は一気に悪化した[6]。

　2017年1月にドナルド・トランプ大統領率いる米新政権が誕生したことで、豪州の危機感は頂点に達したといえる。トランプ政権の掲げる「米国第一主義」や自由主義的な国際秩序の軽視は、米国の強いリーダーシップに基づく地域秩序という豪州の安全保障政策の根幹を支えていた前提そのものが崩壊する危険性を意味していた。豪州の国内では、中国の政治・軍事面における影響力の拡大を米国や豪州が受け入れるべきという議論もあったものの、そうした議論が現実の政策に反映されることはなかった[7]。豪州にとって、米国の影響力の衰退はそのまま「中国主導の秩序」の到来を意味するものであり、そ

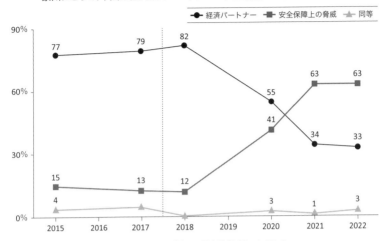

図5-1：豪州の対中感情の変化

豪州にとって、中国は経済上のパートナーか安全保障上の脅威か？

凡例：
- ●— 経済パートナー
- ■— 安全保障上の脅威
- ▲— 同等

経済パートナー: 2015年 77、2017年 79、2018年 82、2020年 55、2021年 34、2022年 33

安全保障上の脅威: 2015年 15、2017年 13、2018年 12、2020年 41、2021年 63、2022年 63

同等: 2015年 4、2020年 3、2021年 1、2022年 3

（注）2015年、2017年、2018年の設問は「中国は軍事的脅威か」と尋ねた.
　　　グラフ中縦軸点線は調査方法の変更を示している.
（出所）Lowy Institute Poll 2022.

れは建国以来の理念である自由や民主主義を信奉する多くの豪州人にとって、受け入れ難いことだったのである。

　2017年6月にアジア安全保障会議（シャングリラ会合）で基調演説を行ったマルコム・ターンブル首相は、中国のアジアにおける行動を「アジア版モンロー・ドクトリン」になぞらえ厳しく非難した。翌年には、次世代通信規格5Gの豪州市場からのファーウェイを含む中国企業の締め出しも決定された。さらに2020年初頭に中国を起源とする新型コロナウイルスが世界的に拡がると、豪州はコロナウイルスの起源に関する独立調査を要求し、これに激怒した中国が豪州産品の輸入停止や関税の引き上げを含む数々の報復措置を取った結果、豪中関係の悪化は決定的となった。

　2022年5月の総選挙で新たに労働党政権が誕生して以降も、豪中関係の悪化は変化の兆しをみせなかった。新首相のアンソニー・アルバニージー労働党党首は、総選挙後に異例の速さで政権の引き継ぎを終えると、QUADの首

脳会合出席のために日本をすぐに訪問し、日米印の首脳の前で豪州のQUAD
へのコミットの維持を確約した。アルバニージー首相はまた、AUKUSについ
ても前政権の方針を踏襲し、原子力潜水艦の取得を含めた米英との技術協力
を強化していく意図を表明している[8]。

　このように、中国による既存秩序への挑戦が続くなかで、豪州の対中警戒
感は継続的に高まっている。それはまた、しばしば米中の「狭間」に位置す
る国家としてとらえられがちな豪州が、実際には米国ないし西側の陣営に揺
るぎない足場を築いていたことを示唆している。文化的にも価値の面におい
ても、豪州は西欧社会に属する国であり、そうした豪州に地域における中国
の力の優越や、「中国主導の秩序」を受け入れる余地は限りなく少ない。無論、
今後事態がより差し迫った状況になれば、豪州は再びその選択肢の見直しを
迫られることになるかもしれないが、少なくとも米国が中国への対決姿勢を
鮮明にし、地域への関与を強化しているなかで、豪州のみがそうした戦略的
競争から離脱するという選択肢は、今のところほとんど考えにくいのである。

未曾有の国防力の強化

　このように考えると、豪州が近年未曾有のペースで国防力の強化を続けて
いる理由の一端が明らかになろう。2016年版国防白書の更新版である『国防
戦略アップデート』（2020年7月発表）は、米中間の戦略的競争の激化やパン
デミックにより急速に悪化する戦略環境を踏まえ、豪州の戦略的関心をより
近隣地域に向けるとともに、継続的な国防費の拡充と、長距離打撃能力の強
化や極超音速兵器導入の検討を含む、防衛力の大幅な拡張を掲げた[9]。アップ
デートはまた、豪州に対する通常戦力による攻撃が発生するまでに10年間の「警
戒期間」が存在するとの従来の前提が、長距離兵器の発達やサイバー攻撃といっ
た新たな脅威の台頭により「もはや適当ではなくなっている」との見方を示
したのである[10]。

　アップデートでも明らかにされたように、近年の豪州が特に力を入れてい
るのが長距離打撃能力の取得である。2021年9月にAUKUSを発表した際、
スコット・モリソン首相はホバート級駆逐艦に搭載される艦上発射型のトマホー

ク巡航ミサイルに加え、F/A-18Fスーパーホーネット戦闘機やF-35AライトニングIIにも搭載可能な射程を延伸した統合空対地スタンドオフミサイル（JASSM-ER）と長距離対艦ミサイル（LRASM）の購入を発表した。さらにロシアによるウクライナ侵攻後の2022年4月、豪州の国防省は長距離ミサイル導入を既存の計画よりも3年前倒しで進めることを発表した。その理由として、ピーター・ダットン国防相は豪州の近接防衛に加え、地域の連合任務への貢献を指摘した[11]。特に南シナ海などで米中間の紛争リスクが高まるなか、そうした紛争に米豪同盟を通じて参加する可能性の高い豪州にとって、中国による「接近阻止・領域拒否」（A2AD）能力の圏外から中国の本土や艦船および航空機を含む軍事アセットを攻撃する能力の強化が急務となっているのである。

2022年7月には、労働党新政権のリチャード・マールズ国防相が2011〜2012年以来となる新たな戦力態勢見直しの策定に乗り出していることが明らかになった。報道によると、見直しでは戦力投射能力に加え、兵器の殺傷性の強化も重要な課題となるといわれている[12]。戦力態勢見直しは5年から7年ほどの時期区分を対象としたものであり、2023年3月までの策定が目指されている。今回の見直しは、1986年にポール・ディブ国防省副次官（戦略・インテリジェンス担当）がドラフトを作成し、その後の豪州の国防戦略にも大きな影響を与えたいわゆる「ディブ・レポート」以来の包括的な見直しになるとの見通しも出されており、豪州の国防政策にとっても重要な転換点となることが予想される[13]。

II　同盟国や友好国との協力

QUAD

2021年3月、初のQUAD首脳会合（テレビ会議）に出席したモリソン前首相が「（1951年に締結された）ANZUS条約以来のビッグディール」と表現したように、豪州はQUADを中国に対抗するうえでの重要な枠組みの1つとして位置付けている。よく知られているように豪州は、日本の安倍晋三首相が

2007年にQUADを提唱し、同年5月に政府高官による非公式の会合が開催された後、QUADからの離脱を表明した。当時の豪州の首相は中国通として知られるケビン・ラッド労働党党首であったことから、ラッドが中国に配慮し、QUADからの離脱を一方的に図ったとの見方もある[14]。だが、ラッドにいわせると、ジョン・ハワード首相もQUADには乗り気ではなかった[15]。2007年7月に中国を訪問したハワード政権のブレンダン・ネルソン国防相は、日米豪の枠組みにインドを加える意図がないことを中国側に説明していた[16]。当時の豪州では、中国に対抗するうえでは、日米豪の枠組みで十分と考えられていたのである。

　ところが、その後の中国の影響力の拡大や米国における孤立主義の台頭、そして豪中関係の悪化により、豪州はQUADを地域の勢力均衡を維持するうえでの重要なツールとして位置付けるに至った。2017年10月に日本の河野太郎外務大臣が、日米豪印の外相および首脳級での戦略対話の開催（いわゆる、QUAD2.0）を目指していく意向を明らかにすると、その1週間後にはジュリー・ビショップ外相が4カ国の協議を「歓迎する」意向を示した。また、野党労働党の影の外務・防衛両大臣もQUADへの支持を明言した[17]。前述のとおり、2022年5月に誕生した労働党新政権もQUADへの継続的なコミットを表明している。

　豪州はQUADを、日米豪印の力や技術を結集し、中国に対する競争力を強化することで、地域における安定的な勢力均衡を築くための重要なツールとしてみなしている[18]。軍事的な協力を前提としていたQUAD1.0と異なり、QUAD2.0ではワクチン供与やインフラ支援、気候変動への対処といった「公共財」の供給という役割に加え、新興技術の開発やサプライチェーンの強靭化、サイバーや宇宙分野での協力といった非軍事面での協力が中心となっている。これらの分野で4カ国の能力を結集し、相互補完的な協力を進めていくことで、中国に対する長期的な競争力や優位性を維持することが、QUADの中核的な目標となる。

　特に豪州は、経済成長や軍事技術の強化につながる新興技術の開発に力を注いでいる。例えば人工知能（AI）の分野では、2021年6月にデジタル経済

戦略の一環としてAIに関する行動計画を策定し、2030年までに同分野で豪州が指導的役割を果たしていくことを目標に掲げた[19]。同行動計画によると、豪州のAIに関連した査読論文の引用数は世界で16位だが、類似の論文と比較した場合、論文1本あたりの被引用数はシンガポールと香港に次ぐ3番目である[20]。豪州は特にAIによるパターン認識や機械学習、コンピュータービジョンの分野に強みがあり、理論計算機科学や言語学の分野では日印を上回る数の論文を発表しているといわれる[21]。豪州はまた「QUAD技術ネットワーク」と呼ばれる4カ国の大学・研究機関の連携を強化するためのイニシアティブなどを通じて科学技術分野における連携をさらに強化していくことを目指している[22]。

　豪州はまた、その豊富な資源を利用して、QUADにおけるサプライチェーンの強靭化や気候変動対策に貢献しようとしている。豪州はいわゆる重要鉱物と呼ばれるレアアースやニッケル、銅やコバルトの鉱山を有しており、特にレアアースに関しては、中国と米国に次ぐ世界で3番目の生産量を誇る[23]。すでにQUADではレアアースの供給について議論が行われており、米政府が豪州産の鉱石を米国で処理する案も検討されている[24]。さらに豪州は、水素をはじめとしたクリーンエネルギーの発展にも力を注いでおり、生産や輸出拠点の拡大を急いでいる[25]。レアアースやクリーン水素の開発は脱炭素を進めるうえで不可欠であり、これらのQUAD諸国への供給を通じて、サプライチェーンや気候変動の分野で中国に対する競争力を強化していくことが期待されている。

　豪州にとってQUADはまた、米国の地域関与を繋ぎとめ、日本のより積極的な外交安全保障政策を支援し、さらにインドを日米豪の側に引きつけるための手段でもある[26]。特にインドとは、2012年に民生用原子力協力協定の締結に向けた交渉を開始して以降、経済、そして安全保障面においても関係を強化してきた[27]。また2015年以降は日豪印の枠組みを通じて、海洋の安全保障やサプライチェーンの強靭化について議論を進めてきた。2018年には外務次官名で「インド経済戦略」を発表し、経済や人的交流面でのインドとの関係を一層強化するための包括的な計画を打ちだした[28]。QUADは、そうした

豪州が2国間もしくは3国間の協力を通じて培ってきたインドとの協力を、さらに促進することになるだろう。

　無論、インドとの関係強化は一筋縄ではいかない。2020年5月の国境付近における中印の衝突以降、インドは徐々にQUAD諸国に歩み寄る姿勢をみせてきたものの、対ロシア政策や貿易政策などにおいて依然として日米豪との隔たりは大きい。また国内の規制に加え、データの自由な流通や5Gの基準といった点で、インドは日米豪と異なる立場をとっており、こうした規制や立場の違いをどのように取り除いていくかが今後の課題となる[29]。またQUADの軍事的な協力に関して、インドは依然として慎重な姿勢を崩してはいない。今後は2国間での軍事協力などを通じて、インドの立場をより日米豪に近づけることが、豪州にとっての課題となるだろう。

AUKUS

　豪州がQUADと同等、あるいはそれ以上に重視しているのが、AUKUSである。AUKUSが設立された背景には、豪州の次期潜水艦調達に向けた見込みが立たず、豪州の潜水艦保有の期間に空白が生じてしまうという問題（いわゆる「潜水艦ギャップ」）に加え、特に2020年に勃発したパンデミック以降の急速な戦略環境の悪化があった[30]。報道などによると、AUKUSはそもそも豪州が英国に持ちかけ、その後英豪で米国を説得し、実現に至ったものであるとされる[31]。すでにみたとおり、米国の関与の維持や日本の役割の拡大、そしてインドとの関係強化という政治外交的な思惑の強いQUADへの関与に比べ、伝統的なパートナーである米英との協力に基づくAUKUSは、特に防衛面で豪州により具体的かつ実質的なメリットをもたらすものである。

　AUKUSは、豪州の原子力潜水艦の取得を米英が支援するという潜水艦協力と、新興科学技術を含む国防技術協力全般での協力という2つの柱からなる。前者に関しては、2021年11月に潜水艦の推進技術に関する情報協定に3カ国が署名し、翌年2月に発効したことで、米英の原子力潜水艦の技術情報へのアクセスや、共同訓練の実施などが可能となった。同年3月には、モリソン首相が原子力潜水艦の基地を豪州東部に建設する計画を明らかにし、ブリスベ

ントニューカッスル、シドニー南部のケンブラ港をその候補地として挙げた[32]。豪州政府はまた、原子力潜水艦を国内で建造するための建設地として、南オーストラリア州アデレードのオズボーン造船所などの拡張を計画している[33]。さらに2022年9月には、英国の原子力潜水艦に豪州海軍の乗組員が搭乗し、訓練を受けることが合意された[34]。

　後者に関して、AUKUSの設立以降3カ国の政府高官が協議を進めた結果、水中能力、量子技術、AI、サイバー、極超音速および対極超音速能力、電子戦、イノベーション、情報共有という8つの分野で協力を進めていくことが決定した[35]。またこれらの協力を進めるための作業部会も発足し、個別の分野ごとに議論が行われている[36]。

　このことからも分かるとおり、豪州にとってAUKUSは単なる原子力潜水艦

図5-2：AUKUSの構造

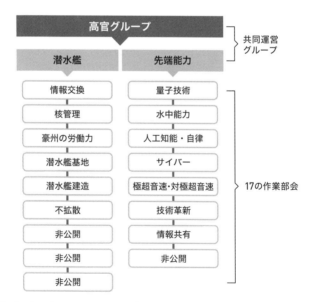

（出所）*AUKUS Briefing Book* (2022 Inaugural Edition), eds. Jada Fraser and Jan K. Gleiman (Tempe: Arizona State University, 2022), 3.

取得を超えた、先端技術を含む国防技術および国防力そのものの強化に向けた枠組みという意義を持つ。特に米国や英国と情報共有や能力、サプライチェーン、研究、技術、そして国防産業基盤の統合を進めることで、兵器の開発や新たな技術のイノベーションを促進することが可能となる。こうした協力に対する豪州の貢献を強化するために、モリソン首相は政府や大学、そして産業界に対して量子や無人機、遺伝子工学やサイバー、AIを含む9つの分野を優先的に強化していくことを要請した[37]。

　いうまでもなく、先端技術がもたらす軍事能力への影響は甚大である。例えば量子技術を用いた位置情報システムの開発により、衛星やGPSに依存しない航空機や船舶、あるいは潜水艦のナビゲーションに加え、安全な通信やより高度な情報収集、サプライチェーンの最適化や後方支援の管理が可能になるといわれる[38]。またAIを活用した自律型致死兵器は、人間の判断を介さずに標的の探索から攻撃までの一連の行動を行うことができる[39]。こうしたいわば「ゲームチェンジャー」としての技術開発を、米英豪がそれぞれの強みを活かしつつ共同で進めることにより、同分野での研究開発を急速に進める中国に対抗する狙いがある。

　豪州にとってAUKUSはまた、原子力の推進を含む米国の最先端の技術を移転することで、自国のより自律的な国防能力を強化するというメリットをもたらす。特に2007年の米豪間での防衛貿易協力条約締結以降、豪州は米豪同盟の枠組みやファイブアイズでの協力を通じて、米国の軍事能力や技術に大きく依存してきた。豪州の兵器のおよそ7割は米国から輸入されたものであり、また米国にとっても、豪州は2番目に大きな兵器の輸出相手国である[40]。2017年以降は、米国の主導する「国家技術産業基盤」（National Technology Industrial Base: NTIB）に英国とともに参加するなど、豪州は米英やカナダとの技術基盤の統合に向けた動きも進めていた[41]。

　その一方で、軍事技術に関する重要な情報や技術の移転に関する米国内の厳しい規制に対して、豪州の国防関係者のなかにはかねてより不満も存在した[42]。仮にAUKUSを通じてこうした重要技術や情報の移転が可能となれば、それは豪州のより自律的な兵器開発・維持能力に向けた動きを助長すること

になる。実際、近年豪州は米国との緊密な協力のもと、誘導兵器や爆発物、無人機の国内製造に乗り出している。AUKUSを通じた豪州の新興技術軍事能力の強化は、豪州の自主防衛能力を強化するのみならず、将来的には豪州がこうした先端技術を用いた兵器の輸出の拡大に向けた道を開くかもしれない。

このように、豪州の国防能力にとってAUKUSが大きな可能性を持つ反面、そこには課題も数多く存在する。原子力潜水艦の取得に関しては、通常型の潜水艦取得で見積もられていた予算を遥かに超える（1,200億豪ドル以上ともいわれる）コストや、早くても2040年代といわれる就役時期に加え、原子力潜水艦の建設や維持、運用に携わる労働力や乗組員の確保、安全面の問題が指摘されている[43]。また中露やインドネシアは核不拡散への悪影響を指摘しており、こうした批判への対処や地域への安心供与も必要となる。また米国や英国には豪州に原子力潜水艦の完成品を供与できるだけの生産余力はなく、かといって豪州が国内でいちから原子力潜水艦を製造できるだけの能力を持つわけではないとの指摘もある[44]。

技術協力についても、課題は多い。例えば米国からの国防技術の移転については、国防省や議会の軍事委員会のみならず、国務省や商務省といった複数の主体が関わっており、これら主体の持つ規制の壁を乗り越えることは容易ではない。また米国側が貴重な技術を提供するためには、豪側から得られる何らかのメリットが必要となる。この点において、確かに豪州はAIや水中技術、ロボティックスなどの技術で部分的にAUKUSに貢献できるかもしれないが、同時にこれらの科学技術に携わる労働力や研究開発予算および防衛産業の規模という点で、豪州の能力は米英のそれと比べ圧倒的に劣っている[45]。

こうした問題を克服するために、豪州では産官学が一体となった国防技術能力の開発のための「エコシステム」の形成を求める声もあるが[46]、そうした構想が実現に至るかは依然として未知数である。皮肉なことに、中国の企業や研究機関は豪州がこうした先端技術の研究開発を進めるうえでの主たるパートナーでもある[47]。豪州にとってAUKUSが中国との大国間競争を勝ち抜くための真に有用な枠組みとなるか否かは、ひとえにこうした豪州の課題克服能

力にかかっており、その判断には依然として時間を要するといえよう。

NATO

　豪州はまた、近年NATOとの関係を強化している。2010年代半ば頃まで、欧州諸国の中国に対する見方は必ずしも厳しいものではなかった。ところが、「一帯一路」やサイバー、内政干渉といった領域横断的な問題を含め、中国の台頭がインド太平洋のみならず、グローバルな影響を及ぼすことが明らかになるにつれ、当初は中国を経済的機会としてとらえていた欧州諸国やNATOの中国に対する見方も、次第に変化していくことになる。2019年8月、訪豪の際にシドニーで講演したNATOのイェンス・ストルテンベルグ事務総長は、中国の台頭がグローバルなルールに基づく秩序に対する挑戦をもたらし、その影響がすでにヨーロッパにまで及んでいるとの見方を示していた[48]。

　2022年2月にロシアが突如としてウクライナを侵攻すると、豪州のモリソン首相は中国とロシアが民主主義に対する「専制の弧」を形成していると非難し、地域をまたぐ民主主義国家間の連携の強化を提唱した[49]。その後発表されたNATOの新戦略概念では、サイバー攻撃やインフラ、偽情報の拡散や経済的強要などによって中国がヨーロッパの安全に「組織的な挑戦」を投げかけていると指摘し、豪州を含むAP4と呼ばれるアジア太平洋諸国との関係強化を打ち出した。豪州は、こうしたNATOの方針を強く歓迎した。

　もっとも、豪州とNATOの関係が強化されたからといって、NATOがインド太平洋地域の防衛に直接関与するわけではない。豪州もまた、対中関係の悪化により地域の安全保障環境がこれまで以上に厳しくなるなかで、かつてのように欧州や中東に地上軍を派遣して直接戦闘に参加することは考えにくい。それゆえNATOとの協力は、対テロや情報戦、サイバー安全保障、災害対策や能力構築支援といった広範囲かつ多様な分野での連携を通じ、ルールに基づく秩序の維持に向けた西側諸国の結束と能力の強化を図っていくことが中核となるであろう。

III　地域関与の強化

　豪州が QUAD や AUKUS、そして NATO を通じて西側諸国との関係を強化するなかで、中国は非西側諸国への「周辺外交」を展開し、その影響力を着々と高めている。2020年以降のコロナ禍で多くの国が内向き志向になるなか、中国は東南アジア諸国へのワクチンや医療物資の供与を含む新型コロナウイルスの対策にかかる支援を強化し、また積極的な貿易や投資の強化によってそれら国々への経済関係の強化を図ってきた[50]。中国はまた、太平洋島嶼国への新型コロナウイルス対策支援を強化するとともに、2022年4月にはソロモン諸島と安全保障協力に関する協定を締結するなど、同地域における軍事関係の強化を図っている。

　東南アジアや太平洋島嶼国はまた、QUAD や AUKUS によって大国間競争が激化することに複雑な反応を示している。2020年にシンガポールの研究所が東南アジア諸国を対象に実施した調査では、QUAD が地域に「良い影響」をもたらすと回答した割合は45.8%であり、「悪い影響」と回答した16.2%を大幅に上回ったものの、同時に「影響なし」と回答した割合も38%で、QUAD への懐疑的な見方が強いことが伺える[51]。また同研究所が2022年に行った調査では、36.4%の回答者が中国の軍事力に対抗するうえで AUKUS が有用であると回答したものの、同時に22.5%の回答者が地域の軍拡競争を助長することに懸念を示し、また18%が ASEAN の中心性を弱めると回答している[52]。

　同様に、太平洋島嶼国でも QUAD や AUKUS によって米中間の地政学的な対立が激化し、その余波が島嶼国地域にまで及ぶことへの警戒心が根強く存在する。中国はそうした地域諸国の懸念を巧みに利用し、QUAD や AUKUS が「冷戦思考」に根ざした地域の分断や対立を煽るものとの宣伝戦を繰り広げてきた。地域諸国の一部には、こうした中国の主張に共鳴する向きもある。AUKUS 発表後、インドネシアとマレーシアの外務省はともに AUKUS が地域の軍拡競争を加熱化させることへの懸念を表明した[53]。その後もインドネシアは、国際社会に対して AUKUS による核拡散のリスクを継続的に訴えている。

こうした状況を踏まえ、労働党新政権はアジアへの関与の強化を打ち出した。特に前政権が中国とソロモン諸島の安保協定締結を阻止できなかったことを「豪州の外交史上最大の失敗」として非難したペニー・ウォン外相は、アルバニージー首相とともに参加した東京でのQUAD首脳会合から戻るやいなや、フィジー、サモア、トンガを訪問した。ウォン外相はまた、6月から7月にかけ東南アジア4カ国（ベトナム、マレーシア、シンガポール、インドネシア）を訪問するなど、精力的な地域外交を展開している。東南アジア歴訪中、ウォン外相はAUKUSが豪州の地域外交の1つの要素に過ぎず、地域の安定と繁栄のためにASEANの中心性を強く支援していく意図を繰り返し強調した[54]。

労働党政権はまた、前政権時代に冷え切った対中関係の立て直しを図った。2022年7月にインドネシアで開催されたG20外相会合では、ウォン外相と中国の王毅外交部長がおよそ3年ぶりに会談を行った。会談後にウォン外相は、関係の修復には時間を要することを認めつつ、会談が両国関係の修復に向けた「最初のステップ」であるとの見方を示した[55]。これを受け同年11月の首脳会合では、アルバニージー首相と習近平国家主席が実に2016年以来となる首脳会談を行い、両国関係の重要性や関係の安定化に向けた動きを進めていくことで合意した。もっとも、懸案であった中国による経済制裁の停止については具体的な動きはみられず、両国の関係修復には向けた道のりが必ずしも平坦ではないことも示唆された[56]。

そもそもアジア外交は、1972年の政権誕生直後に中国との国交正常化を実現し、白豪主義を撤廃してアジアへの関与を強化したゴフ・ウィットラム首相以来の流れを汲む労働党政権の得意分野でもある。1991年に首相となったポール・キーティング労働党党首は豪州の安全を「アジアからではなく、アジアのなかに求める」という方針のもと、豪州の積極的な「アジア化」を図った[57]。また2012年12月にジュリア・ギラード労働党政権は豪州の『アジア白書』を発表し、「アジアの世紀」において豪州が一層アジアへの経済的な関与を強化していくことを目標として掲げていた[58]。

もっとも、そうした労働党の伝統的なアジア重視路線は、中国の平和的な台頭のもと、地域の経済成長や統合が一層進んでいくとの楽観的な見通しに

立ったものであったといえる。それはいわば、アジアを豪州の成長や安全にとっての「機会」としてとらえる見方に基づいていた。これに対しこんにちのアジアでは、修正主義国家としての中国の影響力が、経済や安保を含むさまざまな分野に及ぶことで、豪州に対する潜在的な脅威および「リスク」が広がりをみせている。そうしたリスク要因の芽を摘み、豪州にまで脅威が及ぶことを防ぐという観点から、アジアへの関与を一層強化する必要性が生じているのである。その意味で労働党政権のアジア関与には、対中関係を含め、従来とは根本的に発想の異なる新たなアプローチが求められているといえよう。

おわりに

　以上みてきたように、豪州はQUADやAUKUS、そしてNATOとの協力などを通じて伝統的な同盟国や西側諸国との関係を強化し、それによって豪州にとって有利な地域の戦略バランスの維持を追求するとともに、積極的な地域への関与を通じて小国への安心供与や安全保障リスクの極小化に努めている。それにより豪州は、一方で激化する大国間競争の当事者となりつつ、他方でそれによって西側諸国と地域諸国との間に生じた「隙間」を埋める役割を果たしている。それはいわば、「東と西の狭間」で生きることを強いられてきた豪州が長年の経験により培ってきた、ある種の「バランス感覚」のあらわれであるといえる。

　とはいえ、こうした豪州のデリケートなかじ取りが、どこまで持続可能なのかは明らかではない。今後力を増した中国が地域への攻勢を強めれば強めるほど、伝統的な同盟国や「アングロスフィア」と呼ばれる英米圏への豪州の依存は深まることになるだろう。それにより、豪州は西側国家としての伝統的なアイデンティティを強めるかもしれないが、その結果豪州の「アジア離れ」は一層進むことになるかもしれない。その一方で、地理的に豪州がアジアに位置するという事実に変わりはなく、また米国や英国のアジアへのコミットメントがどこまで続くのかも分からないなかで、豪州がアジアの一員としてのアイデンティティを完全に捨てるわけにもいかない。そして中国が豪州にとって

の最大の貿易パートナーであるという状況も、近い将来に変わりそうにない。その結果、米中間の競争が激化すればするほど、豪州の戦略ジレンマはより深まることになるであろう。

　そのことは、豪州同様「東と西の狭間」に立ってきた日本にとっても決して他人事ではない。東シナ海や台湾海峡の危機の高まりを受け、日本の防衛力の強化や日米同盟、そして日米豪やQUADといった地域大国間の連携の強化は今後ますます重要となるだろう。特にロシアによるウクライナへの侵攻以降、日本は大国間競争における自らの立ち位置をより鮮明にしているようにもみえる。2022年12月に発表された新たな国家安全保障戦略は、自由、民主主義、基本的人権の尊重、法の支配といった「普遍的価値」を共有しない「一部の国」が、既存の国際秩序の修正を図ろうとしていることを踏まえ、そうした価値に基づく国際秩序を日本が擁護していくことが強調された。

　その一方で、インド太平洋地域にはそうした「普遍的価値」を必ずしも共有しない国々が中露以外にも多数存在することも事実である。特に「グローバル・サウス」と呼ばれる東南アジアや南太平洋、南アジアやアフリカ諸国の国々への関与の在り方は、日本の地域外交にとって今後大きな課題となろう。また豪州同様、対中関係の管理や安定化も日本にとっての重要な課題の1つである。日豪の安全保障協力は近年「準同盟」と呼ばれるまでに発展し、特に最近では有事をにらんだ防衛協力も進展しているが、こうした地域への関与という部分においても、東西の狭間という立場を共有する両国が協力する余地は多く残されているのである。

大国間競争のなかで復活したQUAD

　米中間の「大国間競争」が展開するなかで、存在感を増しているのが日米豪印の安全保障協力（QUAD）である。法の支配や人権といった基本的価値を共有し、自由で開かれた国際秩序を強化しようとするこの枠組みは、どのように協力を進めているのだろうか。

　QUADは、2004年に起きたインドネシア・スマトラ島沖地震やインド洋津波の被災地を支援するため日米豪印が協力したことを発端としている。2007年には当局者の会合や4カ国が揃った軍事演習「マラバール」が行われるなど、連携の進展が期待された。しかし、同年末にはQUADのモメンタムは完全に失われた。豪州やインドでは中国を刺激することへの忌避感が強かったことに加え、QUAD構想の推進者であった安倍晋三首相が辞任し、豪州では親中的な姿勢を示しQUADに後ろ向きだったケビン・ラッドが首相に就任するという、国内政治面の変化が重なった結果だった。

　しかし、大国間競争の時代に突入するなかで、QUADは復活していった。2017年11月にマニラで約10年ぶりとなる日米豪印の当局者会合が行われ、2019年9月には初めて4カ国の外相会合が行われた。首脳会合は2021年3月のテレビ会議を皮切りに、2022年末までに対面・オンライン合わせて4回行われた。2007年に一時の盛り上がりをみせた「QUAD 1.0」に対し、2017年以降は「QUAD 2.0」とも呼ばれる、より強い結びつきに至っている。

　「QUAD 2.0」の最大の特徴は、協力分野の多様化である。「自由で開かれたインド太平洋」の実現に向けたルールに基づく国際秩序の形成や、「マラバール」演習に代表される海洋安全保障協力の強化に加えて、近年では相次いで新しい分野でのイニシアティブが発表されている。2021年3月の首脳会合（テレビ会議）では、新型コロナウイルスワクチン、重要・新興技術、気候変動対策の分野で作業部会を設置することが合意され、同年9月にはインフラ、サイバーセキュリティ、宇宙分野でも作業部会が設置された。どれも広い意味では安全保障に関連する分野であり、近年のQUADは非軍事分野の協力を広げている。

加えて、QUAD2.0の動きと同時並行的に2国間・多国間の連携も進み、インド太平洋地域で安全保障協力の重層的な束が成立している。2国間関係をみれば、日米豪印はすべての組み合わせで2＋2（外務・防衛閣僚）会合を行っており、物品役務相互提供協定（ACSA）や円滑化協定と

東京で開催されたQUAD首脳会合（2022年5月24日）（共同）

いった安全保障取り決めの整備も進められている。2022年10月には日豪が15年ぶりに新たな安全保障共同宣言を発表したことも関心を集めた。多国間では、2022年5月23日（東京でのQUAD首脳会合の前日）に米国が主導するインド太平洋経済枠組み（IPEF）の立ち上げが発表された。

　その一方で、QUADの協力には課題や限界もある。その筆頭が、インドと日米豪の温度差であろう。米国とその同盟国である日豪と、戦略的自律性を求めるインドの間には、安全保障の手段をめぐるギャップが存在する。インドのナレンドラ・モディ政権はQUADや日米豪との2国間関係の強化に明確なコミットメントを示しつつも、ロシア製兵器の輸入やロシアの軍事演習「ボストーク2022」への参加など、あくまで自律的な外交を追求する姿勢を維持している。また、ウクライナでの戦争に際しても、インドはロシアを明示的に批難することはなく、経済制裁にも参加しなかった。2022年3月のQUAD首脳会合ではウクライナの状況について議論がなされたものの、共同声明でロシアへの言及がなかったことも象徴的であった。国際法の遵守や包摂性といった、原則論的な秩序観は4カ国とも共有しているが、決して一枚岩のグループというわけではない。

　それでも、実践的な分野を中心とするQUADの連携強化は続いている。その背景として、第1に、対中脅威認識の面である程度の一致がみられることが挙げられる。「QUAD 1.0」を振り返れば、特に豪州やインドが中国に対し、4カ国の連携における

安全保障上の含意を否定したり、QUADに後ろ向きな姿勢を示すメッセージを伝えたりしたことがあった。しかし、中印国境地帯での衝突や、豪州に対する中国の経済的威圧、内政干渉などを経て、4カ国の対中認識のギャップは相当程度解消されている。かつて中国への関与を意識していた米国も競争姿勢を明確にしたこともあり、脅威認識は4カ国を引き付ける最大の要因となっている。

　第2に、QUADには日米豪がインドを繋ぎとめる枠組みという側面がある。日米豪にとってインドは安全保障上のパートナーであり、米中間の戦略的競争が強まるなかでインドの重要性は一層大きなものになっている。加えて、成長著しい市場として、インドは経済的にも大きな重要性を持つ。ゆえに、先述のような戦略上のギャップがあるとしても、インドを含むコンセンサスが形成できる問題に焦点を絞り、実務的な協力を進めるかたちが生まれているといえる。実際、2022年5月のQUAD首脳会合でモディ首相が協力分野として挙げたのは、ワクチン供給、気候変動、サプライチェーン強靱化、災害対応、経済協力であり、近年のQUADにおける協力分野の多様化という趨勢とインドの意向はかなりの程度符合しているとみられる。

　裏を返せば、QUADは4カ国の意見が割れる問題では合意形成を追求する枠組みにはなっていないということでもある。このことは、ウクライナ戦争に際してロシアを非難するよう、日米豪がインドに強い圧力をかけなかったことからも明らかであろう。自律性を求めるインドの戦略文化の根強さを踏まえると、インドを強引に日米豪の側に引き寄せるような姿勢をとれば、QUADという枠組み自体を維持していくことが難しくなる。それゆえ日米豪は、あくまでインドを孤立させないかたちでの協力を志向しているといえよう。

　QUADの発展には目覚ましいものがあるが、そこには可能性と限界の両面が存在している。あくまでインド太平洋地域における協力メカニズムの1つとして、冷静に注目していくことが必要だろう。

（小熊 真也）

第6章

大国間競争下の南アジア
——米中競争時代の到来と「対テロ戦争」の残滓——

栗田 真広

中印国境地帯を走るインド軍の車列（ロイター＝共同）

はじめに

　グローバルな国際政治における米中戦略的競争との文脈でいえば、南アジアはユニークな背景を有する。米中競争の時代に先行していたのは、「対テロ戦争」の時代であり、その中核的問題の1つであるアフガニスタン問題を抱えていたことで、南アジアは大国間の駆け引きの舞台となった。他方で南アジアは、早くから、米中競争という将来が意識されてきた地域でもある。2000年代初頭、米国が、南アジアの地域大国インドとの関係構築に乗り出したのは、来たるべき中国の台頭が好ましくない帰結をもたらすことに備え、インドをアジアにおける中国へのカウンターバランスとすることを意図したためであった。そしてこんにち、それが現実のものとなった。

　米中の戦略的競争が深まりつつある2020年代初頭、そうした背景を有する南アジアでは、米中両国と域内諸国の間で、どのようなポリティクスが展開されているのか。その様相を把握することが、本章の目的である[1]。

　米中関係と南アジアの関わりといえば、まず連想されるのは、米中の戦略的競争を地域において反映する、米印と中国の競争であろう。近年、この競争関係に関しては、多くの議論が蓄積されてきた。そしてこの競争のもとでは、南アジアの域内中小国への影響力をめぐる争いが行われていることから、米中競争時代の南アジア地域の国際政治のかなりの部分が、そうした米印と中国の競争にかかる議論においてカバーされてきた。一方で、アフガニスタンとパキスタンは、長きにわたる対テロ戦争の舞台となってきたことから、ほかの域内諸国とは異なるコンテクストを有しており、こんにちでも両国をめぐるポリティクスについては、別個の検討が必要と考えられる。そうした検討は、従来この2カ国に関して、米印ではなく米中パの協力が行われてきたという特殊性に鑑みれば、なおさら重要であろう。

　以上を踏まえ、本章では、米印と中国の競争と、アフガニスタン・パキスタンをめぐるポリティクスの両方の側面を視野に入れることで、より多角的に、米中戦略的競争下の南アジア地域の国際政治の実態を描き出す。本章の議論は、次のとおり展開する。第I節では、主要アクターとしての米中印の、地域に

おける利害と政策目標を概観する。第II節では、こんにちの南アジア地域の国際政治の主要部分を占める、米印と中国の競争の現状を分析する。そして第III節では、これと異なる文脈を持つ、アフガニスタン・パキスタンをめぐるポリティクスを考察する。

I　主要関係国の利害・政策目標

米国の利害・政策目標

　南アジアは、米中いずれにとっても、地政学上の最優先地域ではない[2]。台湾問題や南シナ海問題のような、米中直接衝突の深刻なリスクをはらむ争点は、この地域には乏しい。

　そうしたなかで、米国の対南アジア関与は、インド・パキスタンとアフガニスタンに偏重してきたといわれる[3]。地域での米国の主要政策目標は、冷戦後期には中国とパキスタンとの協力のもと、アフガニスタンでの対ソ連代理戦争に勝利することにあったものが、1990年代には印パの核開発の撤回・抑制と核戦争防止に移った。その後、2001年の9.11テロ事件を経て、アフガニスタン・パキスタン由来のテロ脅威への対処と両国の安定化、テロ組織などへの大量破壊兵器（WMD）の拡散防止が、米国の主要関心事項となった。加えて、やや重要性が落ちる政策目標として、米国は人権・民主主義や経済発展の推進などを位置付けてきた[4]。とりわけ、印パ・アフガニスタンを除く域内中小国との関係で、これが顕著である。

　同時に、米国の南アジア政策は、広くインド洋地域またはインド（アジア）太平洋地域政策としての側面も有する。この文脈で、米国は2000年頃から、中国がアジアで支配的地位を占める将来を懸念し、アジアで中国に対抗し得るインドとの関係構築を始め[5]、後にはインドが、インド洋地域の安全保障提供者としての役割を果たすことに期待を示すようになった[6]。また、重要航路が多数存在するインド洋での自由で安定的な通商の維持に関心を寄せる米国は、2000年代中頃から、インド洋への中国海軍の進出に対する警戒感を抱くようにもなった[7]。

中国の利害・政策目標

　中国にとっても南アジアは地政学上の最優先地域ではないが、多岐にわた
る個別的利害が存在する。まず、地域大国インドとの国境問題が挙げられる。
中印国境は全域が未画定で、両国は実効支配線（LAC）で隔てられ、中国支
配下の西部国境地域アクサイチン、インド支配下の東部国境地域アルナチャル・
プラデシュ（AP）州を中心に、広範な領土に関して共通理解がない。

　中国は、同じくインドと領土問題で対立するパキスタンとの間で、長きに
わたる安全保障面での緊密な協力関係を築いている。また、中パ関係ほど密
接ではないものの、ほかの域内中小国とも歴史的な関係を有する。ただ、主
に経済面での関与拡大を通じて、南アジアでの中国のプレゼンスが目立つよ
うになるのは、おおむね2000年代以降である[8]。「一帯一路」構想が発表され
た後の2010年代半ばには、これが急拡大した。

　南アジアは、中国の国内的安定とも密接な関係を持つ。チベットの宗教指
導者ダライラマは、インドが庇護している。また中国は、ムスリムが多い新
疆ウイグル自治区で活動する、東トルキスタン・イスラム運動（ETIM）など
ウイグル系のイスラム主義武装勢力が、新疆と接するアフガニスタン・パキ
スタンを拠点とし、そこに根を張る武装勢力と連携することを強く警戒して
きた[9]。中国にとって、イスラム主義テロの激化によるアフガニスタン・パキ
スタンの不安定化は、新疆に波及しかねない危険なシナリオである。

　インド洋シーレーンは、特にエネルギー面で中国にも重要であり、その防
護の必要性を中国は意識してきた[10]。中国は、2000年代末にはアデン湾で海
軍による海賊対処を開始、2017年にはジブチに初の人民解放軍の海外基地を
開くなど、インド洋進出を進めている。とはいえ近年でも、インド洋での中
国海軍の作戦能力は限られ、中国はシーレーンの脆弱性を懸念しているとさ
れる[11]。

インドの利害・政策目標

　インドの利害は、対中関係と複雑に絡みあってきた。大国化を目指す同国

にとって、貿易・投資面での中国との関係は経済発展に不可欠である。また中印はいずれも、米国一極でない、多極的な国際秩序を望み、特に2000年代末には、その実現に向けた共闘が目立った[12]。

だが中国は、多岐にわたる点でインドの利益を害する存在でもある。前述の国境問題やパキスタンとの協力に加え、インドが望む、国連安全保障理事会や原子力供給国グループ（NSG）入りを通じた国際的地位の向上は中国に阻まれてきたし、中国との貿易はインドにとって重要ながら、拡大の一途を辿る対中貿易赤字は、常にインドの懸念材料であった[13]。

さらに、地域大国としてのインドは、ほかの南アジア諸国を包含する勢力圏の維持に関心を寄せる。これは、域内中小国の国内問題に介入し、かつ域内への域外大国の干渉を排除しようとする姿勢としてあらわれる。しかし域内諸国はこれを嫌い、逆に外部の大国を頼ってきた。近年ではこの文脈で、インドは中国の域内干渉に神経を尖らせ、これが中印間の主要な争点となっているが、冷戦期には、米国の干渉も同様にとらえられていた[14]。なおインドの勢力圏認識は、北部インド洋にも及ぶ[15]。

こうした中国が提起する挑戦を念頭に、過去20年超、インドは米国との連携を追求してきた。ただ同時に、インドは同国の対外政策上の重要目標である、戦略的自律性の確保にも注意を払ってきた。これは、他国に左右されず政策を決定する力を維持し、正式な同盟を避け、自国の能力を伸ばしつつ、利益になる限りで他国と協力するスタンスとされる[16]。

他方、インドはパキスタンともカシミール地方の領有権をめぐる争いを抱え、同国が支援する組織によるインド国内でのテロが、安全保障上の課題となっている。関連して、パキスタンが1990年代に、アフガニスタンをインドに対するテロ支援の拠点として用いた経緯から、インドはこんにちまで、アフガニスタンでのパキスタンの影響力増大を懸念してきた[17]。

II　米印と中国の競争

近年の南アジアでは、以上のような利害や政策目標を有する米中印の3カ

国が、米印対中国という構図のもとで競合し、この競争関係が、グローバルなレベルでの米中の戦略的競争を反映するものであってきた。特に2020年代に入って以来、米印と中国の競争は、従前にも増して顕著になりつつある。本節は、そうした米印と中国の競争の諸側面に焦点を当てる。

中核としての中印競争

まず指摘すべきは、米印対中国という構図ではあるものの、南アジア域内において、中国と直接的に競合している第一義的な主体が、インドだという点であろう。またそれゆえ、米印と中国の競争の中核に位置付けられるのは、中印間の競争である。

歴史的に国境紛争を抱える中印両国は、1962年には戦争も経験したものの、1990年代から2000年代にかけて、国境問題の解決よりも、経済的関係の深化と、信頼醸成措置（CBM）による国境地域での摩擦の管理を優先する方向にかじを切った。これが奏功し、2005年頃には、中印の関係は極めて良好な状態に至った。しかし2000年代後半から、人民解放軍によるLACの越境が急増するなど、国境地域での摩擦が顕在化し始めた[18]。そこへほかの争点も加わり、次第に中印関係は、敵対的な要素に特徴付けられるようになってきた。2020年6月に生じた、西部国境地域のガルワン渓谷での中印両軍の衝突は、中印関係の「分水嶺」[19]とも呼ばれたが、実際にはそうした長期的な関係悪化トレンドの上にある。

前節で触れたように、中印間の火種は多岐にわたるが、こんにちとみに大きな争点となっているのは、国境問題と、南アジアおよび周辺のインド洋地域での影響力をめぐる争いである。

全域が未確定である中印の国境地域は、近年、双方の部隊による偵察行為と、部隊の展開を支えるインフラ開発での競争の舞台となってきた。その過程では、しばしば両軍がにらみ合いに陥りながらも、軍事衝突への発展を防ぐCBMの存在もあり、平和裏に収拾されてきた。ところが2020年5月、西部国境地域において、中国はLAC沿いの双方の主張が食い違っている複数の地点を占領した[20]。その1つであるガルワン渓谷で、中印国境地域では45年ぶりとなる、

死者を伴う衝突が生じた。

　この衝突以降、協議を通じて、複数の地点で兵力引き離しが実現したものの、未解決の地点が残っている[21]。中印双方が、LACから比較的近い場所に5〜6万の兵力を依然維持したままでもある[22]。さらに、双方が国境地域のインフラを増強してきた結果、LAC付近では、両軍間の接触が起こりやすくなり、かつ中印両軍が戦術的優位を得ようと競いあう誘因が生じてもいる[23]。そこに、今次の衝突でなおさら深まった相互不信が加わり、国境地域は不安定な状態にある。2022年12月には、東部国境地域で新たに両軍間の小競り合いが生じているが、これはその証左とみることができる。

　一方、地域での影響力をめぐる競争は、中国の南アジア進出に触発されたものである。中国は、2000年代にはすでにパキスタンやスリランカでの港湾開発を開始し、米印の関心を呼んでいた。だが2013年の「一帯一路」構想の提唱後、インフラ投資を軸にした中国の南アジアへの経済的進出は急拡大し、これが本格的にインドの懸念を招いた。

　中国は、地理的にも経済的にも域内最大のインドを「一帯一路」構想に巻き込むべく、秋波を送ったものの、インドは2017年5月に同構想を拒否すると表明した。同国は理由として、「一帯一路」構想の一部である中国・パキスタン経済回廊（CPEC）に、インドが自国領とみなすパキスタン側カシミールでの事業が含まれることや、同構想の国際規範との適合性などを挙げたが、根底には、この構想が経済的・地政学的に中国の影響力を増大させ、南アジアでのインドの地位を脅かす懸念があった[24]。

　結果として、中印間で域内諸国への関与を通じた影響力をめぐる競争が生じた。2015年発表の、中国の460億ドル出資を伴うCPECや、翌年発表されたバングラデシュへの240億ドル投資など[25]、大規模なインフラ投資を進める中国に対して、インドは日米との協力や、ベンガル湾多分野技術経済協力イニシアティブ（BIMSTEC）などの「一帯一路」に代わる連結性構想の推進と併せ、近隣諸国への関与を強化することで、対抗を図ってきた。

　こうした競争は、こんにちに至るまで続いている。新型コロナウイルスのパンデミック下において、中国は多くの南アジア諸国にワクチンを供与した。

2022年1月にはモルディブと、ビザ免除や経済・技術協力などに関する複数の合意を結び、8月にはチベット〜ネパール鉄道事業の実行可能性調査を開始する意向を示した。スリランカでは、中印がコロンボ港開発で競り合い、2022年8月には、中国調査船の寄港に関してスリランカ政府を挟んだせめぎあいが生じた[26]。直近のスリランカの経済危機のなかで、インドは積極的な支援を通じ、同国への影響力に関して巻き返しを図りつつある。インドはネパールと、2022年4月に初の両国間の鉄道を開通させ、鉄道や電力分野での協力拡大に関する合意に署名した[27]。

　1990年代以来で最悪ともいえるこんにちの中印関係の状況は、長期的にみれば、2000年代後半以来の関係悪化トレンドの延長線上にある一方、短期的には、2018年4月の中印非公式首脳会談を象徴とする、いわゆる中印関係「リセット」の破綻の上に成り立っている。2017年6〜8月、インドの事実上の保護国ブータンと中国の国境問題を機に、中印両軍が対峙したドクラム危機において、中印は戦争を回避したものの、そのリスクを認識し、関係修復を追求し始めた。その帰結として実現したのが、上述の非公式首脳会談である。中印両首脳は会談において、摩擦はあれども関係を前進させることに合意した。この会談の前後で、両国は互いの利益に配慮する姿勢をみせた[28]。

　しかしながら、国境問題や域内諸国での競争を含め、多岐にわたる争点をめぐる両国間の関係の根本的なダイナミクスは変わらなかった。そうして「リセット」の限界が明白になっていたところに、2020年6月の衝突が生じた。衝突以降も、両国間では兵力引き離し交渉の難航や危機の原因に関して非難が飛び交い、中印関係は目に見えて敵対的になった。

　ヴィジャイ・ゴカレ元インド外務次官は、インドではこの事件が、1980年代末から両国がつくりあげてきた関係の基盤を揺るがすものとしてとらえられていると指摘する[29]。そしてこの事件をもって、従来インド国内にあった、中国はパートナーなのか敵対国なのかにかかる議論は明白に後者に振れ、インドは中国に対し、軍事力と対外連携をもって均衡を図る意思を固めたという[30]。インドは、他地域からの兵力移管も含め、LAC方面での中国の脅威の長期化に備えた軍事態勢の整備を進めている[31]。中国は衝突以来、国境問題

と切り離して、2国間関係のほかの側面を前進させるべきと主張しているものの、インドは従前の立場を転換し、国境での平和の回復無しに関係正常化はないとしてきた。

米印協力と米国の役割

この中印競争と並行して発展してきたのが、米印の協力関係である。両国は2000年代初頭、将来の中国の台頭への警戒感を背景に、関係構築に乗り出した[32]。もっとも、当初の米印協力は、具体的な対中牽制の要素を伴っていたわけではない[33]。米国のバラク・オバマ政権が、中国への対応を目的の1つとして打ち出したアジア太平洋リバランスのなかに米印協力を位置付けたことで、米印協力は中国への対応を念頭に置いたパートナーシップとしての様相を帯び始めた。2014年になると、前マンモハン・シン政権よりも踏み込んだ米印協力に積極的な、ナレンドラ・モディ政権がインドで発足し[34]、さらに国境問題や域内への中国の進出などをめぐって中印の摩擦が深まったことで、インドにとっての米印連携の必要性が増した。これらを受けて、2014年以降、米印関係は特に顕著な進展をみた。

以降、それぞれの対中関係が厳しさを増すなかで、米国側の政権交替を越えて、米印協力重視の路線は引き継がれてきた。安全保障面では、装備面での協力や共同演習を中心に関係が発展し、米国はこんにち、インドの主要装備供給者の一角を占め、共同演習も多岐にわたる[35]。こうした協力は、インドの対中軍事態勢の構築において重要な役割を有している。

2020年にガルワン渓谷において中印の衝突が生じると、米国はインドに対し、インテリジェンス共有や無人機の貸与などの支援を行った[36]。以降も、対中警戒感の高まりを背景に、米印はさらに協力を発展させた。同年10月には、地理的空間協力のための基礎的な交換・協力協定（BECA）が成立し、2016年署名の兵站相互支援協定（LEMOA）、2018年署名の通信互換性保護協定（COMCASA）と併せて、米国が安全保障協力の相手国に求める基盤的合意が揃った。2022年4月には宇宙状況把握に関する合意が成立し、11月には陸軍間の年次合同演習が、インド北部のLACから100km未満の地点で実施された。

2017年に復活した、中国への対応を念頭に置く、日米豪印の安全保障協力（QUAD）も進んだ。2020年10月には、インドが長らく拒んできた、日米印海軍のマラバール演習に豪州の参加を認めた。2021年3月には、初めてのQUAD首脳会合（テレビ会議）が実現した。

　ところが、南アジアでの中国との競合において、米国が担う直接的な役割には、現在でも明確な限界が存在する。これは、戦略的自律性を重んじるインドと米国の関係が、集団防衛を伴う同盟に発展し得ないというだけではない。米印の元当局者や専門家らの対話に基づく米研究機関の報告書は、共同訓練や米国製装備の導入が進んできたこんにちにおいても、インド側には米軍との相互運用性への忌避感が残り、共同の事態対処計画の策定にも懐疑的であると指摘する。そして、インドが望むのは、自身が自己完結した大国として、地域で主導的役割を果たせるよう、米国がインドの能力向上を支援することであるとする[37]。また、米印の国防当局間の対話は、南アジアでの中国の行動に対応するうえでそれぞれが果たす役割といった、戦略レベルの議論よりも、兵器や演習に関するミクロな議論に終始しがちとの指摘もある[38]。

　同時に、南アジア諸国への中国の影響力に対抗するうえで、米国が果たしている役割も限られる。米国は、歴史的に域内諸国の主要ドナーではあるが、米国際開発金融公社（DFC）やミレニアム挑戦公社（MCC）の南アジア中小国における存在感は決して大きくはない[39]。域内諸国での米印共同経済事業の具体化も乏しい。印パ・アフガニスタンを除く域内諸国と米国の安全保障協力は、海洋安全保障や対テロ分野での初期的な能力構築の域を出ない。

　そうした米国の役割の限定性の背景には、インドの姿勢の影響もある。近年でこそ、南アジアへの米国の関与に対するインドの拒否感は低下したが、冷戦期は米国の干渉こそが忌避されていた[40]。現在でも、インドは域内への米国の関与について、インドを介して行うか米印の協働とすることを望み、米国と域内諸国の安全保障協力では、事前調整を求める傾向があるとされる[41]。

　2010年代末頃からは、米国は南アジア中小国への関与拡大を図っている[42]。ただ、2020年9月のモルディブとの安全保障協定を除けば、成果は乏しい。スリランカでは、米国側の要請で地位協定の改定交渉を始めるも、大国間競

争への関与を嫌うスリランカ国内の世論などを受けて行き詰まり[43]、2020年2月には、いったんは合意されたMCCの無償資金供与が、スリランカの政権交替を経て拒否された[44]。MCCの無償資金供与は、ネパールでも、これを米国の対中戦略の一環とみる反対論が広がり、承認は難航した[45]。バングラデシュは有力な協力相手国とみられ、2019年には先端兵器の供与に関する協議や、物品役務相互提供協定（ACSA）および軍事情報包括保護協定（GSOMIA）の交渉が始まったが、現在まで具体的な成果をみていない[46]。

アラインメントの流動性

　米印と中国が、関与を通じて域内諸国に対する影響力を確保しようと競合するのに対して、南アジアの域内中小国のほとんどは、程度の差はあれ、いずれかの側に固く与するよりも、双方と関係を築き、自身の利益の最大化を追求してきた。

　2010年代後半以来の南アジアでは、スリランカやパキスタンにおいて、中国の経済的関与がもたらし得る負の影響が顕在化してきた。しかし、両国を含め、域内諸国は引き続き、中国の経済的関与を受け入れている。さまざまな問題はあれども、中国のインフラ投資がもたらす恩恵も確かにあり、かつそれと同規模の投資は、インドは勿論、米国でさえ提供するのは容易ではない。また、インドの圧力に抗するうえで、域内中小国は中国を必要としてきたし、人権面での米国からの圧力を回避するために、中国との関係を利用してもいる[47]。これらに鑑みれば、ガルワン渓谷での衝突後、域内諸国がインドの対中非難に必ずしも歩調を合わせなかったことや[48]、前述のスリランカやネパールの例にみられる、米国の対中戦略への関わりを嫌う姿勢は、理解しやすい。

　一方で、パキスタン・アフガニスタンを除く域内中小国では、バングラデシュのみが中国と武器購入面での長年の関係を有するが、ほかの国々は、安全保障面で中国よりもインドとの関係がはるかに深い。パキスタン以外の国々は、明確にインドの利益に挑戦することのリスクを認識してもいる。また、大半の南アジア諸国にとって、米国は主要貿易パートナーであり、彼らは米国のインフラ支援を求めている[49]。そして、2022年のスリランカがインドを、パキ

スタンが米国を頼ったように、経済的苦境に直面し、かつ中国から充分な支援が得られない場合に、米印は重要なパートナーとなり得る[50]。

　米印と中国の双方から得られるものがあるからこそ、域内諸国は両陣営との関係を維持しようとする。この種のアプローチは、南アジア中小国が、域外大国を呼び込みつつ、地域覇権国インドに向きあう過程でつくりあげてきた、歴史的なものである。ただこんにち、米印と中国の競争が激しくなるなかで、域内中小国にとって、対立する両者を競わせることがより容易になっている部分もある[51]。

競争の地政学的性質

　南アジアにおける米印と中国の競争には、重要な特徴として、人権や民主主義といった価値をめぐる争いの様相が乏しいことが指摘できる。これは米中2国間の戦略的競争が、そうした側面を強めつつあるのとは対照的である。

　米印の関係は伝統的に、「最大の民主主義と最古の民主主義」の連携と形容され[52]、共通の価値に立脚するとされてきた。しかし2010年代末以来、価値の問題は、むしろ米印間の摩擦要因となってきた。2010年代末には、モディ政権が、インド側カシミールの旧ジャンムー・カシミール州再編に当たり、同州をロックダウン状態に置いたことや、ムスリムに差別的な内容を含む市民権法改正法を成立させたこと、さらにS-400地対空ミサイルの購入に代表される、権威主義国ロシアとインドの密接な関係が火種になった。

　2020年代に入ると、人権問題を重視する民主党のジョセフ・バイデン政権の発足により、価値の問題はなおさら争点化しやすくなった。バイデン政権は閣僚レベルでインドの人権状況への懸念を提起し、同国の反発を呼んでいる[53]。対露関係では、2022年2月のウクライナ戦争開始以来、インドはロシアの力による現状変更を非難せず、これに対し米国内では、リベラルな価値へのインドのコミットメントを疑う声も上がった。

　人権問題が摩擦要因になる構図は、南アジア中小国と米国の間でもみられる。米中の戦略的競争という文脈が浮上するはるか前から、域内中小国との関係において、米国は人権や民主主義の推進を重視してきた。この経緯から、近年、

中国の影響力への対抗を念頭にこれらの国々との関係構築を進めつつも、米国は引き続き、人権状況改善を求める圧力を掛けている。2020年2月には、スリランカ陸軍参謀長に対し、同国の内戦中の人権侵害を理由に制裁を科した[54]。2021年4月の米国務省の報告書は、バングラデシュの現政権が勝利した2018年の選挙での広範な不正を指摘し、2021年末には同国の準軍事組織の高官らが、人権侵害で米国の制裁対象となった[55]。両国は、米国主催の民主主義サミットにも招かれなかった。

南アジア諸国の大部分が、十分に民主的とは言い難いなかで、人権や民主主義の推進をどこまで重視するかは、米印間の相違点でもある。周辺国への関与を行うに当たり、政治体制をさほど気にかけないインドに対し、米国はリベラルな価値の推進にも重きを置く[56]。

他方で、価値をめぐる摩擦はあれども、米印は対中国の連携を進めることでは一致している。ウクライナ戦争をめぐるインドの対応は、価値を共有するパートナーとしてのインド認識に疑問符を付けるものではあったが、インド側には、対中連携という大目標のために、米国がインドの独自路線を許容するはずとの計算があり[57]、実際に米国はそう動いた[58]。また、人権問題にもかかわらず、米国はバングラデシュやスリランカへの関与を続け、両国も、米国の制裁を快くは思わないにせよ、米国の関与を完全に拒否してもいない。

一方、中国もまた、南アジアで何らかの政治的価値を意識的に推進しているわけではない。これらが相まって、南アジアでの米印と中国の競争は、価値をめぐる争いの様相に乏しい、主として地政学的なものとなっている。

III　アフガニスタン・パキスタンをめぐる地域ポリティクス

冒頭でも述べたように、米印と中国の競争のもとで、南アジア域内中小国への影響力をめぐる競争が行われていることから、米中の関わる南アジア地域の国際政治のかなりの部分が、米印と中国の競争に包含されている。しかし、その枠組みのなかでとらえることが難しいのが、過去20年超にわたり対テロ

戦争の舞台となってきた、アフガニスタンおよびパキスタンをめぐるポリティクスである。

対テロ戦争のコンテクスト

　近年、米印と中国の競合のかたちで展開されてきた、南アジア中小国をめぐる国際政治との比較でみた場合に、対テロ戦争のもとでのアフガニスタン・パキスタンをめぐるポリティクスには、2つの主な特徴を指摘できる。

　第1に、米国自身が、主たるアクターとして、直接かつ大きなコミットメントを行ってきた点である。2001年以降、米中戦略的競争へと焦点が移行するまでの間、米国の安全保障政策の最大の焦点は対テロ戦争にあった。そのなかで、2021年8月にタリバンがアフガニスタンで権力を掌握するまでの間、米国は同国での国家建設を主導した。また、パキスタンは冷戦期以来の米国の同盟国であるが、2001年以降はアフガニスタンでの対テロ戦争における米国の主要同盟国と位置付けられ、米国が相当規模の経済・軍事援助を提供してきた。

　第2に、米国が、インドと敵対するパキスタンおよび中国と、協調・協働してきたことがある。アフガニスタンに隣接するパキスタンは、米国がアフガニスタンに関与するうえで、不可欠の同盟国であった。もっとも実際のところパキスタンは、公には米国の対テロ戦争への協力をうたいながら、アフガニスタンでの影響力確保を狙ってタリバン支援を続けるなど、問題の多い同盟国であり、米パ間では摩擦が絶えなかったものの、それでも米国は一貫してパキスタンを必要とした。特にアフガニスタン和平の追求では、タリバンに対するパキスタンの影響力を米国は活用した。

　米中の利益も少なからず一致していた。米国が支えるアフガニスタンの安定は、中国にとって、新疆の安定との関係で重要であった。テロに関する脅威認識も、米中間で重なってきた。米国の対テロ戦争の最たる標的であり、タリバンと協力関係にあるアルカイダは、主にパキスタン国家を標的とするパキスタン・タリバン運動（TTP）や、中国に敵対するETIMと連携しており[59]、「イスラム国」（IS）も米中双方を敵視する[60]。これらの背景のもと、

2010年代には米中間でアフガニスタン問題での協働がみられ、特に2014年以降のオバマ政権末期には、アフガニスタンに関する米中間の日常的な政策調整や共同事業、和平追求での協働などが行われた[61]。また米中は、パキスタンの安定を重視する点でも共通しており、2010年前後に同国が顕著な不安定化をみせた際には、米中間でこれに関する協議が持たれていた[62]。

　以下にみるように、米中の戦略的競争が激化するなかで、そうした対テロ戦争での米中パの協調が存在してきたアフガニスタン・パキスタンをめぐるポリティクスにおいても、米中競争の要素が強まりつつある。しかし一方で、依然として対テロ戦争上のコンテクストが残り、米印と中国の競争という構図に収まらない部分があることも注目される。

アフガニスタンをめぐるポリティクス

　2018年以降、米国のドナルド・トランプ政権期の米中戦略的競争のもとでも、対テロ戦争に関しては、米中パの協調が残っていた。トランプ政権は当初、パキスタンのタリバン支援に対して強硬姿勢を取り、従来の政策を転換してアフガニスタンでインドと協力する意向を示したが、2018年半ば、パキスタンの仲介によるタリバンとの直接和平交渉へと急旋回した。この和平プロセスを、パキスタンとともに支援したのが中国であり、交渉過程で米代表団は中国と頻繁に協議していたといわれる[63]。2020年2月にはこれが、米軍撤退の約束と、アフガニスタンをテロ組織の拠点にさせないことに関するタリバンの誓約を伴う、米タリバン合意に結実した。

　しかし2021年8月、米軍の撤退が進むなかで、アフガニスタン民主政権が崩壊し、タリバンが権力を掌握すると、米中の対応は分かれた。カブールの民主政権を失った米国は、アフガニスタン由来のテロ脅威への対応は別として、同国に対する影響力確保のための関与を行う意思は乏しい。米国はタリバンに対し、同国民への人道支援は行うものの、国内のアルカイダなどのテロ組織への対処や、民族的に包摂性のある政府の樹立、女性の権利擁護といった条件が満たされない限り、政権承認や制裁解除、援助の再開はないとの立場をとってきた[64]。2021年8月以来、それらの達成は次第に遠のいており、2022

年7月にはカブールでアルカイダの指導者アイマン・ザワヒリが米軍に殺害され、タリバンが国内のテロ組織の存在を容認していることが明白になった。

これら米国の要求は、優先度や順位の違いこそあれ、中国がタリバンに求めるものと重なる[65]。しかし中国は、タリバンへの関与に積極姿勢を取った。2021年7月、タリバンから、何者にも反中国の活動に国土を利用させないとの保証を取り付けた中国は、タリバンが権力を掌握すると、アフガニスタンとの関係継続に期待を示し、タリバンも中国を最重要パートナーと呼んだ[66]。政権を承認はしないが、2022年3月には王毅外交部長が訪問し、タリバンが任命した外交官も受け入れた。同年7月には、アフガニスタンからの輸入にかかる関税免除や、同国民へのビザ発給の再開、同国へのCPEC延伸に関する支持などを表明した[67]。2023年初頭には、中国企業がアフガニスタン北部での石油開発契約を獲得した。

こうした関与が中国に具体的な利益をもたらすのかについては、疑問が残る。中国が警戒するETIMは、アフガニスタンで活動を拡大しているとされる[68]。同国の経済権益への中国の関心も指摘されるが、アフガニスタンは、治安やインフラの問題ゆえ魅力的な投資対象ではなく、上述の石油開発契約以外に、中国からの投資案件の実現は乏しい[69]。

だが、こうした中国の積極姿勢には、アフガニスタンへの影響力確保に加えて、米国との姿勢の差を強調することで、アフガニスタン問題を超えた米中競争の文脈で、これをプロパガンダに活用しようとする意図が透ける。タリバンのカブール掌握以降、アフガニスタンに関する中国の言説には、従来あまり目立たなかった、米国批判が顕著になった[70]。この言説では、米国の介入の失敗とそれが生んだ負の影響や、アフガニスタン民主政権崩壊時の混乱が強調され、時にはタリバンを代弁するかたちで、権力掌握後のタリバンへの米国の圧力姿勢への批判が為される[71]。そして、これとしばしば対置されるのが、新たな統治者を得たアフガニスタンを尊重し、積極的に支える中国のイメージである[72]。それは裏を返せば、米国の衰退や信頼性欠如、無責任さを訴えるメッセージでもある[73]。

中国がこの種のプロパガンダを行ううえで、米国が多大な労力と犠牲を払っ

た国家建設が失敗したアフガニスタンは、格好の材料になっている。そして、アフガニスタン問題がそうした米中競争の文脈で利用されるようになるなか、かつてのような、この問題での米中協力も聞かれなくなった。米中がアフガニスタン問題を議論できる場であった、米中露パの拡大トロイカ会合も、2022年3月を最後に開かれていない[74]。

　他方でこれが、アフガニスタンに関して、米印が足並みを揃えて中国と競合するような展開にはつながっていない[75]。米印の側にオプションが乏しいという事情もあるが、インドには、米国が対テロ戦争のなかでパキスタンと協力し、その過程で度々インドの利益を無視したことについて、強い不信感が存在する[76]。テロ対策を理由に米国がパキスタンを支援することへのインドの反発は、最近でもみられる[77]。他方で、そうしたインドの反発があれども、米国はパキスタンとの対テロ協力を復活させつつある[78]。

パキスタンをめぐるポリティクス

　パキスタンは、域内で唯一、インドと明確な敵対関係にあると同時に、米中双方と強い直接的な結びつきを有してきた。冷戦期には米国の反共同盟に属し、2000年代からは対テロ戦争における米国の主要同盟国に位置付けられてきた一方、中国とは歴史的に、反インドの疑似同盟関係を築いてきた。

　対テロ戦争の過程では、特に2010年代半ばにかけて、国内テロの激化によりパキスタン国家の安定が危ぶまれた。これに対し、米中はパキスタンの安定性を重視し、同国を支えるという点で一致していた。それゆえCPECが発表されると、パキスタンの経済発展の観点から、米国はこれを歓迎した[79]。ただ、2010年代半ば以降は、CPECを通じてパキスタンの経済的な対中依存が強まり、それと同時に、対タリバン支援を停止しようとしないパキスタンへの苛立ちから米国がパキスタンへの援助を漸減させた[80]。その結果、米中間でのパキスタンの立ち位置は、より中国寄りに傾いていった。同国では、米印の協力やインド太平洋戦略が、対中封じ込めであるだけでなく、パキスタンにも不利益を及ぼすとの見方が広がった[81]。

　ところが、2010年代末以来、パキスタンは対米関係の再構築を図ることで、

過度の対中依存を避け、米中間での立ち位置をバランスのとれたものにすることを模索してきた。こうした動きは、CPECの負の経済的影響により、2019年に国際通貨基金（IMF）支援の受け入れに至った際や[82]、2022年にCPEC関連の債務やウクライナ戦争の余波で再び経済危機に直面するなかで、特に目立った[83]。また、米軍のアフガニスタン撤退がみえてきてからは、それまでアフガニスタン問題に焦点が絞られてきた米パ関係を、広範な分野に広げることも訴えてきた[84]。

これに対する米国の反応は、基本的には芳しいとは言い難いものであった。とりわけ、パキスタンが支援したタリバンが、アフガニスタンで民主政権を崩壊させた直後は、米国には、パキスタンとの関係への徒労感があった。

しかし、タリバンによるアフガニスタン掌握後、タリバンと密接な関係にあるTTPの対パ越境テロが激化したことで、アフガニスタン国内のTTPやアルカイダへの対応を念頭に、あくまでテロ対策に焦点を絞るかたちながら、米パが協力関係の再活性化を図る兆しがみられる[85]。2022年9月には米政府が、2018年以来の方針を転換し、テロ対策に資するものとして、パキスタンのF-16戦闘機の維持・改修用部品などの売却を許可した。並行して、米国はパキスタンの洪水被害に対応した人道援助も提供している。TTPが、パキスタンだけでなく米国をも敵視していることに加え、アルカイダやそのほかのテロ組織がアフガニスタンで活動の自由を享受していることが明白になっており、パキスタンとの対テロ協力の復活は、米国にとってもメリットが大きい[86]。

他方で、そうした米パの協力は、地域において深まりつつある米印と中国の競争の構図とは相反する。かつて、パキスタンの強化につながる米パの協力を自身の利益になるものとみていた中国は、近年では、対米強化を図るパキスタンのあらゆる動きに、強く神経を尖らせるようになったとされる[87]。一方米国は、前述のパキスタンに対するF-16戦闘機向け部品などの売却許可について、インドから強い反発を受けた[88]。ただ、アフガニスタン由来のテロ脅威の低減それ自体は、本来中印にも利益になり得る。米パの対テロ協力の再活性化の帰趨は、米中競争や米印と中国の競争という文脈が、現在の南アジアにおけるポリティクスの在り方をどの程度強く拘束するのかを考えるうえで

も、注目に値する。

おわりに

　以下、本章の議論を総括したい。本章では、米中の戦略的競争が深まりつつある2020年代初頭、南アジアにおいて、米中両国と域内諸国の間で、いかなる国際政治が展開されているのかを考察した。南アジアで、グローバルな米中の戦略的競争を反映するのは、米印と中国の競争である。その中核に位置するのは中印の競争であり、こんにち、国境問題と域内諸国への影響力をめぐる争いが、特に大きな争点となっている。中印の関係は、2020年6月の衝突を経て、かつてなく対立的な方向へと振れた。その中印競争と並行して発展してきた米印の協力は、インドが中国と競い合ううえで重要ながら、地域での中国との競合において米国が担う直接的な役割は、依然として限定的である。他方、域内諸国は、米印と中国のいずれの側にも明確に与せず、双方と関係を築き、利益の最大化を図っている。そして、こうした南アジアにおける米印と中国の競争には、価値をめぐる争いの様相が乏しい。

　一方、対テロ戦争のもとで、アフガニスタン・パキスタンに関しては、米国が直接的で多大なコミットメントを行い、かつ米国が中パと協力するという、ほかの域内諸国をめぐるポリティクスにはない要素が存在した。しかし、民主政権崩壊後のアフガニスタンでは、かつてのような米中協力がみられなくなり、中国はタリバンへの影響力確保と、アフガニスタン問題を利用した反米プロパガンダを追求している。ただし、米パの対テロ協力への不信感がインドに残るがゆえに、そうしたアフガニスタンでの中国の動きに、米印が連携して対抗する構図はみられない。パキスタンは近年、対中傾斜を是正し、対米関係の再構築を図っており、直近ではアフガニスタン起源のテロ脅威増大を契機に、米パの対テロ協力関係が復活する兆しがみられる。しかしこれは、地域で強まりつつある、米印と中国の競合という構図と相反している。

第7章

戦略的競争における欧州
—— 国際秩序と地域秩序の相克 ——

田中 亮佑

ロシアによるウクライナ侵攻を受け会見する NATO・EU 首脳
（2022年2月24日）（ロイター／アフロ）

はじめに

　国際秩序とは、一般に「主権国家から成る社会、あるいは国際社会の主要な基本的目標を維持する活動様式[1]」を指す。その意味で、欧州は歴史的に国際秩序の形成を主導する立場にあった。ウェストファリア条約以降の主権国家体制をはじめとして、20世紀初頭までは、欧州が形成する国際秩序を欧州以外の世界に示してきた。しかし、2度の大戦を経て冷戦期には米ソ両大国が国際秩序を規定し、初めて「力の均衡がおもに欧州大陸の外で形作られ[2]」る状況が生まれた。もっとも、冷戦期の欧州は米ソ対立の最前線であり、冷戦に関わらざるを得ない立場ではあったものの、東西に分裂した欧州は自律して行動する能力を失っていた。

　その後、冷戦の終結により、米ソの指導性から解放された各地域が新たな多極として台頭するとの議論がみられた。つまり、多極体制への移行という議論は、単一の国際秩序ではなく、それぞれの地域秩序が生じつつあるという議論と並行的に展開された。例えばデイビッド・レイクは、地域秩序を、各地域の「国家が、如何にして安全保障を管理するかを説明するもので、勢力均衡から、地域の協調、集団安全保障組織、多元的安全保障共同体、そして統合に至るまで、さまざまな形態がある」と言及した[3]。ここでいう地域とは、一定の自律性を保持し、必ずしも国際秩序の部分集合ということではない。また、地域には地理的要因も含まれるものの、域外大国からの影響など、安全保障上の問題をどれほど共有しているかといった論点がより重要とされる。

　多極化と地域秩序の議論に関して、冷戦後の欧州は象徴的な存在であった。東西に分裂していた欧州では、ドイツが再統一され、東欧も「欧州への回帰」をうたい、統一された欧州を目指す動きが始動した。その意味で欧州統合は、一義的には地域秩序を構築するための試みであったが、それは紛れもなく欧州の自律性の確立を模索する試みでもあり、換言すれば冷戦後の国際秩序の構築に、欧州という主体として参画する試みでもあった。そして、地域秩序としては欧州統合を進展させつつ対露関係を構築し、国際秩序形成に関しては米国との関係を再規定しつつ、欧州としての自律性を追求するため、欧州

連合（EU）による共通外交・安全保障政策（CFSP）や、その後の共通安全保障・防衛政策（CSDP）の実現につながった。

　しかし、2014年のロシアによるクリミア併合およびウクライナ東部への介入（ウクライナ危機）を機に、東からの脅威が復活した。その頃から、国際的な影響力を高めつつあった中国は、徐々に欧州でも安全保障と民主主義に対する「体制上の挑戦」となった。さらに、特に米国のドナルド・トランプ政権（2017～2021年）がインド太平洋との戦略正面を重視し『インド太平洋における米国の戦略的枠組み』を採用して、中国との戦略的競争を進めるなかで、欧州を軽視するような動きをみせることも多く、米欧関係の不確実性も拡大した。このように、2014年以降、欧州はロシアの脅威に対応しつつ、徐々に米中の戦略的競争に巻き込まれていった。そして、米中間の戦略的競争により国際秩序が不安定化するなかで、2022年のロシアによるウクライナ侵攻を受けて、欧州の地域秩序も根幹から揺らいでいる。

　こうした米中の戦略的競争における欧州の役割という論点に関して、これまでの議論は主に2つの観点に大別できよう。1つは、戦略的競争に欧州がどのように関与していくかという主体性の議論である。これは、欧州が米中双方との間において、どのような独自の政策を展開し得るかという論点である。もう1つは、戦略的競争から欧州がどのような影響を受けるかという客体性の議論である。これは、米国の関心がインド太平洋へと移行するなかで、隣接する脅威としてのロシアにも対処しながら、中国からの影響をどのように制御するかということである。

　戦略的競争における欧州の主体性と客体性の議論は、二項対立ではなく相互補完的な関係にあるだろう。もし、米中という2大国の間で欧州が1つの主体として独自の立場を追求しようとするのであれば、欧州としての一体性を追求した方が良いのは確かだが、他方で客体としての欧州は米中やロシアからの影響を受け欧州各国の姿勢に齟齬が生じる場合もあり、一体性を追求するには一定の限界がある。この主体としての欧州と客体としての欧州という2つの観点を踏まえたうえで、ルイス・シモンは、戦略的競争における欧州の役割を検討することが必要である、と指摘する[4]。

この欧州の主体性と客体性の議論は、国際秩序における欧州の自律性と、欧州の地域秩序の安定性との関係と言い換えることが出来るだろう。そこで本章では、国際秩序における欧州の行動と、欧州の地域秩序をめぐる変化が、どのように相互に関連しているのか検討することを目的とする。そのため、第Ⅰ節では、欧州の対外姿勢を検討する古典的な議論として、欧州主義と大西洋主義という視座を説明する。第Ⅱ節では、2014年以降の欧州・ロシア関係を整理したうえで、米中の戦略的競争の影響が欧州に波及するなかでの戦略的自律と戦略的主権という概念の発展について概観する。第Ⅲ節では、前節の議論をもとに、ロシアによるウクライナ侵攻が、戦略的競争における欧州の行動をどのように変えたのか検討したうえで結論を得る。

Ⅰ　欧州をみる視座

欧州主義の２つの側面

　冷戦後の国際秩序において、欧州の行動様式を説明するための視座として、かつて頻繁に使われたのが欧州主義（Europeanism）と大西洋主義（Atlanticism）という構図である[5]。まず、この場合の欧州主義とは、国際社会における主体として欧州の一体性を追求する立場である。欧州主義が政治的なイデオロギーとしてあらわれたのは近代であるが、外交・安全保障の分野に顕現してきたのは欧州統合が始まった冷戦期と位置付けられる。この文脈でいえば、欧州主義はフランスのシャルル・ド・ゴール大統領が主導したゴーリズムに源流の１つがある。それは、極めて単純化すれば対米自主外交という思想であり、ソ連への接近、北大西洋条約機構（NATO）の軍事機構からの離脱、米国と近い英国の欧州経済共同体（EEC）加盟拒否などの冷戦期のフランス外交にあらわれている。

　リチャード・サクワの議論に基づけば、欧州主義の潮流のなかにも２つの思想の交錯がある[6]。１つは、ロシアを含む欧州の地域秩序の構築を意味する、大欧州（Greater Europe）という側面である。上記のような冷戦期のド・ゴール大統領のフランス外交、西ドイツのヴィリー・ブラント首相の東方外交、

ソ連のミハイル・ゴルバチョフ書記長による「欧州共通の家」などの流れを汲む欧州の地域秩序構想がそれにあたる。もう1つは、ロシアを含まず、EUを中心とした欧州地域秩序を指す、広域欧州（Wider Europe）という側面である。実際に冷戦後の欧州では中東欧が「欧州への回帰」として続々とEUに加盟し、欧州統合が発展した。ただし、広域欧州はEU加盟国以外を指すこともある。本章では、混乱を避けるため、EUとロシアの関係性に基づく地域秩序の安定を追求する論理を大欧州とし、EUを中心とする欧州地域秩序を構築する立場を広域欧州ではなく、欧州主義と称することにする。

　大欧州と欧州主義は表裏一体である一方で、ときに矛盾が生じる関係にある。冷戦後、実際に欧州でみられたのはEUの東方拡大という欧州主義の実現であった。それにより、欧州統合を進め、ソ連崩壊後の欧州地域秩序を安定化させていくと同時に、多極化する国際秩序における主体としてのEUの存在感を高めていくことになった。その意味で、欧州主義はEUの主体性を意味するところもあり、国際秩序とより深い関係にあるといえよう。他方で、西側という意味が多分にある欧州主義が拡大していくほど、それはロシアのある種の警戒感につながり、大欧州という地域秩序を損なうという構図も同時に内包していた。その意味で、大欧州はEUとロシアの関係という地域秩序とより深い関係にあるといえよう。

　欧州主義は、主にEUとそのなかの2大国であるフランスとドイツの対外政策の特徴をあらわす際に使われることが多い。特に、冷戦後のEUのCFSP/CSDPを主導したのもフランスでありゴーリズムの流れを汲むフランス外交にはその特徴が強く出る。ドイツの政策も、政治経済の面ではEUの統合を強く進めることで、グローバル・アクターとしてのEUの追求という意味で欧州主義といわれることもある。ただし、仏独両国はともに、冷戦後においてもNATOが欧州防衛において最重要であり、その意味で対米関係の安定を防衛政策の基調としていることに変わりはない。それでも、米欧間での対立が顕著な際には、主に次に述べる大西洋主義との対比において欧州主義というフレーズが使用されることもある。

欧州主義と大西洋主義

　冷戦後においてNATOにおける米国との協調的な関係を重視する立場を、大西洋主義と呼ぶ。欧州側において、この立場の代表的な国家が英国であることは論を俟たない。「特別な関係」といわれてきた米英関係に基づき、英国の歴代政権はNATOを欧州安全保障の一義的存在とみなしており、CSDPの発展などに関しても基本的には懐疑的な姿勢をとった。

　また、冷戦後のNATO東方拡大の結果、新たにNATO加盟国となった中東欧諸国も大西洋主義に分類されることが多い。特にポーランドやバルト3国は代表的な例であろう。その背景としては、歴史的・能力的な観点から米国を信頼しており、西欧諸国に対する否定的な見方が根強いことがあげられる。歴史的にいえば、中東欧諸国をソ連から解放したのは米国だと考えられ、反対に独仏が冷戦後、中東欧のNATO・EU加盟に当初は消極的であったことに対する猜疑心が残っているといわれる。また、将来的にロシアの脅威が再興した場合に、能力面でも頼ることができるのは米国であると考えられていたのに対して、西欧諸国には安全保障に関する意思と能力が欠けており、米国ほどは信頼できなかったという背景もあるという[7]。

　ただ、一般的には米欧は同盟関係にあるため、欧州主義は大西洋主義にも資するものだろうという考えはもちろん存在する。欧州主義と大西洋主義はあくまで1つの尺度であって、どちらかに完全に属すものでもなく、対立することもあるが、それらは二項対立的な関係にあるわけではない。また、それらの内実は国や政権によって異なるし、時々の戦略環境によって変化するものでもある。例えば、英国のトニー・ブレア政権はEUの安全保障政策を支持したり、フランスのニコラ・サルコジ大統領は米英との安全保障協力を進める大西洋主義者とみられたり、ドイツは欧州統合を推進しつつ安全保障に関してはNATOを重視するため大西洋主義に分類されたりと、情勢によって欧州主義は大西洋主義へと収斂する傾向がある。こうした傾向から、大西洋主義という大枠のなかに、欧州主義は入れ子構造になっているとの主張もある[8]。おそらく、それが現実を描写する表現としては妥当なのだろう。特に、米欧関係が比較的穏やかな場合には、そもそも大西洋主義や欧州主義が議論の俎

上に載せられることもほとんどない。

　これらが論争となるのは、米欧の対立が顕著な場合である。例えば、2003年のイラク戦争の際に、英国は米国とともに参戦し中東欧諸国はそれを支持したが、独仏はロシアとともに米国を非難した。この状況は、一時は「大西洋主義の終焉[9]」とさえ表現された。つまり、欧州主義と大西洋主義の論争は、基本的には米国が単独行動や欧州を軽視するような行動をとる場合に、それへの反動として欧州が米国と相反するような行動をとる際に起こりやすいものである。

　それは、米中戦略的競争における米欧関係にもみられる。米国が中国を念頭に「インド太平洋」へ戦略重心を移すなかで、米国にとっての欧州の重要性が相対的に低下している。しかし、欧州は米中戦略的競争への対処とともに、ロシアの脅威にも対応しなければならない。こうした状況をうけて、サクワは、米中の間における欧州の行動を分析するには、ロシアと欧州の関係を関連付けることが重要であると主張する[10]。換言すれば、戦略的競争における欧州の行動の分析には、米露間における欧州という地域秩序の観点と、米中競争における欧州という国際秩序の観点を関連付けて検討する必要があるといえよう。

II　ウクライナ危機から戦略的競争へ
——2014年以降の欧州

大西洋主義への回帰——ロシアによるウクライナ危機

　2014年のウクライナ危機は、端的にいえば「大西洋主義への回帰[11]」という現象につながった。ロシアの行動により、NATOは再び集団防衛に注力することになったからである。欧州防衛の観点からすれば、ロシアやベラルーシと国境を接するNATO加盟国のポーランドやバルト3国に対するロシアの侵攻が懸念された。これに対し、2014年以降、NATOは、高度即応統合任務部隊（VJTF）の創設を含む「NATO即応部隊」（NRF）の改革、バルト3国やポーランドへの「強化された前方展開」（EFP）による部隊配備に加えて、米国とドイツにおける新たな統合軍司令部の開設や「NATO即応性イニシア

ティブ」（NRI）による即応・増援態勢の更なる強化など、多岐に渡る改革を通じて欧州防衛を強化してきた。

　こうしたNATOの東翼における加盟国の防衛強化は、主に米国がリードしてきたものである。バラク・オバマ政権下の米国は、EFPを打ち出す前からバルト3国やポーランドに部隊を展開し、欧州安全保障にコミットする姿勢をみせた。2014年には欧州安心供与イニシアティブ（ERI）を開始し、米軍のプレゼンスの強化、演習や訓練、アセットの事前集積、インフラ整備、パートナーの能力向上といった分野に対して予算をつけた。ドナルド・トランプ政権下でも2018年には従来のERIが欧州抑止イニシアティブ（EDI）として予算が増額され、米軍の増援への備えが進められた[12]。さらに、米国はその後、ポーランドやバルト3国それぞれと2国間の防衛協力に関する協定を相次いで締結し支援を強化している。

　米国に次いで、欧州諸国の防衛を率いてきたのが英国である。英国は、NATOの枠に限らず欧州防衛に関するイニシアティブを主導してきた。代表的なものは、統合遠征部隊（JEF）と呼称される枠組みである[13]。JEFは、2014年に創設されたもので、バルト3国や北欧諸国などとの安全保障協力の枠組みであり、バルト海地域の防衛のための合同部隊の運用などが含まれている。これは、NATOが第5条を発動する前の即応可能な枠組みとして考えられており、集団防衛に資するものと位置付けられている。

　英国は2016年の国民投票でEU離脱の方針が決まったが、その後もこのような欧州諸国との安全保障協力を2国間・多国間双方で進めてきた。例えば、2017年にはフィンランドとスウェーデンがJEFに参加したが、これは当時NATO非加盟であった両国が、EU離脱後の英国との安全保障上のつながりを維持するために参加したという背景もあるとみられた。また、英国は2017年にはポーランドと安全保障・防衛協力条約を締結し、その後も欧州各国と安全保障に関する共同宣言や覚書を交わした[14]。さらに、英国は2015年以降ウクライナに対する基礎的な戦闘訓練や医療分野のノウハウの提供なども行っている。

　また、NATOも加盟国以外の防衛力の強化にも貢献してきた。NATOは

2014年に高次機会パートナー（EOP）という枠組みを創設した。そのなかでは、後にNATOへの加盟手続きを始めることになるスウェーデンとフィンランドがEOPとして承認され、以降高いレベルでの合同演習や情報共有を可能とするなど、相互運用性の向上に成果をあげてきた。また、2016年からNATOはウクライナに対する包括的支援パッケージを提供し、指揮統制などの軍改革から、サイバー分野、医療分野にまで渡る、広範な支援を実施してきた。そして、2020年にはウクライナもEOPとして承認し、それまで以上の高いレベルでの防衛協力が促進されてきた[15]。

　こうした改革と並行して、NATOは新たな軍事戦略の策定に取り組んだ。冷戦後のNATOは、基本的にロシアを脅威として認めておらず、それゆえに北大西洋地域を対象とした冷戦期の水準の包括的な軍事戦略もないとみられていた。しかし、2019年にNATO軍事委員会は「包括的防衛・共同対応」（CDSR）という名の戦略を承認した[16]。当時のスチュワート・ピーチ軍事委員長は、これを「1967年以来の新たな軍事戦略[17]」と言及したことから、冷戦期の柔軟反応戦略以降の正式な軍事戦略であるとみられている。CDSR戦略の主眼は、再興したロシアの力と脅威への対抗とされており、2014年以降のNATOの改革は、この新たな軍事戦略の策定にもつながったといってよいだろう。

大欧州の名残——欧州・ロシア関係

　2014年のウクライナ危機の発生後、NATOによる欧州防衛の強化が図られてきた一方で、ウクライナ問題の解決に向けた外交は停滞していた。米国やEUによる調停の試みは失敗したが、2014年6月からは、ロシア、ウクライナ、ドイツ、フランスによる、いわゆるノルマンディー方式による和平交渉が開始され、ミンスク合意が署名に至った。しかし、ロシアとウクライナ双方の合意項目に関する認識の相違などにより、そのプロセスは膠着状態に陥った。また、ミンスク合意は米国やEUによる経済制裁とも紐づけられており、合意の完全履行がロシアに対する制裁緩和の条件であった。これを条件にすることで、ロシアに対して合意の履行を迫ったものであるが、実際にはロシアの

行動に影響を及ぼすことはできず、経済制裁は解除されなかった[18]。

　しかし、欧州においては制裁に対するネガティブな意見も徐々にあらわれてきた。フランスやスペイン、ポルトガル、オランダは制裁の効果に懐疑的であり、イタリア、オーストリア、キプロス、そしてロシアとの経済的つながりが強いハンガリーやギリシャなどの南東欧諸国は制裁の延長に否定的だとみられていた[19]。また、危機の発生にあたり積極的な外交と経済制裁を主導していたドイツも、ロシアとの「ノルドストリーム2」計画は維持したほか、オバマ政権が提案したウクライナへの兵器供与にも公然と反対し、欧州防衛のための国防力強化などの目立った施策もなかった。こうした欧州各国の姿勢には、2016年頃から次第にロシアを脅威として認識する傾向が、中東欧諸国の一部を除いて減退しつつあったことも一因としてあるだろう[20]。

　このような欧州諸国、特にドイツやフランスの対露姿勢の背景には、大欧州の論理が少なからず働いていた。冷戦後のドイツはロシアに融和的な姿勢をとっていたが、それには東方外交が冷戦を終結に導いた成功した政策だと考えられていた背景がある。それでも、アンゲラ・メルケル首相は2014年のウクライナ危機後に、外交交渉を主導した一方でドイツ経済への影響を半ば顧みずに経済制裁も同時に主導したことは、「複合的な東方外交[21]」への変化だと指摘されたこともあった。しかし、その後のドイツ外交に大きな変化があったわけではない。メルケル首相も、2015年には、欧州の平和はロシアに対してではなく、ロシアとともにしか達成できない旨の主張をしていた[22]。

　フランスに関していえば、大欧州の論理は漠然とした地政学的構想のようなものであった。確かに、ノルマンディー方式という名が示すとおり、ウクライナ危機の直後に建設的な対話を主導したのはフランソワ・オランド政権（2012〜2017年）下のフランスであった。オランド大統領は、従来のフランスの姿勢に比してロシアに対して厳格なアプローチをとったと評されているが、それは仏露関係の緊張にもつながった[23]。他方でエマニュエル・マクロン政権（2017年〜）では、基本路線としてロシアとの欧州安全保障における協力関係を追求していくことが表明された。そこにも、マクロン大統領の発言にもみられるように、対露関係の緊張を和らげない限り、欧州大陸の安定と安全

は達成し得ないという、ドイツと同様の認識があった[24]。

　こうした大欧州の論理は、中東欧諸国から批判を浴びた。特にドイツの「ノルドストリーム2」計画の維持に対しては、中東欧諸国から反対する書簡がEUに提出されたほどである。また、2014年以降のEUには、イタリアから選出されたフェデリーカ・モゲリーニ外交・安全保障政策上級代表をはじめとして、その指導部が対露融和的だという批判があったのも事実である。そのため、ポーランド首相から欧州理事会議長に選出されたドナルド・トゥスクは、バランスをとるためにも厳しい対露姿勢をとった。確かにポーランドが提唱していた欧州エネルギー同盟の構想は、次第にEUレベルのイニシアティブとなり、エネルギー輸入元の多角化などによるロシアへの天然ガス依存からの脱却も目指された[25]。しかし、実際にはその後もロシアへのエネルギー依存度は比較的高く、必ずしもロシアへの依存からの脱却が進展したとも言い難かった。

米中「戦略的競争」の欧州への波及——米中双方との関係悪化

　欧州とロシアの関係の悪化の起点が明確であったのに比して、欧州が中国による挑戦を深刻に認識するまでにはしばらくの時間を要した。2008年の国際的な金融危機以降、財政状況が悪化した欧州では中国からの対外直接投資（FDI）が急増した。さらに、2012年には中東欧16カ国と中国の経済協力枠組み16＋1が設立され、最大時にはギリシャの加盟により17＋1にまで拡大した。こうした欧州と中国の経済関係の発展は、中国主導の「一帯一路」構想やアジアインフラ投資銀行（AIIB）への欧州諸国の参加にも看取される。そして、2016年には中国のEU圏内へのFDIは過去最高額に達し、「黄金時代」と形容された英国と中国の関係をはじめ、欧州と中国は経済分野を中心に良好な関係を築いていた。

　しかし、同時にこの頃から対中関係の発展に対して懐疑的な声が目立つようにもなってきた。その背景には、2016年頃から市場経済国認定問題や南シナ海問題などで中国が自己主張を強めたことがあげられ、同年のEU・中国首脳会談が初めて共同声明の発出に至らなかったことは1つの転機であった[26]。

この時期から中国のFDIを通じた欧州企業からの先端技術の流出の懸念や、その後も5G整備における中国製品導入のリスクなど、対中経済関係は安全保障リスクになるとの認識も強まった。こうして2019年3月に発表された政策文書『EU・中国——戦略展望』では、中国を「パートナー」、「経済上の競争相手」であるとともに「体制上のライバル」と表現した[27]。その後も、新型コロナウイルス感染症への対応をめぐる欧州と中国の間での非難の応酬は、欧州における更なる対中感情の悪化を招いた。さらに、人権問題に関しては、新疆ウイグル自治区や香港情勢の悪化に鑑みてEUは対中制裁を発動した。

かかるEUの対中認識の悪化は、徐々に実態的にもあらわれてきた。まず、2020年末に基本合意されていた包括的投資協定（CAI）は、2021年5月に欧州議会が決議を凍結したことで頓挫するかたちとなった。また、同年5月のリトアニアの17＋1離脱にみられるように、関係が悪化する中国に実利を見出さなくなった中東欧諸国の中国離れも進んでいる。リトアニアの動きに対し中国は制裁を課したが、対してEUはリトアニアを擁護する声明を出し、さらに中国を世界貿易機関（WTO）に提訴するなど、対立が拡大している[28]。

また、EU側からインド太平洋へのアプローチも拡大した。2018年9月のEUの連結性戦略に続き2021年9月には安全保障を含める包括的な『インド太平洋地域における協力のためのEU戦略』を発表した[29]。これらは、中国の同地域における影響の拡大への対抗を念頭に置いたものだと一般にみられている。さらに同年9月のウァズラ・フォン・デア・ライエン欧州委員長の施政方針演説にも中国批判の言葉が並んだと評されているように、2021年までには欧州の対中認識は厳しいものに変わったとみられる。

しかし、この時期の欧州で問題であったのは、2017年に誕生したトランプ政権の米国との関係さえも著しく悪化したことである。NATO基準であるGDP比国防費2％を満たそうとしない国の防衛には米国のコミットメントを確約しない姿勢をみせるなど、同盟全体としては不安定性を高める結果となった。また、通商・貿易分野においても、米国第一主義を掲げたトランプ政権は、2018年の中間選挙が近づくと鉄鋼やアルミニウムの輸入関税をEUにも適用し、EUも報復措置をとるなど、米欧関係を俯瞰した場合にはもはや敵対的関係と

さえ形容し得る関係となった。

こうして悪化した米欧関係の修復が、2021年1月に発足したジョセフ・バイデン政権にとって急務であった。バイデン大統領は、就任直後に行ったイェンス・ストルテンベルグNATO事務総長との電話会談にて、米国のNATOの集団防衛へのコミットメントを明示し、3月にはEUとの会談で、強いEUは米国の利益だとして、米欧関係の改善をアピールした。また、その後には投資審査、輸出管理など幅広い貿易と技術に関する協力の場として、米国・EU間の貿易技術評議会（TTC）が設立されるなど、米欧関係の修復と強化が進んだ[30]。この背景には、これらの分野における中国の影響力が拡大しており、米欧で対応していく必要の認識が一致したことがあげられる。

また、米欧間での対中認識が近づいてきたことで、近年はNATOでも中国に対して言及する場面が増えた。NATOが対中政策の検討を始めたのは2019年4月頃であり、同年12月のロンドン会合において、NATOとしては初めて中国が同盟に対する「機会と挑戦」をもたらしているという認識を示した[31]。その後、2021年のブリュッセル会合では同様の表現のなかで単に「挑戦」と記し、その後の段落に建設的な対話を行う「機会」を残すなどの変化がみられた[32]。

他方で、こうした中国に関する表現の揺れは、加盟国の認識の相違をあらわしているのかもしれない。NATOが中国を政策の対象とすることに関しては、トランプ政権以降の米国のイニシアティブがあるといわれ、それを一般に英国や中東欧の一部などが支持している。他方でフランスは、NATOはあくまで北大西洋地域の同盟であるとして対中政策の実現には強い疑義を示しており、ドイツからもそれに同調するような発言がみられる。これら諸国間の安全保障における対中認識が一致するには、まだ時間がかかるだろう。

米欧間の安全保障に関する方針の相違はほかにもみられた。2021年8月の米軍のアフガニスタン撤退に関する一方的な判断と性急さに対して、ともに活動してきた欧州諸国は批判したものの、その決定に何の関与も出来ずにいた。続く9月には豪英米の安全保障パートナーシップ（AUKUS）の発足が突如発表されたが、それはフランスの利益を害するものであって、そうした戦略的

決定が米欧間で調整もなく行われたことに対しEUは強い懸念を示した。他方で、米英との関係を重視する中東欧諸国からの批判は目立たず、米国に対する懸念は必ずしも「欧州の」反応であったとは言い難い[33]。確かに、一連の出来事は、米欧関係を損ねるものにほかならなかった。しかし、それは見方を変えれば、米中競争を中心として変わりゆく国際的な戦略環境へ対応していくための能力が欧州に不足していること、また、そうした米国の認識を示すものでもあったといえよう。

欧州主義の再活性化──戦略的自律と戦略的主権

米国の欧州への関心が希薄化していくなかで、欧州諸国は自らの安全保障を確保する能力を高めていくためにも、2016年6月にEUは『EUグローバル戦略』（EUGS）を発表し、戦略文書としては初めて戦略的自律について言及した[34]。その草案を担当したナタリー・トッチは、戦略的自律とは「EUが自ら決定を下す能力、およびその決定に基づき行動する手段を持つこと[35]」だと説明している。また、偶然にもEUGSを発表した数日前に、EUの安全保障政策に否定的な英国が国民投票でEU離脱の方針を決めたことや、翌年には欧州防衛へのコミットを明確にしないトランプ政権が米国で誕生したことで、EUの戦略的自律の強化を目指す機運が高まった。

戦略的自律は、安全保障の対米依存からの脱却を目指す由来に鑑みて、軍事的要素の強い概念である。トッチも「EUの戦略的自律は軍事的分野に限定されるべきではないものの、それが成し遂げられていない分野が軍事的分野であることは明らかである」と説明した[36]。その後、2017年以降は欧州防衛基金（EDF）や常設軍事協力枠組み（PESCO）などのイニシアティブが発足し、加盟国の装備開発や能力向上などを目的とした計画が進められている[37]。これに加えて、2017年9月にマクロン大統領はソルボンヌ演説において、欧州介入イニシアティブ（EI2）という新たな枠組みを打ち出した。これは、EUの枠外で、欧州のなかでも意思と能力を持ち合わせる諸国の協力によって欧州共通の戦略文化を醸成していくことが目的とされたが、EUを含む他機関との連携も視野に入れられている[38]。

それ以上にソルボンヌ演説で注目されたのは、軍事的分野のみならずより広範な安全保障分野においてEUに主権の概念の導入を提唱したことであった[39]。主権は国家に属するものであるが、EUは加盟国の主権の一部を委譲し共通の権限とする場合がある。しかし、このEUの機能は国家主権の根幹をなす安全保障分野には基本的に適用されない。それでも、マクロン大統領は軍事的な安全保障のみならず、対外政策、技術開発、デジタル、経済、産業といった広義の安全保障において「主権的な欧州」として一体的に行動する必要性を主張した。

　これは、米中戦略的競争に対するフランスの回答でもあった。トランプ政権との対立や中国の経済を通じた政治的な影響力の浸透に対しては、もはや軍事的な戦略的自律のみならず、広義の安全保障においてEUとして一体的に対応していく必要性を訴えたのである。その後、戦略的自律の概念もより多義化した。特に、トランプ政権との対米通商関係の悪化に加えて、新型コロナウイルスのパンデミックによるサプライチェーンの停滞と中国経済への依存が問題視され始めると、EUは経済関係の多角化を意味する「開かれた戦略的自律」の強化を図るとした[40]。それ以外にも、この頃からEUでは、デジタル主権、技術主権、経済主権といった各政策分野において主権の概念を用いる表現が散見されるようになる。それらはやがて、欧州の戦略的主権という概念へ発展し、収斂してきた[41]。2021年12月に発足したドイツのオラフ・ショルツ政権も、EUの戦略的主権の強化を支持している。

　このようなEUの戦略的主権の強化は、米中双方との関係が悪化するなかでの欧州主義の追求とでもいうべき行動であったが、それは大欧州の名残りとも表裏一体でもあった。この頃のフランスの対露姿勢の背景には、ロシアとの関係を改善することは、欧州の対米依存とロシアの対中依存の双方を軽減させることにつながり、ひいては国際秩序における欧州の影響力を相対的に高めていくという狙いがあった[42]。この論理は、ドイツで広く支持されていたわけではないようだが、少なくとも対露関係の制御がもたらす帰結や目的には同様の認識があったようである[43]。しかし、欧州主義にせよ大欧州の論理にせよ、最大の問題はそれが中東欧諸国からの支持を得ていないことであった。

それは欧州の一体性を揺るがす問題であり、戦略的競争に欧州が対応していくために解決しなければならないという事実を欧州につきつけたのが、ロシアによるウクライナ侵攻であった。

III　ロシアのウクライナ侵攻と戦略的競争
　　　——2022年の欧州

大西洋主義の強化——NATOによる抑止と防衛

　2022年2月24日以降のロシアによるウクライナ侵攻が、大西洋主義を盤石なものにしたことは論を俟たない。侵攻の開始に伴い、NATOは第4条に基づき北大西洋理事会の緊急会合を開催し、侵攻を開始したロシアと、協力したベラルーシを非難したうえで、侵攻の早急な中止を要求した。さらに、NATOは東翼諸国に対する防衛計画を発動し、翌日にはNRFが史上初めてNATO領域の抑止と防衛のために動員された。NATOの枠外でも、米国、英国、カナダ、ドイツなどが侵攻の前後から個別にバルト3国やポーランドに対して兵力を増派した。

　以降、NATOではさらに大きな変化があった。第1に、NATOにとってのロシアの位置付けである。NATOは2022年6月のマドリード会合において、その最高位の戦略文書である『戦略概念』を12年ぶりに新たに承認した。それは「欧州・大西洋地域は平和ではない」との文言から始められ、冷戦後初めて公式にロシアを「最も重大で直接的な脅威」と認定したうえで、いまや欧州における「同盟国の主権と領土の一体性に対する攻撃の可能性を排除出来なくなった」と記したのである[44]。

　そのうえで、NATOは東翼の前方防衛と即応・増援態勢の強化策を打ち出した。まず、前方展開の強化が言及された。2016年以降、およそ1,000人の大隊規模の兵力がEFPとしてポーランドとバルト3国にそれぞれ展開されてきたが、それを最大5,000人規模の旅団規模へと中長期的には拡大していくとみられている。さらに、東翼諸国のなかでこれまで親露派勢力が一定の政治的影響力を持ち、NATO部隊の配備が遅れていた南東欧（ルーマニア、スロ

バキア、ハンガリー、ブルガリア）にも、EFPと同様の戦闘群の配備が決まった[45]。ハンガリーとブルガリアはリード部隊も自国軍としているが、米軍とともにNATOの戦闘群が構成されたことは、欧州全体としての対露認識の変化を受けてのことであろう。さらに、新たな戦力モデルが発表され、即応部隊を最大30万人規模へ拡大することが決定された[46]。これは、既存の4万人規模のNRFを30万人まで拡大するものでは必ずしもないようであるが、即応可能な兵力を相当に拡大することは間違いない[47]。

また、マドリード会合では正式にスウェーデンとフィンランドのNATO加盟のプロセスが開始された。これまで、2014年以降も両国ではNATO加盟については検討されてきたものの見送られていた。他方で、米英やJEF参加国などを通じてNATO加盟国と訓練や情報交換を重ね、すでに高度な相互運用能力を持つ両国の加盟のプロセスは、類を見ない速さで進められている。これまで、中立政策を維持しつつNATOや加盟国との連携を深化させることで、有事の際にはそれらからの支援を期待していたといわれる両国であるが、ロシアのウクライナ侵攻を受け、やはりNATOからの防衛の提供を受けるには、条約の適用対象となる必要を強く認識したことは間違いないだろう。

以上のように、ロシアによるウクライナ侵攻を受けたNATOの変化は、確かに大きなものであるが唐突に始まったわけではない。本章でもみてきたとおり、それらの変化は2014年以降のNATOの改革と米英との協力を基盤にしていることは明らかである。他方で、侵攻の衝撃は大きく、その改革の進展を上回る速度での対応がNATOには求められている。NATOには領域内の各地域へ適応する防衛計画があるが、今般の侵攻の教訓や新たな加盟国の広がりを受けて、バルト海地域や黒海地域周辺の防衛計画や、軍事戦略たるCDSR戦略を含めて、見直しの作業が進められていくだろう[48]。

大欧州の破綻——独仏の指導性への疑問

独仏の外交思想のなかに部分的に組み込まれていた大欧州の論理は、ロシアのウクライナ侵攻の直前まで維持されていた。マクロン大統領は、開戦の直前までモスクワを訪問しウラジーミル・プーチン大統領と対話を継続しよ

うとしていたし、ショルツ首相もロシアの侵攻開始の直前まで「ノルドストリーム2」の認可停止を渋り、ウクライナへの兵器供与も行わない方針であって、こうした独仏の対露姿勢にはポーランド、バルト3国や米国からさえも失望の声が聞かれた。しかし、2022年2月21日にロシア政府がいわゆる「ドネツク人民共和国」と「ルハンシク人民共和国」を国家承認したことは独仏が主導してきたミンスク合意を反故にする現状変更にほかならず、24日にロシアのウクライナ侵攻が実際に始まると、もはや大欧州の論理は破綻したことは明確であった。

　こうした動きを受け、ドイツ政府は2月22日に「ノルドストリーム2」の停止を発表した。さらに、侵攻開始を受けてドイツは安全保障政策の抜本的な改革を表明した。まず、軍の能力向上をはかるべく1,000億ユーロの特別基金を創設し、今後の国防費をGDP比2%以上とすることを発表した。また、これまでドイツは紛争当事国に対する兵器供与を実施してこなかったが、ウクライナに対しては重火器を含む兵器供与を実施した。

　フランス政府も、ウクライナへの軍事支援のほか、NATOの枠組みでは新設されたルーマニアの戦闘群をフランス軍が率いており、2022年のNRFも陸・空軍の部隊が仏軍を中心に構成されていた[49]。また、EUではロシアからの石油禁輸を推進し、EUによる対露制裁パッケージを支持するなど一定の役割を果たした。ただし、これらはフランスの積極的な変化というよりは、タイミングが後押しをしたのかもしれない。NRFに対してフランスが兵力を拠出することは以前から予定どおりであったし、同年前半のEU議長国をフランスが務めることも決定していたことであった。

　いずれにせよ、ドイツとフランスは、侵攻の兆候が極度に高まった、あるいは侵攻が開始されて初めて対露政策の抜本的な見直しを開始した。確かに、伝統的に対露関係を重視してきた社会民主党を中心とするショルツ政権の歴史的な安全保障政策の転換などに代表されるように、見直しの一部は驚きをもって受け止められた。しかし、EUによる石油禁輸の措置に慎重であったドイツの姿勢は、ウクライナのヴォロディミル・ゼレンスキー大統領のドイツ議会演説においても批判を受けたし、外交の道が開けるよう「ロシアを侮辱して

はならない[50]」との意見を示したマクロン大統領の姿勢はウクライナのドミトロ・クレーバ外相から批判を浴びた。

　侵略の初期におけるウクライナへの支援をみても、ドイツとフランスはポーランドにおくれをとっていた。その後も、度々問題となってきた主力戦車レオパルト2の供与に対するショルツ政権の姿勢や、プーチン大統領とのチャンネルを開き続けようとしたマクロン政権の姿勢は、中東欧諸国の不信を招いたことは否めない。こうした姿勢に対して、ポーランドの外相や国防相を経験してきたラドスワフ・シコルスキEU議会議員は「フランスとドイツは、ウクライナ政策によって中東欧でどれだけ信用を失っているか理解しているのだろうか」と疑問を呈していた[51]。

　こうしたなかで、フランスは欧州政治共同体（EPC）の創設を打ち出し、これをドイツやEUが支持している[52]。EPCはEUより緩やかな枠組みで、政治的な決定や調整を行う組織であるとされており、英国、ウクライナなどのEU非加盟の欧州諸国や東方パートナーシップ諸国、バルカン諸国も参加する。2022年10月の第1回会合では、今般の侵攻を行うロシアへの非難とウクライナへの支援という基礎的な項目が確認された。ひとまず、今後しばらくの間は仏独やEUがロシアを排除し、EUとその周辺諸国との連帯を重視していることを示す場になり、大欧州の破綻を象徴する会合となったとはいえるだろう。

　しかし、それは必ずしも欧州主義の確立を即座に意味するものでもない。確かに、ウクライナ問題などEUのみで解決できない欧州の問題で一定の合意を得ることが出来るのであれば、それはより広い欧州主義の確立への一歩となるかもしれない。しかし、参加国のEPCに対するビジョンは必ずしも一致しているわけではなく、調整が上手くいかなければ単に欧州の分裂を示す場面が増加するだけにもなってしまう。独仏の指導性をもって欧州の対露政策を如何にまとめていくか、欧州諸国からの信頼の回復が問われている。

ロシアのウクライナ侵攻と戦略的競争――米欧と中露の対立？

　中国に関しては、侵攻直前の2月におけるロシアとの首脳会談で「戦略的協力」の促進をあらためて確認し、侵攻後もロシアを非難することはなく、

反対に擁護するような行動や発言が相次いだ。こうした中国の姿勢を受けて、NATOにおいても対中姿勢がより厳しくなっている。2022年の『戦略概念』では、「われわれの利益、安全保障、価値観に挑戦している」と、初めて中国について記したうえで「ロシアと中国の戦略的関係の深化」への警戒も顕わにした[53]。また、NATOによる中国への言及が始まった2019年以降に継続されてきた「機会」という表現が落とされたことは、加盟国の対中認識が厳しくなったことを示唆している。

　ただ、ストルテンベルグ事務総長も以前から強調しているように、それはインド太平洋でNATOのプレゼンスを示すようなことを現状においては意味するものではない。NATOが中国を挑戦として認識したのは、サイバーや宇宙分野における活発な活動や、偽情報の拡散、産業・技術・インフラ・サプライチェーンへの浸透、経済的影響力の強化による依存の拡大など、多岐に渡る政治、経済、軍事におけるツールを用いて「われわれ［NATO］に近づいているから」である[54]。そのため、実際にNATO・中国間で軍事的な応酬があるとは考え難いが、他方で、近年のNATOが第5条（集団防衛）の発動対象となり得るとしたサイバーや宇宙に関する攻撃を、中国から受けたと認定した場合は、対応手法は別にして第5条を発動することはあり得る。

　また、どちらかというと重要なのは政治同盟としてのNATOという側面が重要であろう。つまりは、第2条（加盟国間の経済協力）、第3条（抵抗能力の維持）に基づいた経済安全保障やレジリエンスの強化などにおける協力の促進である。しかし、それらはNATOの政策というより、欧州においては加盟国政府やEUが管理する分野である。また、それらのリスクは中国からのみ由来しているわけではなく、ロシアからのリスクもある。つまりは、NATO加盟国内で意見が割れる中国を対象とした政策の導入の是非という議論が必要というよりかは、中露双方からのリスクに対して、NATO・EU協力を通じた同盟自体のレジリエンスの強化が必要とされていると言った方が適当だろう。

　EUの方でもNATOとの情勢認識の収斂がみられ、協力強化の方針につながっている。2022年3月10〜11日、EUと加盟国の首脳は、ロシアのウクライナ侵攻とEUの対応を協議するため、フランスのベルサイユにおいて非公式会

合を開催した。そこで採択されたベルサイユ宣言では、ロシアとベラルーシを非難するとともに、「欧州の主権」の確立に向けて、防衛能力の強化、エネルギー依存からの脱却、より強靭な経済基盤の構築という3点について強化する方針を示した[55]。また、4月には中国との首脳会談において、ロシアへの支援や対ロ制裁の妨げとなる行動を止めるよう要求したが、中国はEUの要求を全く聞こうとしなかったという[56]。

　また、3月にEUは2030年に向けて防衛・安全保障政策を強化する方針を定めた文書である『戦略的コンパス』を発表した。そのなかでは、現在の「戦略的競争の時代[57]」において欧州の安全保障秩序に対する挑戦が増大しているとした後に、ロシアと中国について言及した。そして、戦略的競争に対処していくために、伝統的な軍事的安全保障の能力向上をはかりつつ、インテリジェンス、サイバー防衛、偽情報対策、宇宙戦略、海洋安全保障など、幅広い政策の強化をうたっている。

　ここで重要なことは、EUの能力強化はあくまでNATOを補完するものであると強調されていることである。NATOは確かに加盟国の領域防衛という意味では唯一無二の組織であることはいうまでもない。しかし、欧州に対する脅威が単純な軍事力のみならず政治・社会・経済分野に及ぶようになったことで、EUが管理・強化するものがNATOの抑止・防衛に資するようになり、NATO・EU協力の機運がこれまでになく高まってきている。NATO・EU協力については、主に次の3つの分野が重要であるとされている[58]。

　第1に、軍事機動性にかかる協力である。軍事機動性とは、欧州における各国の軍隊の展開を支援するための兵站の強化を意味する。軍事インフラの整備や手続きの簡略化には一定の時間を要するが、EUによるそれらの整備が、NATOの大規模な部隊の展開に資することになる。第2に、文民セクターが関わる側面が大きいサイバー攻撃や情報戦における協力である。この分野ではNATO・EU間の人員の交換、情報共有、共同演習を進めることで、軍事面を含めたより包括的な戦略やドクトリンの策定につながることが期待されている。第3に、能力向上や技術開発に関する協力である。NATOとEUで異なる防衛調達の規格をより統合していくことが出来れば、地政学リスクの高

いサプライチェーンへの依存の減退にもつながると見込まれている。

　NATO・EU間では、上記の分野の協力に向けて、すでに2016年と2018年に共同宣言が出され、いくつかの分野における協力はすでに進んでいる[59]。このような大西洋横断的な協力は、NATO・EUにとどまらず、TTCに代表されるように米国・EU間でも並行的に進められる。こうしたNATO・EUまたは米・EU間の協力が、今後も模索されていくだろう。

欧州主義の再考
――大西洋主義の強化、大欧州の破綻、戦略的競争を受けて

　ロシアのウクライナ侵攻を受けてEU内でも結束が強まってはいるが、その終わりが見通せないなかで対露関係を厳しく維持できるかも不透明である。侵攻開始から約半年が経った2022年7月に発表された欧州各国における世論調査では、ウクライナの継戦を支持する「正義派」と、ロシアとウクライナの停戦を支持する「和平派」が割れる結果となった[60]。この世論調査についてはさまざまな評価がある一方で、いわゆる制裁疲れや支援疲れといった雰囲気が何かを契機として欧州諸国に広がり、それが対外政策へ還元される可能性は否めないとの論調もある。

　また、これまでのところ、EUは戦略的主権を達成するための一環として、エネルギー依存を解消する「脱ロシア化」を進めてきた。同年3月には『リパワーEU』を発表し、短期的には液化天然ガスを中心とするロシアからの供給源の代替を確保しつつ、中長期的には自然エネルギーへの投資やエネルギー効率化を進めていく方針が発表された[61]。短期的には、米国やそのほか欧州周辺地域における代替を進めているが、価格動向の変動などの要因により長期的な持続性には疑義が残る。また、エネルギー効率化にはそのための機械や設備が必要であるが、それには金属鉱物資源が必要である。そうした資源はエネルギーやデジタルなど広範な分野に必要であるが、EUはその多くを中国から輸入しており、脱ロシア化の試みは中国への依存につながるリスクを内包していると指摘されている[62]。

　しかし、欧州の対中姿勢も一様ではない。2021年のリトアニアに続き、

2022年8月にはエストニアとラトビアも17＋1からの離脱を発表した。この離脱には、ロシアを非難しない中国の姿勢が影響したとみられるが、もともとバルト3国は中国との経済関係の重要性は相対的に低い。他方で、ハンガリーやギリシャなどの南東欧諸国では中国との関係を維持する姿勢もみられる。こうした方針の相違はEUの対中姿勢を見直す際に問題となるだろう。戦略的主権を確立するためには、不確実性の高い中国への依存の低減も必要であり、2021年の『貿易政策レビュー』や2022年の『標準化戦略』などの新たな政策や戦略はそれを念頭に進められている。脱ロシア化を進めた先に一時的な中国への依存があったとしても、EUと中国が価値を共有していない限り、その関係にはいずれ限界が来るためである。

　結局のところ、ロシアのウクライナ侵攻を受けて、EUが中露への依存を減らし、戦略的主権を確立することは中長期的な課題であり、短期的には米国への依存が高まるというのが大方の見方といえよう[63]。欧州防衛、エネルギー、技術・貿易など多くの分野において、EUはNATOや米国と協力しつつ戦略的主権の強化を図ることが、今後しばらくの戦略となるだろう。換言すれば、欧州主義は再び大西洋主義の入れ子として落ち着かざるを得ない状況で、当面の間はそこから離脱しようとする力が働くことはないだろう。

　そこで問題となるのが、米国の行方である。バイデン政権の誕生によって、米欧関係はひとまず最悪の状況からは脱した。しかし、米国内において「トランプ的なるもの」が残り、今後トランプ前大統領と同様の思想に米外交が陥れば、再び米欧関係をも悪化させることになりかねない。また、米国内政治の行方にかかわらず、米中間の戦略的競争が続く限り、米国の関心とアセットはよりインド太平洋へ向かざるを得ない。その場合、米国の指導性に否定的となり対米自律的なEUを志向する欧州諸国と、それでもNATOを中心に米国の指導性を積極的に受容する欧州諸国との間で、再び齟齬が生じるだろう。このとき、欧州は一体的に米中戦略的競争に関与できるか、競争から周縁化し単なる客体となるのか、岐路に立たされることになる。

おわりに

　本章では、2014年以降の欧州をめぐる地域秩序の変化と、米中戦略的競争により不確実性の増す国際秩序における欧州の行動との関連について、大西洋主義、欧州主義、大欧州という観点から検討した。2014年から2022年までの欧州の地域秩序は、NATOを強化しつつも一方で対露関係の制御を維持することで成り立っていた。そのなかで、対米・対中関係の双方も悪化したことにより、EUとして戦略的自律や主権を追求する機運が高まった。その背景には、対露関係の維持により、欧州の対米依存とロシアの対中依存の双方を軽減させることで、国際秩序における欧州の影響力を相対的に高める狙いも一部ではあった。

　しかし、実際に起きたことはその逆であった。大欧州という地域秩序の観点からEUと独仏が模索した対露関係の実質的な維持は、ロシアの脅威に直面する中東欧諸国からの不信や不安につながり、欧州の足並みの乱れを招いた。大西洋主義と分類される中東欧は欧州主義としての戦略的自律や主権に興味を示さず、戦略的競争に対して欧州として対応することは困難となった。そして、アフガニスタン撤退やAUKUSの件にもみられたように、米国の戦略における欧州の地位、および国際秩序における欧州の影響力の相対的な低下にも帰結したのである。

　他方で、2022年以降、欧州はその対外政策の論理の変更を迫られた。ロシアのウクライナ侵攻を受けて、大西洋主義はさらに強化される一方、大欧州の論理は破綻した。さらに、欧州に経済的強制を迫るような中国との関係悪化も進んでいる。かかる状況下で、EUは戦略的主権の確立に向けて中露に対する多方面での依存からの脱却を図ろうとしている。それには、建前上は対米依存からの脱却も含まれる。しかし、少なくとも米欧関係が協調的である一定の期間においては、欧州防衛、エネルギー、経済安全保障など幅広い分野において米国との協力が求められる。その意味で、欧州主義の大西洋主義への入れ子構造は強化された状態にあるといえよう。

　さらにいえば、この構造の変化により、中露への対抗のために米欧が協調

する土壌が生成されつつある。もちろん、中露は同盟でもないし、これまで
のところ中国はロシアによるウクライナ侵攻を直接的に支援しているわけでは
ない。しかし、少なくとも欧州主義が大西洋主義に取り込まれ、大欧州が破
綻したことでロシアの中国依存は強まるだろう。この状況においては、米欧
協調はインド太平洋においても有効に機能するかもしれない。英仏独を先鋒
として欧州とEUのインド太平洋関与も続けられており、NATOもアジア太
平洋パートナー（AP4）との協力を強化している。こうしたNATO・EU・英
仏独のインド太平洋関与の強化は、米国を中心に各地域の同盟国がパートナー
シップを拡大する、大西洋主義のインド太平洋への拡大ともいうべき、新た
な現象につながるかもしれない。

注

序章

1) 次の論考も参照のこと。Scott D. McDonald, "战略竞争？—Strategic Competition?" in *China's Global Influence: Perspectives and Recommendations*, eds. Scott D. McDonald and Michael C. Burgoyne (Honolulu: Daniel K. Inouye Asia-Pacific Center for Security Studies, 2019), 26.

2) 神保謙「米国の対中政策——戦略的競争への収斂」加茂具樹編著『中国は「力」をどう使うのか——支配と発展の持続と増大するパワー』（一藝社、2023 年）182 〜 197 頁。

3) 新垣拓「米国と対中競争——固定化される強硬姿勢」本書第 2 章、48 〜 50 頁。

4) The White House, *National Security Strategy of the United States of America* (December 2017), 25, 27-28, 34-35. 米国の『国家安全保障戦略』が公然と中国を「修正主義勢力」と規定したことは、これが初めてであった。Susan L. Shirk, *Overreach: How China Derailed its Peaceful Rise* (New York: Oxford University Press, 2023), 5.

5) [U.S.] Department of Defense, *Summary of the 2018 National Defense Strategy of the United States of America: Sharpening the American Military's Competitive Edge* (January 2018), 2, 4.

6) 2020 年 8 月、マーク・エスパー国防長官は中国を「拮抗するライバル」（a near-peer rival）と表現したうえで、中国は「自国の利益を増進するため、しばしば他国の利益を犠牲にして、ルールに基づく秩序を弱体化させ打破しようとしている」と述べた。また、2022 年 10 月に公表されたバイデン政権の『国家安全保障戦略』は、中国を「国際秩序を変革する意図とともにこれまで以上にこの目標を達成する経済的・外交的・軍事的・技術的なパワーを有する唯一の競争相手（the only competitor）」と性格付けた。Jim Garamone, "Esper Discusses Moves Needed to Counter China's Malign Strategy," DOD News, August 27, 2020; The White House, *National Security Strategy* (October 2022), 23.

7) The White House, *National Security Strategy* (October 2022), 2, 24.

8) 「中国常駐聯合国代表 尊重主権和領土完整是国与国交往『黄金原則』」『解放軍報』2022 年 8 月 24 日；「中美新時代正確相処之道——王毅国務委員兼外長在美国亜洲協会発表演講」新華社、2022 年 9 月 23 日；「中国裁軍大使李松在聯大全面闡述中国核裁軍立場」『解放軍報』2022 年 10 月 20 日。

9) 「習近平同美国総統拝登通電話」『人民日報』2022 年 7 月 29 日。

10) 倪峰「避免『新冷戦』是中美関係的必須答題」『中国社会科学報』2022 年 2 月 10 日。

11) 朱峰「世界不会進入戦略競争時代」『環球時報』2023 年 1 月 30 日。

12) 増田雅之「中国の国際秩序構想と大国間競争——自信と不満が交錯する『大国外

交』本書第 1 章、32 ～ 34 頁。

13) 劉鶴「加快構建以国内大循環為主体、国内国際双循環相互促進的新発展格局」『人民日報』2020 年 11 月 25 日。

14) 増田雅之「対立への岐路に立つ中国の対米政策」川島真、森聡編『アフターコロナ時代の米中関係と世界秩序』(東京大学出版会、2020 年) 84 頁。

15) 本報評論員「全面加強新時代我軍人才工作——認真学習貫徹習主席在中共中央政治局第四十一次集体学習時重要講話」『解放軍報』2022 年 7 月 30 日;「解放軍就最壊情況演練，美国迅速改口」葉華観察室、2023 年 1 月 10 日。

16) 習近平「高挙中国社会主義偉大旗幟 為全面建設社会主義現代化国家而団結奮闘——在中国共産党第二十次全国代表大会上的報告 (2022 年 10 月 16 日)」『人民日報』2022 年 10 月 26 日。

17) Charles L. Glaser, "Assessing the Dangers of Conflict: The Sources and Consequences of Deepening US-China Competition," in *After Engagement: Dilemmas in U.S.-China Security Relations*, eds. Jacques deLisle and Avery Goldstein (Washington, DC: Brookings Institution Press, 2021), 56.

18) The White House, "Japan-U.S. Joint Leaders' Statement: Strengthening the Free and Open International Order" (May 23, 2022); "Biden Tells 60 Minutes U.S. Troops Would Defend Taiwan, but White House Says This Is Not Official U.S. Policy," CBS News, September 18, 2022.

19) 中華人民共和国国務院台湾事務弁公室、国務院新聞弁公室「台湾問題与新時代中国統一事業 (2022 年 8 月)」『人民日報』2022 年 8 月 11 日。

20) Evan S. Medeiros, "The Changing Fundamentals of US-China Relations," *Washington Quarterly* 42, no. 3 (2019): 93-119.

21) 新垣拓「ウクライナ戦争と米国——強まる大国間競争の流れ」増田雅之編著『ウクライナ戦争の衝撃』(インターブックス、2022 年) 1 ～ 20 頁。

22) Kevin Magee, "China and Russia in the Era of Great-Power Competition," in *China Story Yearbook 2021: Contradiction*, eds. Linda Jaivin, Esther Sunkyung Klein, and Sharon Strange (Canberra: ANU Press, 2022), 255-262.

23) 「共同捍衛戦後国際秩序」『人民日報』2015 年 4 月 15 日;「第二次世界大戦与戦後国際秩序的建立」『光明日報』2015 年 4 月 29 日。

24) 例えば、2016 年に中露の宣伝部門は「伝統的な価値観を維持する」ためのメディア協力を強化することに合意した。「中共中央宣伝部与俄羅斯聯邦総統公共関係与伝媒局合作方向」中華人民共和国外交部欧亜司編『中俄双辺関係文件匯編 (2010 ～ 2019 年)』(北京：世界知識出版社、2020 年) 540 頁。

25) 「中華人民共和国和俄羅斯聯邦関於新時代国際関係和全球可持続発展的聯合声明」『人民日報』2022 年 2 月 5 日。

26) 増田雅之「『ウクライナ危機』と中国——変わらぬ中露連携、抱え込むリスク」増田編著『ウクライナ戦争の衝撃』55 ～ 58 頁。

27） Marcin Kaczmarski, "Convergence or Divergence? Visions of World Order and the Russian-Chinese Relationship," *European Politics and Society* 20, no. 2 (2018): 207-224.

28） 山添博史「ロシアの古典的な大国構想――遠のく『勢力圏』」本書第 3 章、86 〜 87 頁。

29） 「習近平同俄羅斯総統普京通電話」『人民日報』2022 年 6 月 16 日。

30） Президент России, «Встреча с Председателем КНР Си Цзиньпином», 15 сентября 2022г.

31） David M. Edelstein, "Cooperation, Uncertainty, and the Rise of China: It's about 'Time'," *Washington Quarterly* 41, no. 1 (2018): 160.

32） "Vietnam-China Relations to Get New Push to Grow Further: Foreign Minister," Vietnam News Agency, October 31, 2022; "Dynamic China-ASEAN Ties," *China Daily*, November 19, 2022.

33） The White House, "Fact Sheet: In Asia, President Biden and a Dozen Indo-Pacific Partners Launch the Indo-Pacific Economic Framework for Prosperity" (May 23, 2022).

34） 佐竹知彦「大国間競争のなかの豪州――同盟と地域の狭間で」本書第 5 章、125 〜 126 頁。

35） 庄司智孝「ASEAN の『中立』――米中対立下のサバイバル戦略」本書第 4 章、105 〜 111 頁。

36） 栗田真広「大国間競争下の南アジア――米中競争時代の到来と『対テロ戦争』の残滓」本書第 6 章、150 〜 152 頁。

37） エブリン・ゴーによれば、東アジアにおける新たな大国間競争は「米国が唯一の信頼できる大国ではないという意味で米国の卓越性の終わりを意味する」という。もちろん、米国が東アジアから退出するわけではないが、「米国は東アジアの唯一の柱、シェルターあるいは警察官ではない。幾つかのイシューでは 1 つの柱、シェルターあるいは警察官ですらない」とゴーは指摘する。Evelyn Goh, "The Asia-Pacific's 'Age of Uncertainty': Great Power Competition, Globalisation and the Economic-Security Nexus," in *From Asia-Pacific to Indo-Pacific: Diplomacy in a Contested Region*, eds. Robert G. Patman, Patrick Köllner, and Balazs Kiglics (Singapore: Palgrave Macmillan, 2021), 33.

38） 鶴岡路人「欧州は目覚めたのか――ロシア・ウクライナ戦争で変わったものと変わらないもの」池内恵ほか『ウクライナ戦争と世界のゆくえ』（東京大学出版会、2022 年）39 頁。

39） 田中亮佑「戦略的競争における欧州――国際秩序と地域秩序の相克」本書第 7 章、182 〜 183 頁。

第 1 章

1) Aaron L. Friedberg, *A Contest for Supremacy: China, America, and the Struggle for Mastery in Asia* (New York: W.W. Norton, 2011); Thomas J. Christensen, *The China Challenge: Shaping the Choices of a Rising Power* (New York: W.W. Norton, 2015); David Shambaugh, *China Goes Global: The Partial Power* (New York: Oxford University Press, 2013); John J. Mearsheimer, *The Tragedy of Great Power Politics* (New York: W.W. Norton, 2012); James Steinberg and Michael O'Hanlon, *Strategic Reassurance and Resolve: U.S.-China Relations in the Twenty-first Century* (Princeton: Princeton University Press, 2015); David C. Kang, *American Grand Strategy and East Asian Security in the Twenty-first Century* (Cambridge: Cambridge University Press, 2017).

2) 習近平「更好統籌国内国際両個大局、夯実走和平発展道路的基礎」習近平『論堅持推動構建人類命運共同体』(北京：中央文献出版社、2018 年) 3 頁。

3) 習近平「決勝全面建成小康社会 奪取新時代中国特色社会主義偉大勝利——在中国共産党第十九次全国代表大会上的報告 (2017 年 10 月 18 日)」『中国共産党第十九次全国代表大会資料匯編』(北京：人民出版社、2017 年) 6 頁；「中共中央関於党的百年奮闘重大成就和歴史経験的決議」本書編写組編著『「中共中央関於党的百年奮闘重大成就和歴史経験的決議」輔導読本』(北京：人民出版社、2021 年) 70；習近平「高挙中国社会主義偉大旗幟 為全面建設社会主義現代化国家而団結奮闘——在中国共産党第二十次全国代表大会上的報告 (2022 年 10 月 16 日)」『人民日報』2022 年 10 月 26 日。

4) 中共中央党校(国家行政学院)『習近平新時代中国特色社会主義思想基本問題』(北京：人民出版社・中共中央党校出版社、2020 年) 358 頁。

5) 王巧栄主編『中華人民共和国外交史 (1949 ~ 2019)』第 2 版 (北京：当代中国出版社、2020 年) 383 頁。

6) 加茂具樹は、習近平指導部の国内と国際情勢に対する「安全ではない認識」、すなわち「不安全感」を克服するための「大国外交」との理解を示している。加茂具樹「『大国』中国の対外行動の変化と国内政治——大国外交と不安全感」竹中治堅編著『「強国」中国と対峙するインド太平洋諸国』(千倉書房、2022 年) 39 ~ 64 頁。

7) 解放軍国際関係学院国際関係研究所編『2008 国際安全』(北京：時事出版社、2009 年) 21 ~ 22 頁。

8) 高祖貴「中美戦略関係転型超越」『国際関係学院学報』2010 年第 5 期、91 頁。

9) 「中国共産党第十七届中央委員会第四次全体会議公報」新華社、2009 年 9 月 18 日、「中共中央関于加強和改進新形勢下党的建設若干重大問題的決定」『人民日報』2009 年 9 月 28 日。

10) 胡錦濤「統籌国内国際両個大局、提高外交工作能力水平 (2009 年 7 月 17 日)」

『胡錦濤文選』第 3 巻（北京：人民出版社、2016 年）234 頁。

11)　「中共中央関於制定国民経済和社会発展第十二個五年規劃的建議（2010 年 10 月 18 日中国共産党第十七届中央委員会第五次全体会議通過）」本書編写組編著『「中共中央関於制定国民経済和社会発展第十二個五年規劃的建議」導輔読本』（北京：人民出版社、2010 年）43 頁。

12)　胡錦濤「統籌国内国際両個大局，提高外交工作能力水平」236 〜 237 頁。

13)　2012 年時点での中国の一人当たりの GDP は約 6,300 ドルで、2021 年の半分であった。何立峰「深入学習貫徹習近平経済思想」『人民日報』2022 年 6 月 22 日。

14)　李優坤「国家利益視角下的『韜光養晦』争議」『国際展望』2012 年第 3 期、36 〜 38 頁。同様の文脈から「韜光養晦」との戦略方針を堅持すべきことを主張した論考として、劉建飛「中国戦略機遇期的新階段及其把握」曲星主編『国際戦略環境的新変化与中国戦略機遇期的新階段――2011 年国際形勢研討会論文集』（北京：世界知識出版社、2012 年）290 〜 293 頁も参照されたい。

15)　王在邦「論創造性堅持韜光養晦、有所作為」『現代国際関係』2010 年慶典特刊、53 頁。

16)　肖楓「鄧小平同志的『韜光養晦』思想是『権宜之計』嗎？」『北京日報』2010 年 4 月 7 日。

17)　趙宏偉「中国外交――地域大国から世界大国への質的転換（2006 〜）」『中国研究月報』第 71 巻第 9 号（2017 年 9 月）3 頁。

18)　International Monetary Fund (IMF) External Relations Department, "IMF Executive Board Backs US$250 Billion SDR Allocation to Boost Global Liquidity," IMF press release no. 09/264 (July 20, 2009).

19)　IMF External Relations Department, "IMF Board of Governors Approves Major Quota and Governance Reforms," IMF press release no. 10/477 (December 16, 2010).

20)　呉建民「大事、動向、思考――对 2008 年国際形勢的回顧与思考（2008 年 11 月 27 日）」呉建民『世界大変化――呉建民的看法与思考②』（北京：中国人民大学出版社、2010 年）47 頁。

21)　秦亜青ほか『国際体系与中国外交』（北京：世界知識出版社、2009 年）91 頁。

22)　胡錦濤「准確把握世界経済発展新特点（2010 年 12 月 10 日）」『胡錦濤文選』第 3 巻、457 頁。

23)　2015 年 12 月になってようやく米議会は 2010 年の IMF 改革案を含む 2016 年度歳出法案を可決した。"U.S. Senate Passes IMF Reforms in Budget Bill," Reuters, December 18, 2015.

24)　「外交部就習近平主席訪問中亜四国並出席二十国集団領導人第八次峰会、上海合作組織成員国国元首理事会第十三次会議挙行中外媒体吹風会」新華社、2013 年 8 月 28 日；「習近平出席金磚国家領導人非正式会晤時強調 金磚国家要凝聚共識加強団結合作」新華社、2013 年 9 月 6 日。

25）「張高麗出席第十七届聖彼得堡国際経済論壇」『経済日報』2013 年 6 月 22 日。

26）劉青建『発展中国家与国際制度』（北京：中国人民大学出版社、2010 年）。

27）胡錦濤「改革国際金融体系、維護国際金融穏定（2008 年 11 月 15 日）」胡錦濤
『胡錦濤文選』第 3 巻、138 頁。

28）習近平「堅持親、誠、恵、容的周辺外交理念（2013 年 10 月 24 日）」習近平『論
堅持推動構建人類命運共同体』64 ～ 68 頁。

29）習近平「順応時代前進潮流 促進世界和平発展（2013 年 3 月 23 日）」習近平『論
堅持推動構建人類命運共同体』8 頁。

30）習近平「深化改革開放、共創美好亜太（2013 年 10 月 7 日）」中共中央文献研
究室編『十八大以来重要文献選編（上）』（北京：中央文献出版社、2014 年）
441 頁。

31）①アジアを重点としてコネクティビティを実現すること、②各国との十分なコ
ミュニケーションを基礎に陸上・海上双方での協力を進めること、③交通イン
フラ建設を突破口として、アジアにおけるコネクティビティ建設の成果を早期
に得ること、④「一帯一路」の沿線国の建設需要に応えるために中国が 400 億
ドルを出資してシルクロード基金を設置すること、⑤文化交流や人的往来など
人文交流を推進すること、を習近平国家主席は提案した。習近平「聯通引領発展,
夥伴聚焦合作（2014 年 11 月 8 日）」中共中央文献研究室編『十八大以来重要文
献選編（中）』（北京：中央文献出版社、2016 年）208 ～ 213 頁。

32）習近平「共建面向未来的亜太夥伴関係（2014 年 11 月 11 日）」中共中央文献研
究室編『十八大以来重要文献選編（中）』214 ～ 217 頁。

33）傅瑩『看世界』（北京：中信出版社、2018 年）3 ～ 10 頁。

34）蘇長和「共生型国際体系的可能——在一個多極世界中如何構建新型大国関係」『世
界経済与政治』2013 年第 9 期；任暁「論東亜『共生体系』原理」『世界経済与政
治』2013 年第 7 期；蔡亮「共生性国際体系与中国外交的道、術、勢」『国際観
察』2014 年第 1 期；袁勝育「共生型国際体系——理論与挑戦」『社会科学』
2014 年第 6 期；蘇長和「世界秩序之争中的『一』与『和』」『世界経済与政治』
2015 年第 1 期；蘇長和「従関係到共生——中国大国外交理論的文化和制度闡釈」
『世界経済与政治』2016 年第 1 期；任暁『多元共生——現時代中国外交与国際関
係』（杭州：浙江大学出版社、2019 年）。

35）張蘊嶺、任昌昌ほか『中国対外関係（1978 ～ 2018）』（北京：社会科学文献出版
社、2020 年）24 頁。

36）中共中央党校（国家行政学院）『習近平新時代中国特色社会主義思想基本問題』
331 頁。

37）金燦栄ほか『中国智慧——十八大以来中国外交』（北京：中国人民大学出版社、
2017 年）90 頁。

38）釋清仁『中国共産党国家安全戦略思想研究』（北京：人民出版社、2020 年）27
～ 28 頁。

39）「中国共産党第十八届中央委員会第五次全体会議公報」『人民日報』2015 年 10 月 30 日。

40）周小毛「関於制度性話語権的若干思考」『湖南日報』2016 年 8 月 7 日；孫吉勝「中国国際話語権的塑造与提昇路径——以党的十八大以来的中国外交実践為例」『世界経済与政治』2019 年第 3 期、24 頁。

41）習近平「弘揚共商共建共享的全球治理理念（2015 年 10 月 12 日）」習近平『論堅持推動構建人類命運共同体』259 ～ 261 頁。

42）2016 年 9 月の中央政治局集団学習において、習近平はルール形成に積極的に参画すべき新たな分野として、海洋、極地、サイバー、宇宙、核安全、反腐敗、気候変動を指摘した。習近平「提高我国参与全球治理的能力（2016 年 9 月 27 日）」習近平『論堅持推動構建人類命運共同体』385 頁。

43）習近平『習近平外交演講集』第 2 巻（北京：中央文献出版社、2022 年）59、99 ～ 100、107 ～ 109、126、138、210 ～ 211、215 ～ 216、231 ～ 232、255 ～ 256、280、288、371、375、391、395 ～ 396、419 頁。

44）中央党校（国家行政学院）習近平新時代中国特色社会主義思想研究中心主編『中国特色話語体系研究』（北京：中共中央党校出版社、2019 年）52 頁。

45）左鳳栄主編『世界大変局与中国的国際話語権』（北京：商務印書館、2020 年）124 頁。

46）左鳳栄「全球治理中的国際話語権」『学習時報』2019 年 11 月 29 日。

47）中国（海南）改革発展研究院課題組「『一帯一路』為経済全球化開新局（17 条建議）」（2017 年 3 月）遅福林主編『改革開放建言録』（北京：中国社会科学文献出版社、2021 年）824 頁；左鳳栄主編『世界大変局与中国的国際話語権』120 頁。

48）習近平「決勝全面建成小康社会 奪取新時代中国特色社会主義偉大勝利」9、14 頁。第 19 回党大会で採択された党規約にも同様の文言が追記された。「中国共産党章程（中国共産党第十九次全国代表大会部分修改、2017 年 10 月 24 日通過）」『中国共産党第十九次全国代表大会文件匯編』（北京：人民出版社、2017 年）69 頁。

49）「中共中央関於堅持和完善中国特色社会主義制度 推進国家治理体系和治理能力現代化若干重大問題決定（2019 年 10 月 31 日中国共産党第十九届中央委員会第四次全体会議通過）」『人民日報』2019 年 11 月 6 日。

50）習近平「高挙中国社会主義偉大旗幟 為全面建設社会主義現代化国家而団結奮闘——在中国共産党第二十次全国代表大会上的報告（2022 年 10 月 16 日）」『人民日報』2022 年 10 月 26 日。

51）「王毅関係美国駐華大使伯恩斯」『人民日報』2022 年 10 月 29 日。

52）増田雅之「『リベラルな国際秩序』と中国——親和性の終焉、優位性の追求」『安全保障戦略研究』第 2 巻第 2 号（2022 年 3 月）99 ～ 118 頁。

53）閻学通、曹瑋『超越韜光養晦——談 3.0 版中国外交』（天津：天津人民出版社、2016 年）60 頁。

54）崔天凱、龐含兆「新時期中国外交全局中的中美関係——兼論中美共建新型大国

関係」王緝思主編『中国国際戦略評論 2012』（北京：世界知識出版社、2012 年）1 ～ 8 頁。

55）増田雅之「パワー・トランジッション論と中国の対米政策――『新型大国関係』論の重点移行」『神奈川大学アジア・レビュー』第 2 号（2015 年 3 月）70 ～ 80 頁。

56）増田雅之「アジア太平洋には米中を受け入れる空間があるのか――協力と対立が併存するダイナミズム」加茂具樹編著『「大国」としての中国――どのように台頭し、どこにゆくのか』（一藝社、2017 年）99 ～ 114 頁。

57）「范長龍会見美国国務卿克里」『解放軍報』2015 年 5 月 18 日。

58）習近平「在白宮南草坪歓迎儀式上的致辞（2015 年 9 月 25 日）」習近平『論堅持推動構建人類命運共同体』245 頁。

59）当時のダニエル・ラッセル国務次官補（東アジア・太平洋担当）は、摩擦と協力が併存する米中関係の困難さを指摘した一方で、双方に対応するとの文脈でオバマ政権の対中関与政策の一貫性を強調していた。

60）習大明「首輪全面経済対話 推進中美関係行穏致遠」『光明日報』2017 年 7 月 18 日。

61）周琪、趙海「特朗普上任之初内外政策推行受挫及其原因」『国際経済評論』2017 年第 3 期、58 ～ 77 頁。

62）大統領当選後の 2016 年 12 月、ドナルド・トランプ次期大統領は台湾の蔡英文総統と電話会談を実施した後、メディアに対して「貿易などの問題について中国と取引が成立しない限り、なぜ『一つの中国』政策に縛られなければならないかわからない」と述べるとともに、「『一つの中国』を含めてすべてが交渉対象」との認識を示した。“Trump Open to Shift on Russia Sanctions, ‘One China’ Policy,” *Wall Street Journal*, January 13, 2017.

63）尹継武「『単辺黙契』与中美戦略合作的演進」『美国研究』2017 年第 2 期、48 頁。

64）習近平「有一千条理由把中美関係搞好」習近平『論堅持推動構建人類命運共同体』427 頁。

65）楊潔勉「処理中美関係応『心中有数』」『解放日報』2017 年 3 月 21 日。

66）Huiyun Feng, Kai He, and Xiaojun Li, *How China Sees the World: Insights from China’s International Relations Scholars* (Singapore: Palgrave Macmillan, 2019), 47-49.

67）増田雅之「中国の対米政策」防衛研究所編『中国安全保障レポート 2018――岐路に立つ米中関係』（防衛研究所、2018 年）17 ～ 18 頁。

68）詳しくは、菊地茂雄「米国――コロナ危機下の米国の安全保障」防衛研究所編『東アジア戦略概観 2021』（防衛研究所、2021 年）168 ～ 182 頁を参照されたい。

69）Michael R. Pompeo, “Communist China and the Free World’s Future,” *US Fed News*, July 23, 2020.

70）劉鶴「加快構建以国内大循環為主体、国内国際双循環相互促進的新発展格局」『人民日報』2020 年 11 月 25 日。

71）習近平「国家中長期経済社会発展戦略若干重大問題（2020 年 4 月 10 日）」中共中央党史和文献研究院編『十九大以来重要文献選編（中）』（北京：中央文献出版社、2021 年）495 〜 496 頁。

72）習近平「構建新発展格局、重塑新競争優勢（2020 年 10 月 29 日）」習近平『習近平談治国理政』第 4 巻（北京：外文出版社、2022 年）154 〜 160 頁。

73）習近平「構建新発展格局、重塑新競争優性」158 頁；習近平「深入貫徹新発展理念」（2021 年 1 月 11 日）習近平『習近平談治国理政』第 4 巻、170 頁。

74）「中華人民共和国出口管制法」『全国人民代表大会常務委員会公報』2020 年第 5 期、778 〜 783 頁。

75）「中華人民共和国出口管制法（草案征求意見稿）」中国商務部条約法律司ウェブサイト、2017 年 6 月 16 日。

76）「完善法治建設規劃提高立法工作質量効率 為推進改革発展穏定工作営造良好法治環境」『人民日報』2019 年 2 月 26 日。

77）立法過程の最終段階では、草案（第 2 稿および第 3 稿）にはなかった「中国の安全と利益に危害を及ぼした場合に対等の措置をとることができる」との報復条項（第 48 条）も追加された。

78）「不可靠実体清単規定」『中華人民共和国国務院公報』2020 年第 33 期、68 〜 69 頁。

79）「習近平同美国総統拜登通電話」『人民日報』2021 年 2 月 11 日。

80）倪峰主編『美国研究報告（2021）』（北京：社会科学文献出版社、2021 年）151 頁。

81）この対話枠組みについて、アントニー・ブリンケン国務長官は中国側がいうような「戦略対話」ではないとしたうえで、米中高官会議は「米国および同盟国の安全や繁栄、価値観に挑戦する中国の言動に対して私たちが抱く数多くの懸念に関し、率直に表明する重要な機会となる」と指摘した。"U.S.-China Talks to Test Biden's Balancing Act with Beijing," *Washington Post*, March 11, 2021.

82）[U.S.] Department of State, "Secretary Antony J. Blinken, National Security Advisor Jake Sullivan, Director Yang and State Councilor Wang at the Top of Their Meeting," Department of State press release (March 18, 2021).

83）「楊潔篪在中美高層戦略対話開場白中闡明中方有関立場」新華社、2021 年 3 月 19 日；[U.S.] Department of State, "Secretary Antony J. Blinken, National Security Advisor Jake Sullivan, Director Yang and State Councilor Wang at the Top of Their Meeting" (March 18, 2021).

84）謝伏瞻主編『中国社会科学院国際形勢報告 2022』（北京：社会科学文献出版社、2022 年）226 〜 227 頁。

85）"U.S. Officials Urged China to Avert a War in Ukraine. China Declined," *New York Times*, February 26, 2022.

86）「中華人民共和国和俄羅斯聯邦関於新時代国際関係和全球可持続発展的聯合声

明」『人民日報』2022 年 2 月 5 日。

87) 鐘声「美国対危機負有不可推卸的責任——従烏克蘭危機看美式覇権①」『人民日報』2022 年 3 月 29 日。

88) ウクライナ危機に対する中国の認識と政策動向については次の拙稿を参照されたい。増田雅之「『ウクライナ危機』と中国——変わらぬ中露連携、抱え込むリスク」増田雅之編著『ウクライナ戦争の衝撃』（インターブックス、2022 年）51 〜 76 頁。

89) 習近平「共同維護世界和平安寧」習近平『習近平談治国理政』第 4 巻、451 〜 452 頁。

90) 王毅「落実全球安全倡議，守擁世界和平安寧」『人民日報』2022 年 4 月 24 日。

91) 増田雅之「中国外交における『二つのイニシアティブ』」『東亜』第 663 号（2022 年 9 月）46 〜 47 頁。

第 2 章

1) The White House, *National Security Strategy* [*NSS 2022*] (October 2022), 24.

2) Thomas Fingar, "The Logic and Efficacy of Engagement: Objectives, Assumptions, and Impacts," in *Engaging China: Fifty Years of Sino-American Relations*, ed. Anne F. Thurston (New York: Columbia University Press, 2021), 32-55.

3) The White House, *National Security Strategy of the United States of America* (December 2017), 3.

4) The Walter H. Shorenstein Asia-Pacific Research Center, the Freeman Spogli Institute for International Studies, Stanford University, "White House Top Asia Policy Officials Discuss U.S. China Strategy at APARC's Oksenberg Conference" (May 27, 2021).

5) The White House, *NSS 2022*, 11, 23.

6) The White House, *National Security Strategy of the United States of America* [*NSS 2002*] (September 2002), 27.

7) Craig Allen, "U.S.-China Retrospective: Forty Years of Commercial Relations," in *Engaging China: Fifty Years of Sino-American Relations*, ed. Thurston, 159-165.

8) The White House, *NSS 2002*, 27.

9) Robert B. Zoellick, "Whither China: From Membership to Responsibility?" U.S. Department of State Archive (September 21, 2005).

10) 滝田賢治「米中対立の背景と現状——対中『関与政策』の果てに」『中央大学社会科学研究所年報』第 23 号（2019 年 9 月）119 〜 123 頁；U.S. Department of the Treasury, "Fact Sheet: Creation of the U.S.-China Strategic Economic Dialogue" (September 20, 2006).

11) The White House, *National Security Strategy* (May 2010), 43.

12）　Alister Bull and Tabassum Zakaria, "Obama Says Disappointment at Copenhagen Justified," Reuters, December 24, 2009.

13）　The White House, "Joint U.S.-China Statement on Climate Change" (April 13, 2013); The White House, "U.S.-China Joint Announcement on Climate Change" (November 11, 2014); The White House, "U.S.-China Joint Presidential Statement on Climate Change" (September 25, 2015); The White House, "U.S.-China Joint Presidential Statement on Climate Change" (March 31, 2016).

14）　太田宏「米中関係と気候変動問題——グローバル・アジェンダへの対応」『国際秩序動揺期における米中の動勢と米中関係——米中関係と米中をめぐる国際関係』（日本国際問題研究所、2017 年 5 月 18 日）245 ～ 269 頁；Joanna Lewis, "10 Climate Change and Energy: The U.S.-China Climate and Energy Relationship," in *Parallel Perspectives on the Global Economic Order*, ed. Matthew P. Goodman (Washington, DC: Center for Strategic and International Studies [CSIS], 2017), 93-97; David G. Victor, "Rebuilding US-Chinese Cooperation on the Climate Change: The Science and Technology Opportunity," Brookings Institution (October 28, 2021).

15）　Kurt M. Campbell, *The Pivot: The Future of American Statecraft in Asia* (New York: Twelve, 2016), 174-188; Mark Landler, *Alter Egos: Hillary Clinton, Barack Obama, and the Twilight Struggle over American Power* (New York: Random House, 2016), 285-308; Colin Dueck, *The Obama Doctrine: American Grand Strategy Today* (New York: Oxford University Press, 2015), 72-75; ジェフリー・A・ベーダー（春原剛訳）『オバマと中国』（東京大学出版会、2013 年）137 ～ 158 頁。

16）　U.S. Census Bureau, "Foreign Trade: U.S. Trade with China," Census.gov, 2021.

17）　U.S. Department of Defense [DOD], *Summary of the 2018 National Defense Strategy of the United States of America* (January 19, 2018), 4.

18）　The White House, "Remarks by Vice President Mike Pence on the Administration's Policy toward China" (October 4, 2018).

19）　The White House, *NSS 2022*, 23-24; The White House, "Remarks by National Security Advisor Jake Sullivan on the Biden-Harris Administration's National Security Strategy" (October 12, 2022).

20）　DOD, *Military and Security Developments Involving the People's Republic of China 2022* [*2022 CMPR*] (November 29, 2022), 1-4.

21）　Ibid., 80-83.

22）　Ibid.

23）　菊地茂雄「中国の軍事的脅威に関する認識変化と米軍作戦コンセプトの展開——統合全ドメイン指揮統制（JADC2）を中心に」『安全保障戦略研究』第 2 巻第 2 号（2022 年 3 月）26 ～ 27 頁。

24）　中国を名指しするかたちで A2AD 能力に言及した 2010 年 QDR は、ASB コン

セプトの開発や、長距離打撃能力の向上、前方戦力態勢・基地施設の強靱化、宇宙能力や指揮統制・通信・コンピューター・インテリジェンス、監視、偵察（C4ISR）能力の抗堪性強化、敵のセンサー・打撃力に対する攻撃能力強化という方針を示した。同上、28 頁。

25) Air-Sea Battle Office, *Air-Sea Battle: Service Collaboration to Address Anti-Access & Area Denial Challenges* (May 2013).

26) Ibid., 4-7; 菊地「中国の軍事的脅威に関する認識変化と米軍作戦コンセプトの展開」29 〜 30 頁。

27) Michael E. Hutchens, William D. Dries, Jason C. Perdew, Vincent D. Bryant, and Kerry E. Moores, "Joint Concept for Access and Maneuver in the Global Commons: A New Joint Operational Concept," *Joint Force Quarterly*, no. 84 (January 2017): 134-139；菊地「中国の軍事的脅威に関する認識変化と米軍作戦コンセプトの展開」30 〜 31 頁。

28) DOD, *2022 CMPR*, 39.

29) Ibid., 84-94.

30) Theresa Hitchens, "SecDef OKs Joint Warfighting Concept; Joint Requirements Due Soon," *Breaking Defense*, June 16, 2021.

31) 菊地「中国の軍事的脅威に関する認識変化と米軍作戦コンセプトの展開」40 頁。

32) JWC 開発に先立ち、米軍の各軍種は独自の作戦コンセプト開発を進めている。米陸軍は「マルチ・ドメイン作戦」（Multi-Domain Operations: MDO）、米空軍は「機敏な戦闘運用」（Agile Combat Employment: ACE）、米海軍は「分散型海上作戦」（Distributed Maritime Operations: DMO）、米海兵隊は「遠征前方基地作戦」（Expeditionary Advanced Base Operations: EABO）という作戦コンセプトを開発し、JWC も踏まえた運用実験を行っている。各軍の能力開発、取得プログラムについては次を参照。高橋杉雄「米国――『強いアメリカ』復活を目指す 2 年目のトランプ政権」『東アジア戦略概観 2019』（防衛研究所、2019 年）185 〜 194 頁；新垣拓、切通亮「米国――『戦略的競争』の実像」『東アジア戦略概観 2020』（防衛研究所、2020 年）172 〜 179 頁；菊地茂雄「米国――対中『戦略的競争』の諸相と国際的リーダーシップの行方」『東アジア戦略概観 2022』（防衛研究所、2022 年）223 〜 235 頁。

33) John R. Hoehn, "Joint All-Domain Command and Control (JADC2)," *CRS In Focus*, no. IF11493, Congressional Research Service (December 9, 2020).

34) Ibid.

35) Sam LaGrone, "Navy, Air Force Reach Handshake Agreement to Develop Joint Battle Network," USNI News, November 13, 2019.

36) 菊地「中国の軍事的脅威に関する認識変化と米軍作戦コンセプトの展開」54 頁。

37) DOD, *2022 National Defense Strategy of the United States of America: Including the 2022 Nuclear Posture Review and the 2022 Missile Defense Review* [*2022 NDS*]

(October 27, 2022), 15.

38) DOD, "Advancing JADC2: Second SITE Summit Includes FVEY Partners" (January 5, 2023).

39) DOD, "JADC2 Tactical Capabilities Go International During Bold Quest 22" (August 19, 2022).

40) The White House, *NSS 2022*, 24.

41) The White House, "Readout of President Joe Biden's Meeting with President Xi Jinping of the People's Republic of China" (November 14, 2022).

42) The White House, *NSS 2022*, 24.

43) U.S. Senate Foreign Relations Committee, *Statement by Dr. Ely Ratner Assistant Secretary of Defense for Indo-Pacific Security Affairs Office of the Secretary of Defense* (December 8, 2021), 2.

44) "U.S. Arms Sales to Taiwan," Forum on the Arms Trade website. オバマ政権では140億ドル以上、トランプ政権では約183億ドルの武器売却が行われた。Susan V. Lawrence and Wayne M. Morrison, "Taiwan: Issues for Congress," *CRS Report*, no. R44996, Congressional Research Service (October 30, 2017), 29.

45) Ronald O'Rourke, "U.S.-China Strategic Competition in South and East China Seas: Background and Issues for Congress," *CRS Report*, no. R42784, Congressional Research Service (January 26, 2022), 32-38.

46) Ibid.

47) The White House, *Indo-Pacific Strategy of the United States* (February 2022), 16.

48) DOD, *2022 CMPR*, 18-22.

49) Ibid.

50) Ibid.

51) 調査対象となった中国政府の行為は、①米国企業の技術や知的財産を中国企業に移転することを目的に、米国企業の中国事業を規制・干渉する中国政府の行為、②市場原理に則ったライセンスや技術契約を米国企業が中国企業と結ぶことを妨げる中国政府の行為、③中国の産業政策に合致した先端技術や知的財産権を取得することを目的に、中国企業による米国企業の組織的買収や投資に対して中国政府が行う指示や不当な支援、④米国の商業コンピュータネットワークへの違法侵入、知的財産・営業秘密・ビジネス関連の機密情報を電子上で窃盗する行為、であった。日本貿易振興機構『ビジネス短信』(2017年8月24日)。

52) U.S. Trade Representative, "Section 301 Fact Sheet" (March 22, 2018).

53) 日本貿易振興機構『ビジネス短信』(2018年3月23日)。

54) 日本貿易振興機構『ビジネス短信』(2020年1月16日)。

55) 同法は、1979年に制定され2001年に失効した米国輸出管理法に代わるものであり、「新興技術」と「基盤的技術」を特定したうえで、米国輸出管理規則(EAR)の下、輸出、再輸出、国内移転に関する適切な管理体制の構築を規定し

ている。

56） 日本貿易振興機構『ビジネス短信』（2021 年 11 月 15 日）。

57） 日本貿易振興機構『ビジネス短信』（2021 年 11 月 28 日）。

58） Sujai Shivakumar and Charles Wessner, "Semiconductors and National Defense: What Are the Stakes?" CSIS (June 8, 2022).

59） 磯部真一「米国で盛り上がる半導体産業の振興と輸出管理」日本貿易振興機構、2022 年 12 月 28 日；John F. Sargent Jr. and Karen M. Sutter, "Semiconductors, CHIPS for America, and Appropriations in the U.S. Innovation and Competition Act (S. 1260)," *CRS In Focus*, no. IF12016, Congressional Research Service (January 13, 2022).

60） 日本貿易振興機構『ビジネス短信』（2022 年 8 月 10 日）。

61） Sargent Jr. and Sutter, "Semiconductors, CHIPS for America, and Appropriations in the U.S. Innovation and Competition Act (S. 1260)."

62） 磯部「米国で盛り上がる半導体産業の振興と輸出管理」。

63） U.S. Department of Commerce, Bureau of Industry and Security, "Commerce Implements New Export Controls on Advanced Computing and Semiconductor Manufacturing Items to the People's Republic of China (PRC)" (October 7, 2022).

64） Nicholas Crawford, "A Major Leap towards Decoupling in the Advanced Semiconductor Industry," *Analysis*, International Institute for Strategic Studies (November 7, 2022); Bryant Harris, "How Biden's Microchip Ban Is Curbing China's AI Weapon Efforts," *Defense News*, January 12, 2023.

65） DOD, *2022 NDS*, 4.

66） The White House, *NSS 2022*, 8, 23-24.

67） DOD, *2022 CMPR*, 8.

68） Robert Sutter, "Congress Is More Important Than Ever in US China Policy," *Diplomat*, January 11, 2022.

69） Niall Ferguson, "Bipartisanship Is Dead. Except on China," Bloomberg, November 13, 2022.

70） Kurt M. Campbell and Ely Ratner, "The China Reckoning," *Foreign Affairs* 97, no. 2 (March/April 2018): 61.

71） Ibid., 67.

72） Kurt M. Campbell and Jake Sullivan, "Competition without Catastrophe: How America Can Both Challenge and Coexist with China," *Foreign Affairs* 98, no. 5 (September/October 2019): 97.

73） Ibid.

74） DOD, *2022 CMPR*, 112-114.

75） O'Rourke, "U.S.-China Strategic Competition in South and East China Seas," 41.

76） Julian Borger, "Hotlines 'Ring Out': China's Military Crisis Strategy Needs Rethink,

Says Biden Asia Chief," *Guardian*, May 6, 2021; Lara Seligman and Alexander Ward, "Pentagon Chiefs' Calls to China Go Unanswered amid Taiwan Crisis," POLITICO, August 5, 2022.

77) Jim Garamone, "Competition Remains Defining Feature of U.S.-China Relations, but Communications Still Important," *DOD News*, November 22, 2022; DOD, "Readout of Secretary of Defense Lloyd J. Austin III's Meeting with People's Republic of China (PRC) Minister of National Defense General Wei Fenghe" (November 22, 2022).『中国軍事レポート 2022』においても、近年、公海やその上空で行動する米軍および同盟国軍の航空機や艦船に対して、人民解放軍の航空機や艦船が安全な飛行・航行を妨げる行為を繰り返しており、このようなプロ意識にかける行為により重大な事件や事故のリスクが高まっているとの強い懸念が示されている。DOD, *2022 CMPR*, 107.

78) Paul Haenle and Nathaniel Sher, "How Pelosi's Taiwan Visit Has Set a New Status Quo for U.S.-China Tensions," Carnegie Endowment for International Peace (August 17, 2022).

79) David Dollar, "U.S.-China Trade Relations in an Era of Great Power Competition," *China Economic Journal* 15, no. 3 (2022): 284. 専門家の間では、対中経済関係の方向性をめぐり、完全なデカップリング論から協力関係の強化論まで異なる意見が議論されている段階である。Maxwell Bessler, "Demystifying the Debate on U.S.-China Decoupling," CSIS (November 16, 2022). これらの議論のなかには、米国が中国の行動に影響力を持つために、中国にとって重要な農産物などの部門で貿易関係を拡大させ対米依存構造をつくることが重要であるとする「戦略的リカップリング」(strategic recoupling) 論もみられる。Zack Cooper, "How to Tame China," *Washington Examiner*, November 11, 2021.

80) Anshu Siripurapu and Noah Berman, "The Contentious U.S.-China Trade Relationship," *Backgrounder*, Council on Foreign Relations (December 2, 2022).

81) U.S. Department of Commerce, "Remarks by U.S. Secretary of Commerce Gina Raimondo on the U.S. Competitiveness and the China Challenge" (November 30, 2022).

第 3 章

1) ロシアの大国主義の目標には多様な解釈があり、次の文献では秩序変更志向、利益防衛志向、孤立志向の 3 つに大別している。Elias Götz and Camille-Renaud Merlen, "Russia and the Question of World Order," *European Politics and Society* 20, no. 2 (2018).

2) ヘドリー・ブル(臼杵英一訳)「大国と国際秩序」『国際社会論——アナーキカル・ソサイエティ』(岩波書店、2000 年)。

3) Serhii Plokhy, *Lost Kingdom: A History of Russian Nationalism from Ivan the Great to Vladimir Putin* (London: Penguin Books, 2018), 318.

4) Ibid., 321.

5) Vladimir Putin, "Annual Address to the Federal Assembly of the Russian Federation," President of Russia (April 25, 2005).

6) 「ロシアの反リベラル『ネオユーラシア主義』——静岡県立大浜由樹子准教授に聞く」『読売新聞』(電子版) 2022 年 4 月 28 日；浜由樹子『ユーラシア主義とは何か』(成文社、2010 年)

7) President of Russia, "The Foreign Policy Concept of the Russian Federation" (January 12, 2008).

8) Mikhail Zygar, *All the Kremlin's Men: Inside the Court of Vladimir Putin* (New York: PublicAffairs, 2016), chap. 5.

9) Ibid., chap. 6.

10) 倉井高志『世界と日本を目覚めさせたウクライナの「覚悟」』(PHP 研究所、2022 年) 106 〜 114 頁。

11) 山添博史「プーチン政権と第二次世界大戦」『NIDS コメンタリー』第 132 号、防衛研究所 (2020 年 8 月 4 日)。

12) 例えば次を参照。Kateryna Zarembo and Sergiy Solodkyy, "The Evolution of Russian Hybrid Warfare: Ukraine," Center for European Policy Analysis (CEPA), January 29, 2021.

13) Andrei Kortunov, "Politika kak prodolzhenie voiny inymi sredstvami?" Rossiiskii Sovet po Mezhdunarodnym Delam, October 18, 2018.

14) Vladimir Putin, "On the Historical Unity of Russians and Ukrainians," President of Russia (July 12, 2021).

15) Prezident Rossii, *O Strategii natsional'noi bezopasnosti Rossiiskoi Federatsii,* Presidential Decree, no. 400 (July 2, 2021).

16) "Agreement on Measures to Ensure the Security of the Russian Federation and Member States of the North Atlantic Treaty Organization," Ministry of Foreign Affairs of Russia (December 17, 2021).

17) 倉井『世界と日本を目覚めさせたウクライナの「覚悟」』84 頁。

18) Manveen Rana, "Volodymyr Zelensky Survives Three Assassination Attempts in Days," *Times*, March 3, 2022.

19) Mykhaylo Zabrodskyi, Jack Watling, Oleksandr V Danylyuk, and Nick Reynolds, "Preliminary Lessons in Conventional Warfighting from Russia's Invasion of Ukraine: February-July 2022," Royal United Services Institute (November 30, 2022).

20) "Putin pod davleniem," *Nezavisimaia Gazeta*, September 18, 2022.

21) 齋藤竜太「CIS 首脳会合から見る中央アジアとロシアの距離感——ラフモン発

注 | 201

言の背景とプーチンの『同盟観』」『国際情報分析ネットワーク IINA』笹川平和財団（2022 年 11 月 2 日）。

22）Prezident Rossii, *O Strategii natsional noi bezopasnosti Rossiiskoi Federatsii.*

23）Catherine Byaruhanga, "Russia-Ukraine Crisis: Lavrov Shows Diplomatic Clout in Africa," BBC, July 28, 2022.

24）2015 年 11 月にシリアで作戦中のロシア軍機をトルコが撃墜した事故によって、両国の大統領が公に個人攻撃を行う険悪な事態に陥った。それにもかかわらず 2016 年 6 月に和解が成立したあとは、対立する立場にあっても直接の攻撃はせずに対話と取引を行う関係になっている。

25）池内恵「ロシア・ウクライナ戦争をめぐる中東諸国の外交――『親米中立』の立ち位置と『多極世界』の希求」池内恵ほか著『ウクライナ戦争と世界のゆくえ』（東京大学出版会、2022 年）。

26）増田雅之、山添博史、秋本茂樹『中国安全保障レポート 2020――ユーラシアに向かう中国』（防衛研究所、2019 年）41 頁。

27）Marcin Kaczmarski, "Convergence or Divergence? Visions of World Order and the Russian-Chinese Relationship," *European Politics and Society* 20, no. 2 (2018): 218-221.

第 4 章

1）Amitav Acharya, *Constructing a Security Community in Southeast Asia: ASEAN and the Problem of Regional Order* (London: Routledge, 2001), 52.

2）Ibid., 54.

3）ASEAN, "1971 Zone of Peace, Freedom and Neutrality Declaration" (November 27, 1971).

4）Jürgen Haacke, *ASEAN's Diplomatic and Security Culture: Origins, Development and Prospects* (London: Routledge, 2003), 54-57.

5）Donald E. Weatherbee, *ASEAN's Half Century: A Political History of the Association of Southeast Asian Nations* (Lanham: Rowman & Littlefield, 2019), 38.

6）Michael Leifer, *ASEAN and the Security of South-East Asia* (London: Routledge, 1989), 4.

7）Acharya, *Constructing a Security Community in Southeast Asia*, 57.

8）ASEAN, "ASEAN Political-Security Community Blueprint" (June 2009), 2.

9）Ralf Emmers, "Unpacking ASEAN Neutrality: The Quest for Autonomy and Impartiality in Southeast Asia," *Contemporary Southeast Asia* 40, no. 3 (2018): 361.

10）Ibid., 363.

11）Alice Ba, "Between China and America: ASEAN's Great Power Dilemmas," in

China, the United States, and Southeast Asia: Contending Perspectives on Politics, Security, and Economics, eds. Evelyn Goh and Sheldon W. Simon (London: Routledge, 2008), 109-112.

12) Evelyn Goh, "Introduction," in *Betwixt and Between: Southeast Asian Strategic Relations with the U.S. and China*, ed. Evelyn Goh (Singapore: Institute of Defence and Strategic Studies [IDSS], 2005), 1.

13) Ba, "Between China and America," 125.

14) *The State of Southeast Asia: 2022 Survey Report* (Singapore: ISEAS-Yusof Ishak Institute, 2022), 20, 22.

15) Ibid., 31.

16) Ibid., 32.

17) Amitav Acharya, *ASEAN and Regional Order: Revisiting Security Community in Southeast Asia* (London: Routledge, 2021), 115-117.

18) *Jakarta Post* (online), April 29, 2018.

19) Vibhanshu Shekhar, "Is Indonesia's 'Indo-Pacific Cooperation' Strategy a Weak Play?" *PacNet*, no. 47, Pacific Forum (July 16, 2018).

20) ASEAN, "Joint Communiqué of the 51st ASEAN Foreign Ministers' Meeting" (August 2, 2018), 23.

21) 鈴木早苗「ASEAN のインド太平洋構想（AOIP）の策定過程」『研究レポート』（日本国際問題研究所、2021 年 11 月 19 日）。

22) AsiaOne (online), June 16, 2019.

23) 庄司智孝『南シナ海問題の構図——中越紛争から多国間対立へ』（名古屋大学出版会、2022 年）226 頁。

24) ASEAN, "ASEAN Outlook on the Indo-Pacific" (June 23, 2019), 1-2.

25) Ibid., 3-5.

26) Ibid., 1.

27) 庄司『南シナ海問題の構図』228 頁。

28) U.S. Mission to ASEAN, "Secretary Pompeo's Participation in ASEAN-United States Foreign Ministers' Meeting" (September 10, 2020).

29) 当節は、拙稿「東南アジアとバイデン政権のアメリカ——期待から困惑へ」『国際情報ネットワーク分析 IINA』（笹川平和財団、2022 年 7 月 28 日）を基に、大幅に加筆修正したものである。

30) *The State of Southeast Asia: 2021 Survey Report* (Singapore: ISEAS-Yusof Ishak Institute, 2021), 39-40.

31) Hoang Thi Ha and Ian Storey, "The Biden Administration and Southeast Asia: One Year in Review," *ISEAS Perspective,* ISEAS-Yusof Ishak Institute (February 11, 2022*).*

32) タイへの訪問も予定されていたが、コロナ情勢の悪化によりキャンセルとなった。

33) [U.S.] Department of Defense, "Secretary of Defense Lloyd J. Austin III Participates in Fullerton Lecture Series in Singapore" (July 27, 2021).

34) *The State of Southeast Asia: 2022*, 28.

35) William Choong, "The Quad and the Indo-Pacific: Going Slow to Go Further," *ISEAS Perspective*, ISEAS-Yusof Ishak Institute (September 23, 2021).

36) William Choong and Ian Storey, "Southeast Asian Responses to AUKUS: Arms Racing, Non-Proliferation and Regional Stability," *ISEAS Perspective*, ISEAS-Yusof Ishak Institute (October 14, 2021).

37) *Today* (online), December 3, 2021.

38) The White House, *Indo-Pacific Strategy of the United States* (February 2022), 9.

39) Prashanth Parameswaran, "US in Southeast Asia: Striking a New Balance?" *RSIS Commentary*, no. 14, S. Rajaratnam School of International Studies (RSIS) (February 16, 2022).

40) *The State of Southeast Asia: 2022*, 38-39.

41) The White House, "ASEAN-U.S. Special Summit 2022, Joint Vision Statement" (May 13, 2022).

42) Ibid.

43) *Washington Post* (online), May 13, 2022.

44) The White House, "ASEAN-U.S. Leaders' Statement on the Establishment of the ASEAN-U.S. Comprehensive Strategic Partnership" (November 12, 2022).

45) ラオス外相とは、中国メコン協力外相会議が開催された 2022 年 7 月のミャンマー訪問時に 2 国間会談を行い、また 2022 年 6 月の太平洋島嶼国歴訪時に東ティモールを訪問した。

46) Sebastian Strangio, "Chinese Foreign Minister Begins 3-Nation Tour of Southeast Asia," *Diplomat*, September 10, 2021.

47) ASEAN, "Joint Statement of the ASEAN-China Special Summit to Commemorate the 30th Anniversary of ASEAN-China Dialogue Relations: Comprehensive Strategic Partnership for Peace, Security, Prosperity and Sustainable Development" (November 22, 2021).

48) ASEAN, "Statement of the Special ASEAN-China Foreign Ministers' Meeting on the Coronavirus Disease 2019 (COVID-19)" (February 20, 2020).

49) Kaho Yu, "The Belt and Road Initiative in Southeast Asia after COVID-19: China's Energy and Infrastructure Investments in Myanmar," *ISEAS Perspective*, ISEAS-Yusof Ishak Institute (April 6, 2021).

50) Wang Zheng, "Assessing the Belt and Road Initiative in Southeast Asia amid the COVID-19 Pandemic (2021-2022)," *ISEAS Perspective*, ISEAS-Yusof Ishak Institute (May 26, 2022).

51) *The State of Southeast Asia: 2022*, 20-23.

52) Khairulanwar Zaini, "Did China Eke out a Vaccine Diplomacy Victory in Southeast Asia?" *ISEAS Perspective*, ISEAS-Yusof Ishak Institute (August 1, 2022).

53) *The State of Southeast Asia: 2022*, 24-25.

54) USNI News, July 13, 2022.

55) Richard Javad Heydarian, "Taiwan Tensions Spilling over in the South China Sea," *Asia Times*, August 3, 3022.

56) Choong, "The Quad and the Indo-Pacific."

57) [Indonesia] Ministry of Foreign Affairs, "Joint Press Release of the Foreign Ministries of the Kingdom of Cambodia, the Republic of Indonesia and the Kingdom of Thailand" (May 4, 2022). タイ外務省とカンボジア外務国際協力省も同じプレスリリースをホームページに掲載した。

58) Jason Tower, "Ukraine Crisis Prompts China to Swing Behind Myanmar's Junta," United States Institute of Peace (April 13, 2022).

59) Associated Press, March 15, 2022.

60) *Straits Times* (online), February 26, 2022; Bloomberg, August 17, 2022.

第 5 章

1) Adam C. Cobb, "Balancing Act: Australia's Strategic Relations with China and the United States," *Georgetown Journal of International Affairs* 8, no. 2 (Summer/Fall 2007): 74.

2) 佐竹知彦「豪州から見た米中関係――『幸福な時代』の終焉」川島真、森聡編『アフターコロナ時代の米中関係と世界秩序』(東京大学出版会、2020 年) 219 ～ 229 頁。

3) Department of Defence, *Defending Australia in the Asia Pacific Century: Force 2030 (2009 Defence White Paper)* (2009).

4) 佐竹知彦『日豪の安全保障協力――「距離の専制」を越えて』(勁草書房、2022 年) 第 5 章を参照。

5) 同上、147 ～ 148 頁。

6) Natasha Kassam, "Lowy Institute Poll 2020," Lowy Institute (June 24, 2020).

7) こうした議論の代表的なものとして、次の論考を参照。Hugh White, "Power Shift: Australia's Future between Washington and Beijing," *Quarterly Essay*, no. 39 (August 2010); White, "Without America: Australia in the New Asia," *Quarterly Essay*, no. 68 (November 2017).

8) Prime Minister of Australia, "Opening Remarks of the QUAD Leaders' Meeting" (May 24, 2022).

9) Department of Defence, *2020 Defence Strategic Update* (July 1, 2020).

10) Ibid., 14.

11） Ben Packham, "Defence Minister Peter Dutton Puts New Strike Force on Fast Track," *Australian*, April 5, 2022.

12） Greg Sheridan, "Richard Marles on the Attack in Revival of Australian Defence Force," *Australian*, July 25, 2022.

13） Greg Sheridan, "Revealed: Defence Force Overhaul for Decade of Challenges," *Australian*, August 2, 2022.

14） そうした見方として、例えば次の論考を参照。Grant Wyeth, "Why Has Australia Shifted Back to the Quad?" *Diplomat*, November 16, 2017.

15） Kevin Rudd, "The Convenient Rewriting of the History of the 'Quad'," *Nikkei Asia*, March 26, 2019.

16） John Kerin, "Nelson Calms Beijing's Fears," *Australian Financial Review*, July 10, 2007.

17） David Wroe, "Australia Weighing Closer Democratic Ties in Region in Rebuff to China," *Sydney Morning Herald*, October 31, 2017; Penny Wong and Richard Marles, "Why Labor Believes the Quad is a Vital Complement to ASEAN," *Australian Financial Review*, March 16, 2018.

18） 豪州の QUAD に対する見方として、次を参照。David Walton, "Australia and the QUAD," *East Asia Policy* 14, no. 1 (January 2022): 39-55.

19） Australian Government Department of Industry, Science and Resources, *Australia's AI Action Plan* (June 2021).

20） Ibid., 17.

21） Husanjot Chahal, Ngor Luong, Sara Abdulla, and Margarita Konaev, "Quad AI: Assessing AI-related Collaboration between the United States, Australia, India, and Japan," *Issue Brief*, Center for Security and Emerging Technology (May 2022), 11.

22） Daniel Hurst, "Australia Spends $500,000 to Strengthen Tech Ties with Quad Allies amid China Tension," *Guardian*, November 23, 2020.

23） 「日米豪印、レアアース連携 脱・中国依存、調達網を再構築」『日本経済新聞』（電子版）2021 年 3 月 21 日。

24） 同上。

25） 日本語で書かれたものとして、日本貿易振興機構「オーストラリアにおける水素産業に関する調査」2021 年 3 月を参照。

26） Susannah Patton, "The Uses and the Limits of the Quad," *Australian Financial Review*, May 27, 2022.

27） 佐竹知彦「豪州の対中政策とインド太平洋」竹中治堅編『「強国」中国と対峙するインド太平洋諸国』（千倉書房、2022 年）176 頁。

28） Peter N. Varghese, "An India Economic Strategy to 2035: Navigating from Potential to Delivery" (April 27, 2018).

29） Trisha Ray, "A Quad 2.0 Agenda for Critical and Emerging Technologies," *Expert*

Speak, Observer Research Foundation (September 24, 2021).

30) 佐竹知彦「AUKUS 誕生の背景と課題——豪州の視点」『国際情報ネットワーク分析 IINA』（笹川平和財団、2021 年 9 月 28 日）。

31) Larisa Brown, "Like a Scene from Le Carré: How the Nuclear Submarine Pact Was No 10's Biggest Secret," *Times*, September 18, 2021.

32) Scott Morrison, "An Address by Prime Minister Scott Morrison," Lowy Institute (March 4, 2022).

33) Charbel Kadib, "Osborne Shipyard SSN Expansion Plan Unveiled," Defence Connect (March 25, 2022).

34) Australian Government Defence, "Australia Welcomes Submarine Training Opportunity from UK" (September 1, 2022).

35) The White House, "Fact Sheet: Implementation of the Australia-United Kingdom-United States Partnership (AUKUS)" (April 5, 2022).

36) Ibid.

37) Geoff Chambers, "Hi-tech Race to Combat Beijing," *Australian*, November 17, 2021.

38) Patrick Tucker, "Quantum Sensor Breakthrough Paves Way for GPS-Free Navigation," *Defense One*, November 2, 2021.

39) 「無人機の時代（下）『AI が攻撃』規範作り困難」『日本経済新聞』（電子版）2022 年 6 月 22 日。

40) Yasmin Tadjdeh, "Special Report: U.S., Australia Increasing Tech Transfer to Take on China," *National Defense*, December 10, 2021.

41) Rhys McCormick et al., "National Technology and Industrial Base Integration: How to Overcome Barriers and Capitalize on Cooperation," Centre for Strategic and International Studies (March 2018), 2.

42) 例えば次も参照。Brendan Thomas-Noone, "Ebbing Opportunity: Australia and the US National Technology and Industrial Base," United States Studies Centre (November 25, 2019).

43) 佐竹「AUKUS 誕生の背景と課題」を参照。

44) Tory Shepherd, "Australia Almost No Chance to Buy Any Submarine from Current US Building Program, Experts Say," *Guardian*, July 20, 2022.

45) Jennifer Jackett, "Laying the Foundations for AUKUS: Strengthening Australia's High-tech Ecosystem in Support of Advanced Capabilities," United States Studies Centre (July 7, 2022).

46) Ibid.

47) この点に関しては、次の報告書に詳しい。Husanjot Chahal et al., "Quad AI."

48) "NATO Secretary General Jens Stoltenberg," Lowy Institute (August 8, 2019).

49) 佐竹知彦「ウクライナ戦争と豪州——民主主義 vs.『専制の弧』」増田雅之編著『ウ

クライナ戦争の衝撃』（インターブックス、2022 年）82 頁。

50) Richard Maude and Dominique Fraser, "Chinese Diplomacy in Southeast Asia during the COVID-19 Pandemic," Asia Society Policy Institute (July 2022).

51) *The State of Southeast Asia: 2020 Survey Report* (Singapore: ISEAS-Yusof Ishak Institute, 2020), 33.

52) Ibid., 29.

53) Chris Barret, "'Deeply concerned': Indonesia Uneasy about Australian Nuclear Subs," *Sydney Morning Herald*, September 17, 2021.

54) Minister for Foreign Affairs, Senator the Hon Penny Wong, "Special Lecture to the International Institute for Strategic Studies - A Shared Future: Australia, ASEAN and Southeast Asia" (July 6, 2022). この点については次も参照。Emma Connors, "Inside Penny Wong's Push to Win over South-East Asia," *Australian Financial Review*, July 1, 2022.

55) Stephen Dziedzic and Anne Barker, "Penny Wong and Wang Yi Meet on Sidelines of G20 in Bali, with Hopes of 'Stabilising' Australia-China Relationship," ABC News, July 8, 2022.

56) Matthew Knott and David Crowe, "Xi Jinping Meets with Anthony Albanese, Ending Diplomatic Deep Freeze," *Sydney Morning Herald*, November 15, 2022.

57) Australian Government, Department of the Prime Minister and Cabinet, "Transcript of the Prime Minister, the Hon P J Keating MP Speech, Campaign Launch for the Hon Mary Crawford MP, Windaroo Country Club, Beenleigh, Queensland" (December 11, 1995).

58) Australian Government, "*Australia in the Asian Century: White Paper*" White Paper (October 2012).

第6章

1) 南アジアの地理的範囲として、第6章では、南アジア地域協力連合（SAARC）加盟8カ国、すなわちインド、パキスタン、バングラデシュ、スリランカ、モルディブ、ネパール、ブータン、アフガニスタンを含めるものとする。

2) USIP China-South Asia Senior Study Group, "China's Influence on Conflict Dynamics in South Asia," United States Institute of Peace (USIP) (December 2020), 6.

3) Jeff M. Smith, "South Asia: A New Strategy," Heritage Foundation (August 29, 2022), 9.

4) USIP China-South Asia Senior Study Group, "China's Influence on Conflict Dynamics in South Asia," 16.

5) Robert D. Blackwill and Ashley J. Tellis, "The India Dividend: New Delhi Remains

Washington's Best Hope in Asia," *Foreign Affairs* 98, no. 5 (September/October 2019): 175.

6) [U.S.] Department of Defense, *Sustaining U.S. Global Leadership: Priorities for 21st Century Defense* (2012), 2.

7) K.P. Narayana Kumar, "US Report Sounds Alert over Chinese Port Companies," *Business Standard*, October 3, 2006.

8) Ashlyn Anderson and Alyssa Ayres, "Economics of Influence: China and India in South Asia," Council on Foreign Relations (CFR) (August 3, 2015).

9) Sanjeev Kumar, "China's South Asia Policy in the 'New Era'," *India Quarterly* 75, no. 2 (2019): 139; Andrew Small, *The China-Pakistan Axis: Asia's New Geopolitics*, paperback edition (London: Hurst & Company, 2020), 74-76. 実際に、ETIM は アルカイダやタリバンと協力してきた経緯がある。Bill Roggio and Caleb Weiss, "Turkistan Islamic Party Highlights Joint Raids with the Afghan Taliban," *Long War Journal*, March 12, 2018.

10) Eryan Ramadhani, "China in the Indian Ocean Region: The Confined 'Far-Seas Operations'," *India Quarterly* 71, no. 2 (June 2015): 153-154.

11) You Ji, "The Indian Ocean: A Grand Sino-Indian Game of 'Go'," in *India and China at Sea: Competition for Naval Dominance in the Indian Ocean*, ed. David Brewster (New Delhi: Oxford University Press, 2018), 91, 98-100.

12) Chris Ogden, "The Double-edged Sword: Reviewing India-China Relations," *India Quarterly* 78, no. 2 (2022): 216.

13) Alan Bloomfield, "The India-China Bilateral Relationship: A 'Serious and Enduring Rivalry'," *Journal of the Indian Ocean Region* 17, no. 1 (2021): 12-13.

14) Christian Wagner and Siddharth Tripathi, "India's Response to the Chinese Belt and Road Initiative," *SWP Comment* (January 2018), 2.

15) Vijay Gokhale, "The Road from Galwan: The Future of India-China Relations," Carnegie India (March 2021), 17.

16) Shivshankar Menon, "India's 70-Year Pursuit of Strategic Autonomy," Institute of China Studies (October 7, 2017), 1.

17) Zachary Constantino, "The India-Pakistan Rivalry in Afghanistan," USIP (January 2020), 4-6.

18) 人民解放軍による LAC の越境は、1990 年代にはほとんどみられなかったとされる。Ketian Zhang, "Explaining Chinese Military Coercion in Sino-Indian Border Disputes," *Journal of Contemporary China* (2022): 7-8. なお中国は 2006 年に、しばらく控えていた、東部国境地域への領有権主張を再燃させている。

19) 例えば次を参照。Michael Safi and Hannah Ellis-Petersen, "India Says 20 Soldiers Killed on Disputed Himalayan Border with China," *Guardian*, June 17, 2020.

20) Ashley J. Tellis, "Hustling in the Himalayas: The Sino-Indian Border Confrontation,"

Carnegie Endowment for International Peace (June 4, 2020).

21） Sudha Ramachandran, "The Long Shadow of the 1962 War and the China-India Border Dispute," *China Brief* 22, no. 21 (November 18, 2022): 24.

22） Paul Haenle et al., "Renewed Clashes on the China-India Border," Carnegie Endowment for International Peace (December 30, 2022).

23） Sameer P. Lalwani, Daniel Markey, and Vikram J. Singh, "Another Clash on the India-China Border Underscores Risks of Militarization," USIP (December 20, 2022).

24） C. Raja Mohan, "Network Is the Key," *Indian Express*, May 9, 2017.

25） "Xi Signs Huge Loans for Bangladesh," *Shanghai Daily*, October 15, 2016.

26） Anjana Pasricha, "Chinese Ship Docks in Sri Lanka, Causing Diplomatic Tensions," Voice of America, August 16, 2022.

27） "India-Nepal Sign Four Pacts to Expand Cooperation, Vow to Strengthen Bilateral Ties," *Print*, April 2, 2022.

28） Tanvi Madan, "Dancing with the Dragon? Deciphering India's 'China Reset'," *War on the Rocks*, April 26, 2018.

29） Gokhale, "The Road from Galwan," 1.

30） Vijay Gokhale, "A Historical Evaluation of China's India Policy: Lessons for India-China Relations," Carnegie India (December 2022), 3, 23.

31） Arzan Tarapore, "The Crisis after the Crisis: How Ladakh Will Shape India's Competition with China," Lowy Institute (May 2021), 12-14.

32） Robert D. Blackwill, "The Future of US-India Relations," RAND Corporation (May 6, 2009).

33） 米印接近の立役者であるアシュリー・テリスによれば、当時のインドとの関係構築における米国側の意図は、価値を共有する新興大国インドとの関係構築を通じ、望ましいアジアをかたち作ることにあった。U.S. Congress, House of Representatives, Committee on International Relations, *The U.S.-India "Global Partnership": How Significant for American Interests?; Hearing before the Committee on International Relations*, 109th Cong., 1st sess., 2005, 48.

34） Harsh V. Pant, "The India-US-China Triangle from New Delhi: Overcoming the 'Hesitations of History'," *India Review* 18, no. 4 (2019): 398-399.

35） Anil Ahuja, "Dynamics of India-US Defence Relations: Looking Beyond Ukraine," Delhi Policy Group (May 24, 2022).

36） Tanvi Madan, "Major Power Rivalry in South Asia," CFR (October 2021), 23.

37） Sameer Lalwani et al., "Toward a Mature Defense Partnership: Insights from a U.S.-India Strategic Dialogue," Stimson Center (November 16, 2021), 9-10, 15.

38） Joshua T. White, "After the Foundational Agreements: An Agenda for US-India Defense and Security Cooperation," Brookings Institution (January 2021), 9.

39) DFC の対南アジア関与については、International Development Finance Corporation, "Active DFC Projects" を参照。MCC は、南アジアではネパールでしか活動していない。

40) Marwaan Macan-Markar, "India on Board with US-Maldives Alliance to Counter China," *Nikkei Asia*, September 27, 2020.

41) Lalwani et al., "Toward a Mature Defense Partnership," 12.

42) 2019 年 6 月の米インド太平洋戦略報告は、スリランカ、モルディブ、バングラデシュ、ネパールとの協力関係の強化を掲げた。[U.S.] Department of Defense, *Indo-Pacific Strategy Report: Preparedness, Partnerships, and Promoting a Networked Region* (June 1, 2019), 21.

43) Marwaan Macan-Markar, "US-Sri Lanka Military Negotiations Hit a Roadblock," *Nikkei Asia*, August 11, 2019.

44) "Sri Lankan Government Decides Not to Sign MCC Agreement," *Colombo Page*, February 28, 2020.

45) Biswas Baral, "Nepal Ratified the MCC Compact. What Now?" *Diplomat*, March 14, 2022.

46) A.Z.M. Anas, "Bangladesh in Talks with US to Buy Apaches and Missiles," *Nikkei Asia*, October 29, 2019; "No Defence Procurement from US Now; Signing GSOMIA to Take Time: FS," United News of Bangladesh, April 12, 2022.

47) USIP China-South Asia Senior Study Group, "China's Influence on Conflict Dynamics in South Asia," 8.

48) Tarushi Aswani, "How India's Tilted Foreign Policy Paved China's Road to South Asia," LSE South Asia Centre (September 20, 2021).

49) Nilanthi Samaranayake, "China's Engagement with Smaller South Asian Countries," USIP (April 2019), 4, 15-17.

50) Anbarasan Ethirajan, "Sri Lanka Crisis: Is India Gaining over China in Island Nation?" BBC, July 20, 2022; Ayaz Gul, "Pakistan Army Chief Reportedly Seeking US Help in Securing Crucial IMF Loan," Voice of America, July 30, 2022.

51) Harsh V. Pant and Aditya Gowdara Shivamurthy, "As India and China Compete, Smaller States Are Cashing In," *Foreign Policy*, January 24, 2022.

52) "As Largest and Oldest Democracies India, US Are Natural Partners: PM Modi," *Print*, April 11, 2022.

53) Kanishka Singh, "U.S. Monitoring Rise in Rights Abuses in India, Blinken Says," Reuters, August 12, 2022.

54) "U.S. Bans Sri Lankan Army Chief from Entry, Citing Civil War Abuses," Reuters, February 14, 2020.

55) Shafi Md Mostofa, "US Human Rights Report Raps Bangladesh on the Knuckles," *Diplomat*, April 18, 2022.

56) Constantino Xavier, "India's 'Like-Minded' Partnerships to Counter China in South Asia," Center for the Advanced Study of India (September 11, 2017).

57) Deepa M. Ollapally, "India Goes Its Own Way on Global Geopolitics," *East Asia Forum*, September 22, 2022.

58) "US Sees India as Its Indispensable Partner: White House," *Times of India*, August 25, 2022.

59) Zia ur Rehman, "Security Concerns Bring China Closer to Taliban," Voice of America, August 11, 2022; Zia ur Rehman, "Al-Qaida Allied Rebels Back Taliban Advance in Afghanistan," *Nikkei Asia*, August 11, 2021. とりわけ、タリバンの一部であり、アフガニスタンで激しい反米テロに従事したハッカニ・ネットワークは、アルカイダと近く、またタリバンとTTPの間にも密接な関係がある。Thomas Joscelyn, "U.N. Report Cites New Intelligence on Haqqanis' Close Ties to Al Qaeda," *Long War Journal*, June 7, 2021; "Pakistani Army Warns of Blowback in Crackdown on Afghan Taliban," *Radio Free Europe/Radio Liberty*, July 2, 2021.

60) Tushar Ranjan Mohanty, "Balochistan: The Chinese Chequered," *South Asia Intelligence Review* 15, no. 51 (June 19, 2017).

61) Andrew Small, "China, the United States, and the Question of Afghanistan," testimony before the U.S.-China Economic and Security Review Commission Hearing (March 18, 2015), 6-7; Dan Feldman, "Successes and Challenges in Afghanistan and Pakistan," U.S. Embassy in Afghanistan (August 2015). 当時行われていた、アフガニスタン外交官に対する米中共同の訓練事業や、米中アフガニスタンの3カ国対話は、ほかの第三国において類を見ないものであった。

62) Small, *The China-Pakistan Axis*, 151-155.

63) Vanda Felbab-Brown, "A Bri(dge) Too Far: The Unfulfilled Promise and Limitations of China's Involvement in Afghanistan," Brookings Institution (June 2020), 5-7.

64) Kate Bateman, "A Year After the Taliban Takeover: What's Next for the U.S. in Afghanistan?" USIP (August 11, 2022).

65) 女性の権利に関しては、中国は米国ほどに重視しないものの、前述のように米中が脅威とみるテロ組織に重なりがあることに加え、幅広い民族を含む政府の樹立は、中国もアフガニスタンの安定の観点から不可欠とみてきた。Vanda Felbab-Brown, "China's and India's Realpolitik Relations with the Taliban Regime," *China-India Brief*, no. 210 (August 24-September 13, 2022): 5; Raffaello Pantucci and Ajmal Waziri, "China Wants Its Investments in Afghanistan to Be Safer than in Pakistan," *Foreign Policy*, May 3, 2022.

66) "China Is Our Most Important Partner, Say Taliban," *Mint*, September 3, 2021.

67) Zhang Han, "China Exempts Import Tariffs, Resumes Issuing Visas for Afghan Citizens," *Global Times*, July 29, 2022.

68) United Nations Security Council (UNSC), *Letter Dated 25 May 2022 from the*

Chair of the Security Council Committee Established Pursuant to Resolution 1988 (2011) Addressed to the President of the Security Council, S/2022/419 (May 26, 2022), 20-21.

69) Reid Standish, "A Year after Taliban Takeover, What Are China's Plans for Afghanistan?" *Radio Free Europe/Radio Liberty*, August 15, 2022. なおこの事業も、過去に別の中国企業が契約し、その後放棄されたものである。Catherine Putz, "Taliban Settle Oil Deal with Chinese Company," *Diplomat*, January 6, 2023.

70) ただし、カブール陥落以前も皆無であったわけではない。[China] Ministry of Foreign Affairs, "Foreign Ministry Spokesperson Hua Chunying's Remarks on Deadly Serial Attacks in Afghanistan" (May 9, 2021).

71) [China] Ministry of Foreign Affairs, "Foreign Ministry Spokesperson Hua Chunying's Regular Press Conference on August 17, 2021" (August 17, 2021); Liu Xin and Liu Caiyu, "US Leaves Chaos, Destruction in Afghanistan," *Global Times*, August 31, 2021; [China] Ministry of Foreign Affairs, "Wang Yi Talks about China's Policy toward Afghanistan" (October 27, 2021); [China] Ministry of Foreign Affairs, "Foreign Ministry Spokesperson Zhao Lijian's Regular Press Conference on August 30, 2022" (August 30, 2022).

72) [China] Ministry of Foreign Affairs, "Wang Yi Talks about China's Policy toward Afghanistan" (October 27, 2021).

73) 中国がそうした趣旨のプロパガンダを行っているとの認識は、米国防省の報告書にもあらわれている。[U.S.] Department of Defense, *Military and Security Developments Involving the People's Republic of China 2022: Annual Report to Congress* (November 29, 2022), 14.

74) 9月にはロシアが米国はもはやメンバーでないとの認識を示した。"Kabulov Says US 'No Longer Included in Extended Troika'," Ariana News, September 18, 2022.

75) 米印間で、アフガニスタンに問題に関する協議は持たれている。"US Envoy Lauds India's Generous Humanitarian Support to Afghans," *Asian News International*, December 6, 2022.

76) Sumit Ganguly and M. Chris Mason, *An Unnatural Partnership?* (Carlisle: U.S. Army War College Press, 2019), 26-28.

77) "Blinken Defends Pakistan Arms Sales against Indian Criticism," *Dawn*, September 28, 2022.

78) Anwar Iqbal, "Washington Pledges Support for Islamabad's Anti-TTP Efforts," *Dawn*, November 30, 2022.

79) "'Democracy Requires Time': An Interview with US Consul General in Lahore, Zachary Harkenrider," *Daily Pakistan*, June 25, 2016.

80) "Donald Trump Cuts Pakistan's Security Aid: US Has Already Slashed Funds by 62% in 5 Years as US Sees Red over 'Safe Terror Havens'," *First Post*, January 5,

2018.

81）例えば次を参照。Zamir Akram, "The 'Indo-Pacific' and Pakistan," *Express Tribune*, June 12, 2018.

82）Andrew Small, "Returning to the Shadows: China, Pakistan, and the Fate of CPEC," German Marshall Fund (September 2020), 50.

83）Wajahat S. Khan, "Pakistan's Top Gun Seeks U.S.-China Balance Before Retirement," *Nikkei Asia*, October 25, 2022.

84）"Pakistan Wants Broad-based Partnership with US, Blinken Told," *Dawn*, May 17, 2021; Fahad Chaudhry, "Pakistan Wants Broad, Long-term and Stable Relations with US, Qureshi Tells Visiting American Official," *Dawn*, October 8, 2021.

85）Umair Jamal, "Pakistan and the US Join Hands Against the Pakistani Taliban," *Diplomat*, December 29, 2022.

86）確実な情報はないものの、2022 年 7 月にカブールで米軍の無人機がアルカイダ指導者のザワヒリを殺害した作戦について、パキスタンの協力があったとみる向きは多い。この点に関しては、例えば次を参照。Umair Jamal, "Did Pakistan Help the US Take Out al-Zawahiri?" *Diplomat*, August 3, 2022.

87）Small, "Returning to the Shadows," 50. 最近でも、米パ外相会談で米国がパキスタンに対して CPEC 関連の債務の再編成を促したことについて、中国は不快感を示している。Muhammad Saleh Zaafir, "China Asks US Not to Meddle in Pak-China Cooperation," *News*, October 2, 2022.

88）"US-Pakistan Relationship Has Not Served Either of Two: Jaishankar," *Indian Express*, September 27, 2022.

第 7 章

1）ヘドリー・ブル（臼杵英一訳）『国際社会論——アナーキカル・ソサイエティ』（岩波書店、2000 年）9 頁。

2）ヘンリー・キッシンジャー（伏見威蕃訳）『国際秩序』（日本経済新聞出版、2016 年）105 頁。

3）David A. Lake and Patrick M. Morgan eds., *Regional Orders: Building Security in a New World* (University Park: Pennsylvania State University Press, 1997).

4）Luis Simón, "Subject and Object: Europe and the Emerging Great-power Competition," *Expert Comment*, Elcano Royal Institute (May 30, 2019). これのアップデート版として、次も参照。Luis Simón, "Subject and Object: Europe in Sino-American Competition," *Policy Brief*, no. 2021/42, Robert Schuman Centre, European University Institute (September 2021).

5）代表的なものとしては、次の論考がある。Timothy Garton Ash, *Free World: Why a Crisis of the West Reveals the Opportunity of Our Time* (London: Penguin Books,

2005).

6）　Richard Sakwa, "The Death of Europe? Continental Fates after Ukraine," *International Affairs* 91, no. 3 (May 2015): 553-579.

7）　中東欧と大西洋主義については、次の論考が参考になる。Ronald D. Asmus and Alexandr Vondra, "The Origins of Atlanticism in Central and Eastern Europe," *Cambridge Review of International Affairs* 18, no. 2 (2005): 203-216.

8）　例えば次を参照。Osvaldo Croci, "Not a Zero-Sum Game: Atlanticism and Europeanism in Italian Foreign Policy," *International Spectator* 43, no. 4 (2008): 137-155.

9）　Ivo H. Daalder, "The End of Atlanticism," *Survival* 45, no. 2 (Summer 2003): 147-166.

10）　Richard Sakwa, "Sad Delusions: The Decline and Rise of Greater Europe," *Journal of Eurasian Studies* 12, no. 1 (2021): 5-18.

11）　Ivo H. Daalder and Andy Morimoto, "The Return of Atlanticism," *Horizons*, no. 5 (Autumn 2015): 50-59.

12）　最近の EDI については、次を参照。[U.S.] Office of the Under Secretary of Defense (Comptroller), *European Deterrence Initiative: Department of Defense Budget Fiscal Year (FY) 2023* (April 2022).

13）　[U.K.] Ministry of Defence, "Joint Expeditionary Force (JEF): Policy Direction" (July 12, 2021).

14）　この点については、次のコメンタリーを参照。Julina Mintel and Nicolai von Ondarza, "The Bilateralisation of British Foreign Policy: Status and Consequences for Germany and the EU after One Year of Brexit," *SWP Comment*, no. 14, Stiftung Wissenchaft und Politik (SWP), German Institute for International and Security Affairs (February 2022).

15）　NATO, "Partnership Interoperability Initiative" (February 22, 2022).

16）　NATO の新軍事戦略の策定過程については、Gjert Lage Dyndal and Paal Hilde, "Strategic Thinking in NATO and the New 'Military Strategy' of 2019," in *Military Strategy in the 21st Century: The Challenge for NATO*, eds. Janne Haaland Matlary and Rob Johnson (London: Hurst Publishers, 2021), 383-413.

17）　NATO, "Opening Remarks by Air Chief Marshal Sir Stuart Peach, Chairman of the NATO Military Committee at the Military Committee Conference in Slovenia" (September 14, 2019).

18）　ミンスク合意に関する記述は、次の論考を参照。合六強「長期化するウクライナ危機と米欧の対応」『国際安全保障』第 48 巻第 3 号（2020 年 12 月）32 〜 50 頁。

19）　この整理については、次を参照。Mikhail Nosov, "Russia and European Union: Five Years after Crimea," *Rivista di Studi Politici Internazionali* 86, no. 3 (July-September 2019): 405-412.

20） この時期の欧州の対露認識については、次の論考を参照。Adam Balcer and Piotr Buras, "An Unpredictable Russia: the Impact on Poland," *Commentary*, European Council on Foreign Relations (ECFR) (July 15, 2016); 東野篤子「欧州国際秩序における中・東欧諸国——地域内のダイナミズムと外部アクターとの相互作用」『国際安全保障』第 48 巻第 3 号（2020 年 12 月）69 〜 86 頁。

21） Patricia Daehnhardt and Vladimír Handl, "Germany's Eastern Challenge and the Russia–Ukraine Crisis: A New Ostpolitik in the Making?" *German Politics* 27, no. 4 (October 2018): 445-459.

22） Cited in Sakwa, "The Death of Europe?" 561.

23） Pernille Rieker, *French Foreign Policy in a Changing World: Practising Grandeur* (London: Palgrave Macmillan, 2017).

24） French Embassy in London, "Ambassadors' Conference: Speech by M. Emmanuel Macron, President of the Republic" (August 27, 2019).

25） この点については、次の論考が詳しい。市川顕「欧州エネルギー同盟の政治過程——2014 年 9 月から 12 月」『産研論集』第 45 号（2018 年 3 月）57 〜 68 頁。

26） この点については、次の論考が詳しい。林大輔「欧州の中国認識と対中政策をめぐる結束と分断——規範と利益の間に揺れ動く EU」『中国の対外政策と諸外国の対中政策』（日本国際問題研究所、2020 年 3 月）。

27） European Commission, *EU-China: A Strategic Outlook* (March 12, 2019).

28） European Commission, "EU Refers China to the WTO following Its Trade Restrictions on Lithuania" (January 27, 2022).

29） European Commission, *The EU Strategy for Cooperation in the Indo-Pacific* (September 16, 2019).

30） European Commission, "EU-US Launch Trade and Technology Council to Lead Values-based Global Digital Transformation" (June 15, 2021).

31） NATO, "London Declaration" (December 4, 2019), para. 6.

32） NATO, "Brussels Summit Communiqué" (June 14, 2021), para. 3, 55-56.

33） AUKUS に対する欧州の反応をまとめたものとして次を参照。Niklas Swanström and Jagannath Panda eds., *AUKUS: Resetting European Thinking on the Indo-Pacific?* (Stockholm: Institute for Security and Development Policy, 2021).

34） European External Action Service (EEAS), *Shared Vision, Common Action: A Stronger Europe; A Global Strategy for the European Union's Foreign and Security Policy* (June 2016).

35） Nathalie Tocci, "Interview with Nathalie Tocci on the Global Strategy for the European Union's Foreign and Security Policy," *International Spectator* 51, no. 3 (2016): 3.

36） Ibid.

37） European Commission, "European Commission Welcomes First Operational Steps towards a European Defence Union" (December 2017).

38） EI2 に つ い て は、Claire Mills, "The European Intervention Initiative (EII/EI2)," *Briefing Paper*, no. 8432, House of Commons Library (September 23, 2019).

39） Emmanuel Macron, "Initiative for Europe: Speech by M. Emmanuel Macron, President of the French Republic" (September 26, 2017).

40） European Commission, "Speech by Commissioner Phil Hogan at Launch of Public Consultation for EU Trade Policy Review: Hosted by EUI Florence" (June 16, 2020).

41） 戦略的自律から戦略的主権への発展過程については、Daniel Fiott ed., "European Sovereignty: Strategy and Interdependence," *Chaillot Paper*, no. 169, European Union Institute for Security Studies (July 2021).

42） この見方は、例えば Susan Stewart, "Macron's Russia Policy: Already a Failure?" in *France's Foreign and Security Policy under President Macron: The Consequences for Franco-German Cooperation*, ed. Ronja Kempin (Berlin: SWP, 2021).

43） Céline Marangé and Susan Stewart, "French and German Approaches to Russia: Convergence Yes, EU Compatibility No," *Research Paper*, Chatham House (November 2021).

44） NATO, "NATO 2022 Strategic Concept" (June 2022), para. 6, 8.

45） NATO, "NATO's Forward Presence" (June 2022).

46） NATO, "New NATO Force Model" (June 29, 2022).

47） マドリッド会合後の NATO 即応態勢に関しては、次を参照。鶴岡路人「NATO 戦略概念を読む（下）」『Foresight』（新潮社、2022 年 7 月 21 日）。

48） NATO の防衛計画の大まかな仕組みについては下記を参照。NATO, "AJP-5: Allied Joint Doctrine for the Planning of Operations," Allied Joint Publication 5, Edition A, Version 2, published with UK national elements, by the United Kingdom Ministry of Defence, May 2019.

49） NRF の基本的な任務と 2022 年の即応態勢については、次を参照。NATO, "NATO Response Force (NRF) 2022" (March 2022).

50） BBC, June 4, 2022.

51） Radek Sikorski (@radeksikorski), "I wonder if France and Germany realise how much credibility they are losing in Central Europe with their policy on Ukraine," Twitter, June 16, 2022, 12:12 a.m.

52） French Presidency of the Council of the European Union, "Speech by Emmanuel Macron at the Closing Ceremony of the Conference on the Future of Europe" (May 10, 2022).

53） NATO, "NATO 2022 Strategic Concept," para. 13.

54） Cited in *Financial Times*, October 18, 2021.

55） European Council, "The Versailles Declaration" (March 10 and 11, 2022).

56）　EEAS, "EU-China Summit: Speech by High Representative/Vice-President Josep Borrell at the EP Plenary" (April 6, 2022).

57）　EEAS, *A Strategic Compass for a Stronger EU Security and Defence in the Next Decade* (March 21, 2022).

58）　NATO・EU 協力の重要分野の指摘については、次を参照。Giovanna de Maio, "Opportunities to Deepen NATO-EU Cooperation," Brookings Institution (December 2021). NATO・EU 協力全般については、次のレポートを参照。Council of the EU, "EU-NATO Cooperation: Seventh Progress Report" (June 20, 2022).

59）　2023 年 1 月 10 日には、NATO と EU 間で 3 回目となる共同宣言の発出に至った。詳細は次を参照。European Council, "Joint Declaration on EU-NATO Cooperation" (January 10, 2023).

60）　Ivan Krastev and Mark Leonard, "Peace Versus Justice: The Coming European Split over the War in Ukraine," *Policy Brief*, ECFR (June 15, 2022).

61）　European Commission, "REPowerEU Plan" (May 18, 2022).

62）　蓮見雄「脱ロシア依存の罠——欧州とロシアの中国依存」『研究レポート』（日本国際問題研究所、2022 年 8 月 18 日）。

63）　Nicolai von Ondarza and Marco Overhaus, "Rethinking Strategic Sovereignty Narratives and Priorities for Europe after Russia's Attack on Ukraine," *SWP Comment*, no. 31, SWP (April 2022).

あとがき

　本書『大国間競争の新常態』が世に問われることになった。本書のメンバーが大国間競争をテーマに共同研究を進める準備を始めたのは、2022年1月のことであった。米中関係において競争の論理がますます強まり、競争の射程もパワー、利益、価値、規範、そしてそれらを反映する国際秩序の在り方をめぐる包括的かつ根源的なものとなっていた。またアジア、あるいはインド太平洋を中心に各国・地域の安全保障政策においても、大国間競争という時代認識が強まっていた。米中戦略的競争とは何かを明らかにしたうえで、それが各国・地域でどのように派生するのかを解明する。本書の編者が共同研究のメンバーに提示した研究のねらいである。

　いわゆる米中戦略的競争を中心にメンバーによる議論を始めて間もない2月末、ロシアによるウクライナへの軍事侵攻が起こった。その衝撃は大きかった。われわれの議論もウクライナ戦争に集中した。山添博史はロシアによる「侵略」の論理の検討に取り組んだ。これとともに、ウクライナ戦争による衝撃を各国・地域がどのように受け止めたのか、についても検討を進めた。新垣拓は米国、増田雅之が中国、佐竹知彦が豪州、庄司智孝はASEANの外交・安全保障政策の分析に取り組み、ウクライナ戦争の衝撃について連日議論した。その成果は『ウクライナ戦争の衝撃』にまとめ5月末に出版した。

　大国間競争におけるロシアの位置付けを整理しつつ、2022年7月、「大国間競争の新常態」に関する研究会を再開した。南アジアの国際関係を専門とする栗田真広と欧州の安全保障が専門である田中亮佑が新たなメンバーとして加わった。再開後、会合は12月までに合計6回に及んだ。その間、諸外国の研究者や実務家とも議論を重ねた。あらためて「米中戦略的競争とは何か」を議論の中心に据え、競争の起源、論理、そして構図を確認しつつ、各国・地域の戦略環境における米中競争の意味を検討した。こうしてまとめられたのが本書『大国間競争の新常態』である。

　世界の政治景色が日々変化するなかで、本書の刊行が可能になったのは、

メンバー間で日常的に議論できたからである。編集プロセスを支えた切通亮、相澤李帆、小熊真也、吉田智聡も議論に加わってくれた。メンバーによる自由闊達な議論は研究の大きな推進力になった。研究のねらいを共有し本書の執筆・編集チームに加わってくれたメンバー各位に感謝したい。また、自由闊達な議論のための環境を用意してくれた職場である防衛研究所にも感謝したい。もちろん本書における記述は、各々の専門から論じたものであり、著者が所属する防衛研究所や防衛省あるいは日本政府の見解を示すものではない。

　最後になったが、インターブックスの小久江潤氏は、前著『ウクライナ戦争の衝撃』に続いて編者の伴走役を担ってくださった。小久江氏の辛抱強い伴走がなければ本書が出版にたどり着くことはなかった。心からの感謝を申し上げたい。

　2023年（令和5年）3月

　　　　　　　　　　　　　　　　　　　　　　　　　増　田　雅　之

索引

人　名

編著者・執筆者紹介

（肩書は刊行時点）

［編著者］

増田 雅之（ますだ・まさゆき）····································[序章、第1章]
防衛研究所政治・法制研究室長
専門分野：現代中国論（外交・安全保障）、国際関係

〈著書・論文〉

『ウクライナ戦争の衝撃』（編著：インターブックス、2022年）

『中国は「力」をどう使うのか』（共著：一藝社、2023年）　ほか

［執筆者］

新垣 拓（あらかき・ひろむ）··[第2章]
防衛研究所米欧ロシア研究室主任研究官
専門分野：米国の安全保障

〈著書・論文〉

『ジョンソン政権における核不拡散政策の変容と進展』（ミネルヴァ書房、2016年）

『ウクライナ戦争の衝撃』（共著：インターブックス、2022年）　ほか

山添 博史（やまぞえ・ひろし）······································[第3章]
防衛研究所米欧ロシア研究室主任研究官
専門分野：ロシア安全保障、国際関係史

〈著書・論文〉

『ウクライナ戦争の衝撃』（共著：インターブックス、2022年）

『文明と覇権から見る中国』（共著：ウェッジ、2022年）

「ロシアの国際闘争手段としての核兵器」『国際政治』203号（2021年）　ほか

庄司 智孝（しょうじ・ともたか）··································[第4章]
防衛研究所アジア・アフリカ研究室長
専門分野：東南アジアの安全保障

〈著書・論文〉

『南シナ海問題の構図——中越紛争から多国間対立へ』（名古屋大学出版会、2022年）

『ウクライナ戦争の衝撃』（共著：インターブックス、2022年）　ほか

佐竹 知彦（さたけ・ともひこ）·····································［第5章］
青山学院大学国際政治経済学部准教授
専門分野：国際関係論、アジア太平洋の安全保障

〈著書・論文〉
『日豪の安全保障協力──「距離の専制」を越えて』（勁草書房、2022年）
『「強国」中国と対峙するインド太平洋諸国』（共著：千倉書房、2022年）　ほか

栗田 真広（くりた・まさひろ）·····································［第6章］
防衛研究所政策シミュレーション室主任研究官
専門分野：南アジアの国際関係、核問題

〈著書・論文〉
"China's Kashmir Policy since the Mid-2010s: Ramifications of CPEC and India's Kashmir Reorganization," *Asian Security* 18, no. 1 (2022).
"How Far Away from Non-interference? A Case Study of China's Development Initiative in Pakistan," *Journal of Contemporary China* 31, no. 134 (2022).　ほか

田中 亮佑（たなか・りょうすけ）·····································［第7章］
防衛研究所米欧ロシア研究室研究員
専門分野：欧州安全保障、英国政治外交

〈著書・論文〉
「危機管理と能力向上におけるEU・英国関係──ブレグジット後の欧州の「戦略的自律」の行方」『安全保障戦略研究』第1巻第1号（2020年）
「NATOの対中政策の可能性と限界──同盟機能からの検討」『国際安全保障』第49巻第3号（2021年）　ほか

吉田 智聡（よしだ・ともあき）·····································［コラム①］
防衛研究所社会・経済研究室研究員
専門分野：中東地域研究（湾岸諸国及びイエメンの国際関係・安全保障）

小熊 真也（おぐま・しんや）·····································［コラム②］
防衛研究所防衛政策研究室研究員
専門分野：日本・インド太平洋の安全保障

DTP　　　稲村大介

大国間競争の新常態

2023年4月30日　初版第1刷発行

編著者　　増田雅之
発行者　　松元洋一
発行所　　株式会社インターブックス
　　　　　〒102-0073　東京都千代田区九段北1-5-10
　　　　　TEL：03-5212-4652
　　　　　FAX：03-5212-4655
　　　　　https://www.interbooks.co.jp
　　　　　books@interbooks.co.jp
印刷・製本　精文堂印刷株式会社

インターブックスの書籍

日本とウクライナ 二国間関係 120 年の歩み
ヴィオレッタ・ウドヴィク 著

在日ウクライナ大使館の元書記官であった著者が、日ウ両国間120年の歴史を考察し記録した一冊。外交の最前線で両国の交流に努めた経験を元に、政治、経済、安全保障、文化など幅広い分野における関係について詳述。2022年日・ウクライナ外交関係樹立30周年記念出版。

ウクライナ戦争の衝撃
増田雅之 編著
新垣 拓、山添博史、佐竹知彦、庄司智孝 著

2022年2月24日、ロシアはウクライナに軍事侵攻した。世界は驚愕、不安、悲憤を抱えながら「ウクライナ戦争の衝撃」を如何に受け止めたのか。米国、中国、豪州、ASEAN諸国の外交と安全保障、ロシアによる「侵略」の論理に迫り、日本の針路を問う。日本を取り巻く戦略環境の現状とその行く先を防衛省防衛研究所の俊英5人の眼で迫る。

東アジア戦略概観 2022（日本語版・英語版）
防衛研究所 編

我が国唯一の国立〈安全保障〉シンクタンクである防衛省防衛研究所が、東アジア地域の戦略環境を分析し、地域の安全保障にかかわる重要事象を解説する年次報告書。2022年版は米国、中国、ロシアによる大国間競争と地域諸国の様相、2021年の重要事象を分析。